21 世纪高等学校
经济管理类规划教材 **高校系列**

国务院侨务办公室立项
彭磷基外招生人才培养改革基金资助

服务运营管理

◎ 胡欣悦 编著

SERVICE OPERATION MANAGEMENT

人民邮电出版社

北京

图书在版编目（CIP）数据

服务运营管理 / 胡欣悦编著. -- 北京 ：人民邮电
出版社，2016.2（2022.12重印）
21世纪高等学校经济管理类规划教材. 高校系列
ISBN 978-7-115-40323-0

Ⅰ. ①服… Ⅱ. ①胡… Ⅲ. ①服务业－运营管理－高
等学校－教材 Ⅳ. ①F719

中国版本图书馆CIP数据核字(2015)第230636号

内 容 提 要

本书旨在系统介绍如何通过学习服务运营来改善服务绩效，从服务本身入手，分为三篇九章。
分别为理解服务运营、设计服务运营和管理服务运营。第一篇通过服务运营、服务价值链及服务绩
效的定性分析及定量分析来理解服务运营；第二篇通过服务设计、流程设计、选址定位及设施布置
的案例分析和定量分析来设计服务运营；第三篇通过能力管理和质量管理的定性分析和定量分析来
管理服务运营。

本书适合作为普通高等院校经济管理类相关课程的教材，也可作为服务型企业管理人员的参考
用书。

◆ 编　著　胡欣悦
　　责任编辑　许金霞
　　责任印制　沈　蓉　彭志环

◆ 人民邮电出版社出版发行　　北京市丰台区成寿寺路 11 号
　　邮编　100164　　电子邮件　315@ptpress.com.cn
　　网址　http://www.ptpress.com.cn
　　北京七彩京通数码快印有限公司印刷

◆ 开本：787×1092　1/16
　　印张：12.5　　　　　　　2016 年 2 月第 1 版
　　字数：280 千字　　　　　2022 年 12 月北京第 9 次印刷

定价：39.00 元
读者服务热线：(010)81055256　印装质量热线：(010)81055316
反盗版热线：(010)81055315

前 言 FOREWORD

当前，服务业在经济中的地位日益重要，但有关服务管理、服务运营的书并不多见，应用于服务运营管理上的方法和手段也落后于制造业，这与服务业日益重要的经济地位不相符合。为此笔者在"国务院侨务办公室—彭磷基外招生人才培养改革基金"的资助下编写了本教材。旨在系统介绍如何通过学习服务运营来改善服务绩效。

本书从服务本身入手，分为三篇九章。第一篇通过服务运营、服务价值链及服务绩效来理解服务运营；第二篇通过服务设计、流程设计、选址定位及设施布置来设计服务运营；第三篇通过能力管理和质量管理来管理服务运营。

本书在定性分析的基础上较为重视各个运营领域的定量分析方法。希望通过定量分析模型的应用，协助服务型企业走上科学决策的道路。定量方法可以辅助运营管理提供诸多方面的决策，如顾客需求预测、能力资源配置、生产计划管理、任务指派、厂址和仓库位置选择等。本书主要介绍了以下定量方法：盈亏平衡分析、运营绩效评价、资源利用率、DEA 绩效评价、平衡计分卡、田口损失模型、服务定位矩阵、QFD 服务设计、技术决策、流程优化、选址评分模型、重心法选址、线性规划法选址、量本利选址、直线法设施定位、欧几里得定位、重心法定位、引力模型、需求预测、超额预订、排队管理、服务质量差距模型、SERVQUAL 评价方法、顾客满意度指数模型、服务质量控制模型等。

本书既可作为普通高等院校管理类本科生和低年级研究生的教材，也可作为服务型企业管理人员的参考用书。

在本书的编写过程中要特别感谢汤勇力副教授、肖雪婷和熊小龙的辛勤付出。

编　者

2015 年 5 月

目 录 CONTENTS

第一篇

理解服务运营

第1章　服务与运营

✓ 学习目标

1. 理解运营管理活动的实质。
2. 理解服务及运营管理的重要性。
3. 理解流程和价值链。
4. 掌握运营管理中的定量模型。

✓ 关键词

运营管理、流程、定量模型

✓ 引导案例

　　麦肯森是一家负责向药店和医院批发医药产品的特大型分销商。该公司正在分析其业务的每一个步骤，以便把工作做得更好。该公司确定什么时间、什么工作应该由机器来完成以及当进行手工作业时，采用何种方式最有效。在 2003 年，麦肯森的销售收入比上一年增加了 70 亿美元，但只增加了 500 名职员。同样卓越的是，在阿尔伯克基的 Eclipse 航空公司，生产率的提高使得新款喷气式商务客机的售价低至 100 万美元，还不到老款商务客机价格的一半。这体现了美国企业界的主流。一位洛克希德·马丁公司的执行董事提出："没有最好，只有更好"。洛克希德·马丁公司因其实施了先进的六西格玛和精益制造项目，使其数以千计的业务效率得到了提高。业务范围包括从在太空中加载软件系统到安装飞行器。

　　资料来源：运营管理:产品、服务和价值链（第 2 版），戴维·A. 科利尔，詹姆斯·R. 埃文斯著. 马风才，马俊译. 北京：北京大学出版社，2009.

　　"没有最好，只有更好"是企业追求卓越的表现。在快速变化的复杂市场环境中，如何让你的顾客获得愉快的消费经历和体验，是企业最为关注的目标。为此企业必须做出一系列的努力，但是这种努力不能仅仅停留在让员工更快的工作上，而是通过更精细的设计和更有效的流程来实现低成本和高效益。本书所侧重的主题就是如何设计和管理服务运营系统，使企业通过有效的运营系统为顾客提供有价值的服务，并使顾客在这一过程中获得良好体验。[49]

那么什么是运营管理呢？运营管理与我们所熟知的生产管理有何关系？我们将通过学习来逐步了解。

经济学家将经济的发展分成前工业社会、工业社会和后工业社会三个阶段。在前工业社会，人们主要从事农业和采掘业，以家庭为基本单位进行生产。在工业社会，人们主要从事制造业，以工厂为单位进行生产。这两个阶段对产品的形成过程所进行的管理，称之为生产管理（Production Management）。在后工业社会，服务业成为社会比重最大的产业。而对服务过程的管理则称之为运营管理（Operation Management）。

生产是社会组织将其输入转化为可以为用户带来价值增值的输出过程。这里面包含了五层含义：

一是生产是一切社会组织都要从事的基本活动，不仅仅是企业。

二是社会组织要提供输出，则必须有输入。输入是由输出决定的，生产什么样的产品和提供什么样的服务，决定了需要投入什么样的输入。[52]

三是生产是一种转换过程，是通过人的生产劳动使生产要素价值增值的过程。通过转化，有形的或无形的输入转化为有形的或无形的输出。

四是输出是指生产运营活动中的结果，包括产品和服务，即有形产品和无形产品，[39]它对用户是有价值的，是用户所需要的。

五是整个过程是一个增值过程。

现在我们一般将制造和服务等各类企业这方面的管理合称为生产与运营管理（Production and Operation Management，POM）。

通常情况下，习惯上把有形产品的转换过程称为生产过程，把无形产品的转换过程看作是一种特殊的生产过程，称为服务过程。通过服务过程，企业可以为我们提供一项无形的产品，提高我们的生活质量，这一类企业所提供的产品就是服务[12]。服务业拥有许多和生产行业截然不同的特点，如图 1-1 和表 1-1 所示。因此在服务行业中必须使用一些特别的管理技巧，从生产行业中获得的知识和经验往往在服务行业中并不适用。这也是我们为什么要着重地研究服务运营的主要原因。

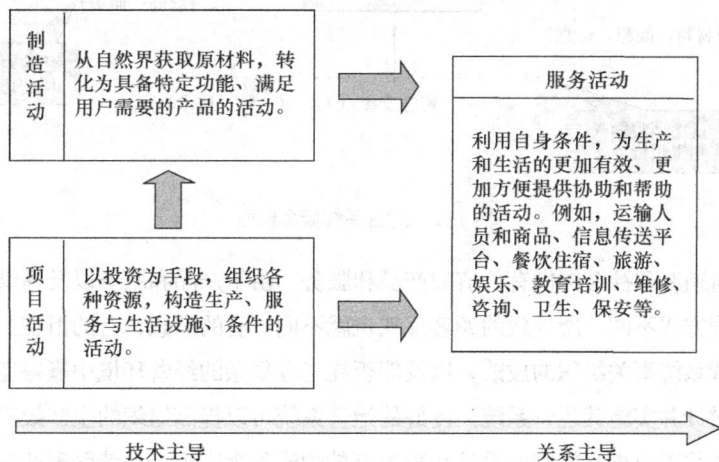

图 1-1　不同生产运营活动间的关系

表 1-1　主要生产与运营类型特征

项目	制造业	服务业
产出是有形或无形	产出有形、可储存	产出无形、不可储存
产出的一致性	产出的一致性高	产出的一致性较低
产出质量的度量	产出质量易度量	产出质量难度量
生产率的测定	生产率易测定	生产率难测定
顾客参与过程	过程无顾客参与	过程有顾客参与
响应需求周期	响应需求周期较长	响应需求周期很短
生产与消费分离	生产与消费分离	生产与消费同时进行
固定区域	点辐射面较大	点辐射面呈两极表现

1.1　理解运营

为了保证生产与服务的效率，所有的生产企业和服务企业都需要运营管理。运营管理涉及的概念、工具以及技术，都将是本书重点讨论的内容。

1.1.1　运营系统概述

从输入到输出的转化过程，是一个增值过程，这个过程是要向顾客提供增值了的产品或服务，这一增值过程就是运营，运营系统概念模型如图 1-2 所示。

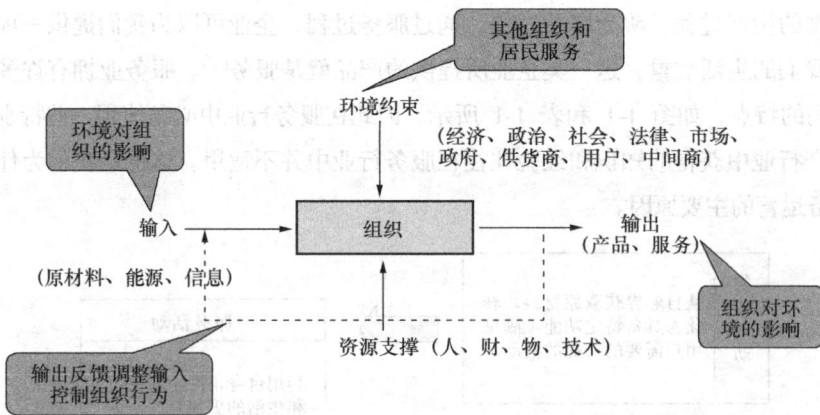

图 1-2　运营系统概念模型

运营系统向顾客和社会提供有价值的产品和服务。由于产品和服务以及提供并支持这些产品和服务的过程方式不同，所导致的顾客反映也就不同：有的满意，有的沮丧。从长远来看，设计和管理运营系统事关组织的成败，以及能否在当今复杂的经营环境中赢得竞争优势。因此组织必须精心设计并实施其运营系统。良好的运营系统可以提高组织的生产效率，带来低成本和高效益，这往往需要更为精细的设计和更为有效的流程来实现。运营管理即是关注组织的人员、流程、技术以及它们的组合，以便为组织更好地创造价值，并获得竞争优势。

因而，可以说运营系统是组织有效管理资源，使得组织得以存在并延续的根本。运营体系，包括组织运营的所有运营规则、为完成目标所设定的相应组织以及与之相关的外部接口等。它是一个完整的过程体系，从输入经过具有相应规则的过程的打磨，变为组织存在的输出，保证了组织的延续和发展，如表1-2所示，是典型组织如何将输入经过有效转化变为组织的输出，这一转化过程实现的价值的增值。

表1-2　典型组织的输入、转化和输出

组织	主要输入	转化的内容	主要输出
工厂	原材料	加工制造	产品
运输公司	产地的物资	位移	销地的物资
修理站	损坏的机器	修理	修复的机器
医院	病人	诊断与治疗	恢复健康的病人
大学	高中毕业生	教学	高级专门人才
咨询公司	情况、问题	咨询	建议、办法、方案

1.1.2　运营管理概念

运营管理是一门管理科学，无论是生产产品还是提供服务都需要运营管理。我们下面所探讨的运营管理概念、工具及技术，对保证生产与服务的效率，都是非常重要的。

运营管理（Operations Management，OM）就是对运营过程的计划、组织、实施和控制，是与产品生产和服务创造密切相关的各项管理工作的总称。从另一个角度来讲，运营管理也可以指为生产和提供公司主要的产品和服务的系统进行设计、运行、评价和改进，是将投入转化为产出并创造价值的一系列活动的集合。如果用一句话来概括运营管理，那就是确保能够成功地向顾客提供和传递产品和服务的一门科学。[49]

要创造产品或服务，所有组织都要执行三种基本职能（财务、运营和营销），组织是通过运营管理把投入转化为产出的。由此可知，在企业竞争中运营管理有着举足轻重并不可替代的地位。

首先，生产运营管理是企业竞争力的源泉。运营管理是任何组织都必须具备的三项基本职能之一，并和组织的其他职能有机地联系在一起，因此掌握运营管理职能并利用其发挥作用就显得尤为重要。利用运营管理为组织提高利润率和服务水平，将会使组织从源头上提升竞争力。其次，生产与运营过程是企业或服务业降低成本、创造利润和价值的重要环节。生产运营管理可以促使其改进职能部门的业务流程，提高生产效率。这对组织提高盈利能力、增强对社会的服务水平以及提高本企业核心竞争力都提供了很好的机会。最后，生产运营管理提供了诱人的事业发展机会。运营管理可以帮助理解运营经理的工作职责，了解运营经理所从事的职业，并能够提供培养运营经理所需要的相关技能。这将有助于在运营管理领域把握更多有利的职业机会。[56]

大学、航空公司、银行和医院都需要履行运营职能。出色的运营管理是企业生存以致最终获胜的关键要素之一。运营管理是直接决定经理人如何向各个利益相关方提供价值的唯一方式。通过运营管理可以为顾客提供高质量的产品和服务；可以激励和激发从事实际工作人员的积极性；可以使投资者获得适当的投资回报；同时也可以减少污染，保护环境为社会创造价值。[49]

1.1.3　研究对象及内容

　　运营管理的对象是运营过程和运营系统两个方面，如图1-3所示。运营过程是一个投入、转化、产出的过程，是一个劳动过程或价值增值的过程，它是运营管理的第一大对象，运营必须考虑如何对这样的生产运营活动进行计划、组织和控制；运营系统是指上述变换过程得以实现的手段。它的构成与变换过程中的物质转换过程和管理过程相互对应，包括一个物质系统和一个管理系统。物质系统是由各种设施、机械、工具和仓库组成的实体系统。管理系统是对运营系统的计划和控制，包括运营信息的收集、处理、传递和控制反馈[3]。

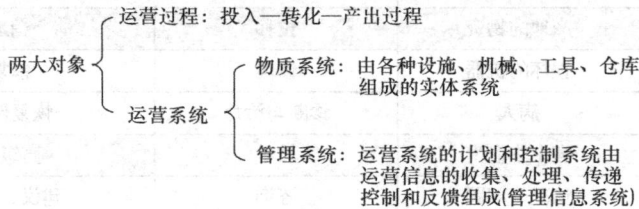

```
                运营过程：投入—转化—产出过程
         ┌
两大对象 ┤              ┌ 物质系统：由各种设施、机械、工具、仓库
         │              │          组成的实体系统
         └ 运营系统 ────┤
                        │ 管理系统：运营系统的计划和控制系统由
                        └          运营信息的收集、处理、传递
                                   控制和反馈组成(管理信息系统)
```

图1-3　运营管理对象

　　运营管理的研究内容主要是优化运营系统的理论、方法、技术和手段。运营管理的内容主要分为两大类：第一类是对运营过程进行计划、组织和控制；第二类是对运营系统进行设计、调整、改造和升级。

　　企业运营管理要控制的主要目标是质量、成本、时间和柔性，它们是企业竞争力的根本源泉。因此，运营管理在企业经营中具有重要的作用。尤其近年来，企业的生产经营规模不断扩大，产品本身的技术和知识密集程度不断提高，产品的生产和服务过程日益复杂，市场需求多样且变化迅速，世界范围内的竞争日趋激烈，这些因素都使运营管理本身不断发生着变化。随着ICT（Information Communication Technology）突飞猛进的发展，为运营管理增添了有力手段，使得运营管理的研究进入了一个新阶段，也使其研究内容更加丰富，研究范围更加扩大，研究体系也更加完整。

　　运营管理的内容体系主要包括运营系统的总体战略、运营系统的设计、运营系统的运行三个方面，具体如表1-3所示。

表1-3　运营管理内容体系

运营系统的总体战略	运营系统的设计	运营系统的运行
自制或购买； 低成本和大批量； 多品种和小批量； 高质量； 混合策略	产品或服务的选择、开发与设计； 管理组织结构设计； 质量管理设计； 统计过程设计； 流程策略分析与设计； 能力计划设计； 生产运营设施的定点选择； 生产运营设施布置； 运营机制设计； 工作设计	运营计划（包括需求预测；计划品种、数量和时间；人员班次安排）； 运营实施组织； 运营控制（作业指令；运行监测；运行控制）； 运营统计分析（生产统计及分析报表；成本核算及分析报表）

1.1.4　研究任务和目标

运营管理的任务是输入生产要素，经过生产过程，输出产品和服务，并在生产过程中不停地进行信息反馈。要保证此过程正常顺利进行，则需要在计划期内按社会需求输入生产要素，并在必要时间内以限定成本、保质保量、高效地输出产品和服务。[49]

运营管理的任务主要表现在以下几个方面。

（1）全面完成生产计划内的任务。

（2）不断提高生产系统的效能和效率，缩短交货期，准时交货。

（3）不断提高生产系统的柔性，提高生产的应变能力。

（4）降低生产成本。

（5）提高生产过程的质量水平和质量稳定性。

运营管理是对公司产品或服务的生产过程进行计划、组织和控制，主要目的是高效。运营是产品和服务生产创造过程的各项管理工作的总称，是管理中的一项基本职能，其核心就是实现价值增值。

运营管理的目标是建立一个科学的运营系统，为企业创造有核心竞争力的产品或服务，高效、低耗、灵活且准时地生产合格产品或提供顾客满意的服务。运营管理的精髓就是，在降低产品或服务成本的同时，给顾客创造更多的价值。

所谓有竞争力的产品，必须是具有满足消费者一定需要的功效，并能在消费者需要的时候及时予以提供的产品。这就要求企业必须面对市场，在需要的时候，以适宜的价格，提供给消费者满意的产品和服务，如表1-4所示。

表1-4　产品或服务的竞争力

成本或价格	使产品或服务价格更加便宜
质量	提供优质的产品或服务
交付速度	快速生产产品或提供服务
交付可靠性	在承诺的时间内送达
应对需求变化的能力	改变批量
柔性和新品开发速度	改变产品

企业高效是相对时间而言的，是能够迅速地满足用户的需要。在当前激烈的市场竞争压力下，谁能够快速响应市场需求，满足用户需要，谁就掌握了行业先机，占领了市场。低耗是同样数量和质量的产品，在人力、物力和财力消耗得最少。只有低耗才能降低生产成本，提升企业竞争力，争取更多的市场和用户。灵活是能够快速适应市场变化，生产不同品种和开发出新产品以满足不同的需要。准时是指能够在用户要求的时间内确保产品的质量和服务。[39]

1.1.5　运营管理发展趋势

运营管理（Operation Management，OM）是一门管理科学，就是对运营过程的计划、组织、实施和控制，是与产品生产和服务创造密切相关的各项管理工作的总称。从另一个角度来讲，运营管理也可以指为主要的产品和服务系统进行设计、运行、评价和改进，是将投入转化为产出并创造价值的一系列活动。[53]

1879 年，意大利经济学家帕累托在研究个人收入分布时，发现少数人的收入占全部收入的大部分，由此得出帕累托图表。

1915 年，美国 F.W.哈里斯发表关于经济订货批量的模型，开创了现代库存理论的研究。

1951 年，美国管理学家 H.F.戴克发现库存物品中也存在类似的规律，用曲线描述这一规律，并定名为 ABC 分析法。

1963 年，美国管理学家 P.F.德鲁克将此方法推广到社会现象中，使之成为社会提高效益的管理方法。

随着管理的科学化，库存管理的理论得到了很大的发展，形成了许多库存模型，用以解决企业管理中可能出现的不同情况，并且已取得了显著的效果。有关库存管理模型的分类如下：

（1）不同的生产和供应情况采用不同的库存模型。按订货方式分类，可分为 5 种订货模型。①定期定量模型：订货的数量和时间都固定不变。②定期不定量模型：订货时间固定不变，而订货的数量依实际库存量和最高库存量的差别而定。③定量不定期模型：当库存量低于订货点时就补充订货，订货量固定不变。④不定量不定期模型：订货数量和时间都不固定。以上 4 种模型属于货源充足、随时都能按需求量补充订货的情况。⑤有限进货率定期定量模型：货源有限制，需要陆续进货。

（2）库存管理模型按供需情况分类可分为确定型和概率型两类。确定型模型的主要参数都已确切知道；概率型模型的主要参数有些是随机的。沃特·阿曼德·休哈特（Walter A. Shewhart）是现代质量管理的奠基者，美国工程师、统计学家、管理咨询顾问，被人们尊称为"统计质量控制（SQC）之父"。休哈特重要的著作是《产品生产的质量经济控制》（Economic Control of Quality of Manufactured Product），1931 年出版后被公认为质量基本原理的起源，本书对质量管理做出了重大贡献。休哈特宣称"变异"存在于生产过程的每个方面，但是可以通过使用简单的统计工具如抽样和概率分析来了解变异。其中之一是 1924 年 5 月 16 日的有历史意义的备忘录，在备忘录中他向上级提出了使用"控制图"（Control Chart）的建议。休哈特的"计划—执行—检查—行动循环"的观点被戴明和其他人广泛应用，进行质量改进项目的管理。此循环包括计划你想要做的事、执行计划、研究结果、进行纠正，然后再开始新的循环。

项目管理是指把各种系统、方法和人员结合在一起，在规定的时间、预算和质量目标范围内完成项目的各项工作，即从项目的投资决策开始到项目结束的全过程进行计划、组织、指挥、协调、控制和评价，以实现项目的目标。项目管理是一种公认的管理模式，是一种管理方法体系。项目管理自从其诞生至今，都被认为是管理项目的一种科学方法。

1．以成本和效率为重点

1789，埃里·惠特尼引入零件可互换性概念。亨利·福特把亚当·斯密的劳动分工概念变为现实。"二战"期间，运筹学或管理科学产生了，对运营管理产生了巨大的影响，可以用定量的方法来分析很多复杂的运营管理和决策问题。

在 19 世纪的工业革命中，机器在大部分生产工作中取代了人力，工厂取代了手工业者的作坊。为这一里程碑式的改变打下地基的正是具有互换性，或者是预先生产的可以用于同样实际目的的零件开始在工业中出现。具有互换性的零件于 19 世纪开始流行于美国，它们让没什么工作技能的工人快速生产大量武器，并且成本更低，让零件的维修和替换变得更加容易。

第二次世界大战期间，运筹学或管理科学的产生对运营管理产生了巨大的影响，可以用定量的方法来分析很多复杂的运营管理和决策问题。

运筹学（Operational Research，OR）作为一门现代科学，是第二次世界大战期间首先在英美两国发展起来的，有的学者把运筹学描述为就组织系统的各种经营做出决策的科学手段。P.M.Morse 与 G.E.Kimball 在他们的奠基作中给运筹学下的定义是："运筹学是在实行管理的领域，运用数学方法，对需要进行管理的问题统筹规划，做出决策的一门应用科学。" 第二次世界大战期间，"OR"成功地解决了许多重要作战问题，显示了科学的巨大物质威力，为"OR"后来的发展铺平了道路。运筹学的具体内容包括：规划论（包括线性规划、非线性规划、整数规划和动态规划）、库存论、图论、决策论、对策论、排队论、博弈论、可靠性理论等。随着科学技术和生产的发展，运筹学已渗入到很多领域里，发挥了越来越重要的作用。运筹学思想对运营管理产生了巨大的影响，用定量的方法可以分析很多复杂的运营管理和决策问题。[51]

2．以质量为重点

质量管理（Quality Management，QM）是指确定质量方针、目标和职责，并通过质量体系中的质量策划、质量控制、质量保证和质量改进实现其所有管理职能的全部活动。

第二次世界大战后，日本的崛起以及工业的发展是受到美国两位质量管理咨询大师爱德华·戴明和约瑟夫·朱兰的影响。爱德华·戴明、约瑟夫·朱兰的全面质量管理理论在日本被普遍接受。日本企业创造了全面质量控制（TQC）的质量管理方法。统计技术被用于企业的质量控制中，特别是"因果图""流程图""直方图""检查单""散点图""排列图""控制图"这"老七种"工具方法，被普遍用于质量改进中。质量的持续改进将打开世界市场，释放生产能力，最终改善经济状态。

威廉·爱德华兹·戴明（William Edwards Deming）发展了运用统计方法来提高组织效率的思想。他的理念是系统的检查产品的瑕疵，分析缺点的成因并加以修正。作为质量管理的先驱者，戴明对国际质量管理理论和方法始终产生着非常重要的影响。约瑟夫·M·朱兰（Joseph M. Juran），在将质量观念引入公司业务这一过程中，对高级管理人员的作用产生了相当重要的影响。朱兰博士认为："质量是一种实用性，而所谓'实用性'，是指使产品在使用期间能满足使用者的需求"。戴明和朱兰告诉日本的管理者，质量的持续改进将打开世界市场，释放生产能力，最终改善经济状态。之后的日本，开始利用创新管理工具来分析造成质量问题的原因并解决这些质量问题。因而他们在降低缺陷、关注顾客需求方面获得了持续的改进。

3．以定制化和设计为重点

当低成本和高质量成为普遍认知时，公司开始强调通过创新设计和产品特性来赢得竞争优势。质量意味着为顾客提供创新性产品，不仅满足顾客的需求而且还要给他们以惊喜。刚性的大批量生产能获得标准化的产品和服务，高效且成本低廉，但无法提供多样化产品和服务，继而也就不能持续改进。

一旦我们站在全球角度来考虑市场需求，那么个体的差异就会变得特别明显。在这个全球化市场中，顾客的选择越来越多。作为从事运营管理的人员，必须使生产流程具有足够的柔性，以便满足每个顾客与众不同的需求。[56]

随着市场需求的日益多样化、多变化，多品种小批量混合生产方式化为主流。生产方式的这种转变使得在大量生产方式下靠增加大批量降低成本的方法不再行得通，生产管理面临多品种小批量生产与降低成本之间相悖的新挑战，要求从生产系统的"硬件"（柔性生产设备）和"软件"（计划与控制系统）两个方面去探讨迎接新的挑战。企业追求的目标是随时随地为顾客提供满足其个性化需求，同时又能保证高质量的产品。这就要求企业使精益生产向着多样化、定制化方向发展。

4．以时间为重点

快速响应是敏捷制造的一个特征。信息技术变得成熟起来，时间成为赢得竞争优势的重要手段。通过持续改进和流程再造（BPR）实现了快速响应，BPR 是对流程进行彻底的思考和再造，结果是降低了成本、提高了质量、增加了反应速度、改善了服务。

通信和运输费用的快速下降使各区域市场走向全球化。信息技术变得成熟起来，时间成为赢得竞争优势的重要手段。利用在通信和运输方面的先进成果，人们已经从巨型的、拥有大量劳动力、以紧密联系的团体形式出现的、局限在一定区域内的工厂时代走向了"无边界市场"时代。这种快速的全球化进程使得世界各国竞相提高经济增长率和工业化程度。运营经理需要不断创新，以便能随时随地迅速地找到新方法来生产和运输零部件和产成品，以融合不同文化和规范，满足顾客的兴趣和价值观。

5．以服务和价值为重点

1955 年，美国的服务业从业人数占 50%，如今则 4/5 的工作是服务业提供的。1980 年我国服务业占全社会就业总数的比重为 13%，1990 年上升到了 19%，处于缓慢但持续上升的过程中。但与世界平均水平相比，服务业吸纳就业的作用并不是特别显著。[6]服务业是拉动经济增长、增加就业的强有效手段，对国民经济增长具有重要的作用。

20 世纪后半叶以来，技术成为运营管理成长与发展的最重要影响因素。要求管理者能更为有效地管理和控制更为复杂的运营活动。融合不同文化和规范、顾客的兴趣和价值观、政府的法规以及其他相似的方面使运营管理逐渐成为一门具有挑战性的学科。

1.2 理解服务

制造业提供的产品是有形的，而服务业所提供的产品是无形的，而且多数情况下是有形产品和无形服务一种组合。

1.2.1 服务业及其地位

服务性生产（Service Production）又称作非制造性（Non-manufacturing）生产，是指只提供劳务，而不制造有形产品的生产。服务性生产活动分类如图 1-4 所示。

按要素密集分类		按产品性质分类	
		单纯型	复合型
按要素密集分类	劳动力密集	家政，环卫；保安	餐饮，零售；修理，旅游；
	资金密集	运输，通信；金融	批发，房地产；经营
	知识密集	教育，文化；传媒，咨询	医疗，娱乐；技术服务
		需顾客紧密参与和配合	需顾客部分参与和配合
		生产特征	

图 1-4 服务性生产活动分类

服务业是生产或提供各种服务的经济部门或企业的集合，它是一种为社会提供服务的行业，即服务性生产行业。[8]

服务业按照性质划分可以分为五类：业务服务、贸易服务、基础设施服务、社会服务和公共服务。

服务业按照是否提供有形产品可分为两类：一类是纯劳务运作，如咨询、辩护、授课等；一类是一般劳务运作，如批发、零售、邮政等。

服务业按顾客是否参与划分可分为两种：一种是顾客参与程度大的服务，例如理发、空乘、娱乐等；一种是顾客参与程度小的服务，如修理、货运等。

服务业按照密集程度和与顾客接触程度划分可分为四类，如图 1-5 所示。

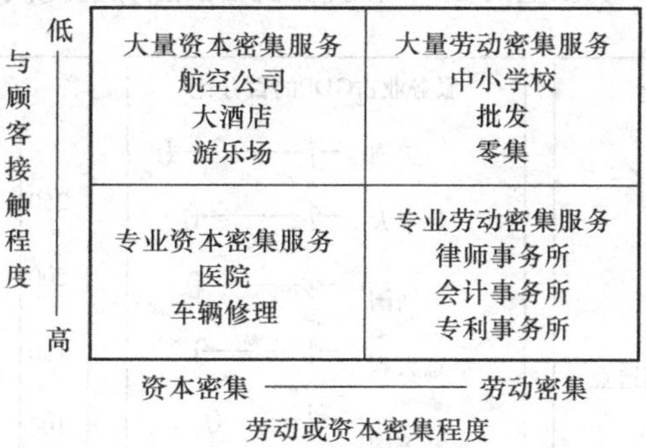

	资本密集	劳动密集
低（与顾客接触程度）	大量资本密集服务 航空公司 大酒店 游乐场	大量劳动密集服务 中小学校 批发 零集
高	专业资本密集服务 医院 车辆修理	专业劳动密集服务 律师事务所 会计事务所 专利事务所

资本密集 ———— 劳动密集
劳动或资本密集程度

图 1-5 以资本密集程度和接触分类

服务业按照产品或服务的专业化程度划分可分为四类，如表 1-5 所示。

大批生产——品种单一，产量大，生产重复程度高。

小批生产——小批量需求的专用产品生产。

中批生产——介于上述两者之间，即品种并不单一，每种都有一定的批量，生产有一定的重复性。

单件生产——种类繁多，每种仅生产一件，生产重复程度低。

表 1-5　以专业化程度分类

生产类型	服务种类	说明
大批生产	公共交通、快餐服务、中小学教育、普通邮件、批发、学生体检	每个对象处理的程序和方式都一样
中批生产	大学本科教育	因专业不同课程不同
小批生产	硕士研究生	因研究领域不同
单件生产	博士研究生	因研究方向不同

有形的产品中会包含部分无形的服务，同样无形的服务中也可能包含部分有形的产品，各种不同行业中无形和有形所占比例如图 1-6 所示。

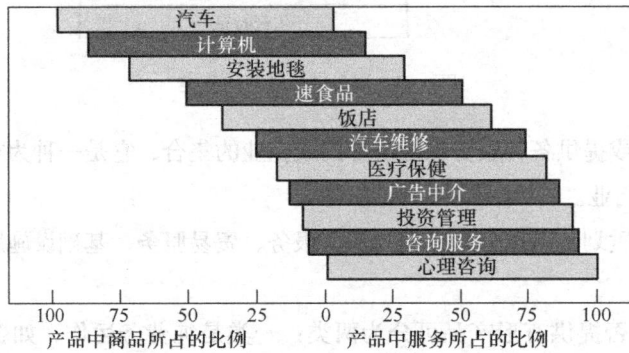

图 1-6　产品中有形和无形所占比例

如图 1-7 所示，可以发现，国民经济的支柱产业由农业转向制造业，之后又由制造业转向服务业。在发达国家，服务业在国家经济中占据了十分重要的地位，并且其比重还会越来越大，在西方工业化国家，70%以上的 GDP 和就业机会由服务业提供，并且持续增长。例如，

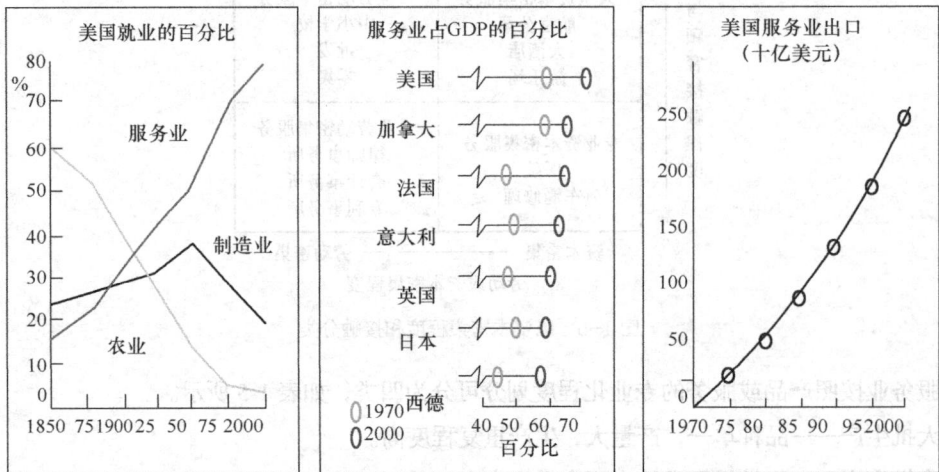

图 1-7　服务业与农业、制造业比较

比利时，1984 年，工业领域减少 21 000 个工作岗位，而服务业增加 20 000 个工作岗位。20 世纪 80 年代以来，40%以上的外贸都是由服务业提供。在日本，占统治地位的并不是我们所熟知的汽车和电子，而是银行业。世界前十家最大财务机构有 9 家是日本企业。美国是世界上最大的服务生产国和出口国，其服务业包括了除农业和制造业以及矿产业以外几乎所有的商业活动。服务业成为迄今为止美国经济最大的组成部分，占到美国经济的 79%以上。据欧盟统计，欧盟服务业是欧盟经济中最重要的部门，占到 GDP 总值和就业的 2/3。从 1992 年到 2002 年，英国生产服务业增加值占 GDP 比重从 25.9%上升为 32.9%，增长 7 个百分点，年均增长 0.7 个百分点，生产服务业成为英国国民体系中的重要构成部分。根据 2007 年数据显示，金融、保险、信息服务和交通运输的增加值占英国 GDP 的比重已经超过 25%，就业人口占全部就业人口的 32%。

全球范围内服务业的迅猛发展已经成为不可阻挡的趋势，服务业在现代经济中扮演着越来越重要的角色。服务业作为现代经济发展水平的一个重要标志产业，是经济发展、生产力提高和社会进步的必然结果。因而服务业在国民经济中的重要性怎么估计也不为过。[11]

在后工业化经济中，信息经济、服务经济、新经济成为主体。这个时期主要呈现以下几方面特点。

（1）科技高速进步，电子商务市场快速发展，产品生命周期缩短。

（2）竞争激烈，科技、通信等行业在市场空间方面竞争加剧。

（3）生产率提高，美国在 1995～2000 年期间年增长率达到 2.9%，两倍于 1973～1995 年期间年增长率。

（4）白领就业人数增加，知识教育水平普遍提高，脑力劳动者人数增加迅速。

（5）知识和技术产品输出，商务许可、咨询保险服务迅速崛起。

中国加入世界贸易组织（World Trade Organization，WTO）以后，对中国服务业的发展更是带来了巨大的机遇和挑战，并促使中国服务业的全面发展和升级。而这一阶段仅仅是进程的开始，不仅会推动中国服务业"量"的发展，更会促使服务业"质"的提升。根据《中国统计年鉴》数据显示，近几年我国第三产业增加值正在稳步增长。从 2004 年的 64 561.3 亿元增加到 2006 年的 84 721.4 亿元，其中各产业的增加值如表 1-6 所示。2006 年，第三产业贡献率（第三产业增加值增量与 GDP 增量之比）达到 41.7%。

表 1-6　第三产业分产业增加值

第三产业分产业（单位：亿元）	分产业增加值		
	2004 年	2005 年	2006 年
交通运输、仓储和邮政业	9 304.4	10 835.7	12 481.1
信息传输、计算机服务和软件业	4 236.3	4 768.0	5 329.2
批发和零售业	12 453.8	13 534.7	15 471.1
住宿和餐饮业	3 663.8	4 193.4	4 792.1
金融业	5 393.0	6 307.2	8 490.3
房地产业	7 174.1	8 243.8	9 664.0
租赁和商务服务业	2 627.5	2 912.4	3 280.0

第三产业分产业（单位：亿元）	分产业增加值		
	2004 年	2005 年	2006 年
科学研究、技术服务和地质勘察业	1 759.5	2 050.6	2 409.3
水利、环境和公共设施管理业	768.6	849.9	944.2
居民服务和其他服务业	2 481.5	3 129.4	3 541.5
教育	4 892.6	5 656.3	6 179.0
卫生、社会保障和社会福利业	2 620.7	2 934.5	3 209.6
文化、体育和娱乐业	1 043.2	1 188.2	1 325.2
公共管理和社会组织	6 141.4	6 828.8	7 604.6
总计	64 560.4	73 432.9	84 721.2

我国服务业的就业比重也在不断增长，从业人员从 1990 年的 11 979 万人增加到 2006 年的 24 614 万人，比同期第二产业净增加从业人员的两倍还多，服务业正在逐渐成为吸纳就业人口的主要渠道。

据 2007 年财经蓝皮书《中国服务业发展报告 NO.5——中国服务业体制改革与创新》显示，目前，全球服务业增加值占国内生产总值比重达到 60%以上，主要发达国家达到 70%以上，即使是中低收入国家也达到了 43%的平均水平。与此相比，2005 年中国服务业占国内生产总值的比重也仅为 40.2%，明显偏低。这一现象值得我们重视和深思[14]。

1.2.2　服务的特点

在服务业中，应该对投入和资源进行区分。对于服务业来说，投入是顾客本身，资源是服务人员可以调用的辅助物品、劳动力和资本。因此，服务系统的正常运转有赖于系统与作为服务过程参与者的顾客之间的交互。因而，服务系统是一个开放型的系统。顾客对服务需求的独特性，以及服务能力与需求的匹配性，是对服务运营的一大挑战。需要指出的是，服务的许多特性，比如顾客参与性和易逝性，很多时候是相互关联的。[18]

1．无形性

很多商品都是有形的、可以触摸的，而大部分的服务是无形的，无法测量。服务的无形性是服务作为产出与有形产品最本质的区别。这也是服务的抽象性，不可知性，我们只能在购买服务享受之后从感觉上来评价。我们在享用一项服务之后，并没有留下什么有形的东西。同时相对于产品的创新而言，服务的创新无法申请专利保护。因此服务行业公司的形象、信誉非常重要。对于很多服务而言，购买了服务并不等于拥有了其所有权，你购买的仅仅是有限的使用权，当你对这项服务的消费结束时，也就意味着这项权利的终结。

2．易逝性

由于服务行业的特殊性，服务总是"生产"与"销售"同时进行的，因而其通常无法储存。它并不像制造行业可以对产品提前生产并储存起来，以此来调节并适应市场需求，平衡供给和需求之间的差异。服务通常是即时生产并即时销售的，这便是它的易逝性，而这种易逝性导致对服务行业整体服务能力的要求很高，服务能力的好坏、服务装备的齐全与否以及服务设施的位置等，都将对服务业的获利能力产生至关重要的影响。服务能力不足，会造成严重的机会损失，丢掉顾客；服务能力过大，会造成不必要的浪费，增大服务成本。由于服务的这种特殊性，以及顾客对服务要求的多样性和复杂性，给服务管理提出了很高的要求，应谨慎确定服务能力来满足顾客需求。

3．同时性

制造业与服务业相比，其产品生产与使用是可以在不同的阶段发生的，它可以先行生产，储存一段时间后再使用，以此来调节市场需求。而且在制造业中，工厂与产品的顾客是完全分开的，生产系统可以作为一个封闭系统存在。而在服务业，服务的生产与消费是同步的、不可分的并且相互渗透。"生产"与"销售"只有同时工作，服务才能起作用。许多服务在提供过程中需要满足顾客现场的要求，服务的生产系统只能以开放系统形式存在。服务业的这种同时性导致了服务质量不能提前控制，也导致服务储备计划必须保持足够的波动性以应对顾客到达的不确定性。这就要求服务行业在运营管理过程中必须采取弹性等措施来满足需求。

4．异质性

服务是一个有机整体而并非单个要素，所以其中任何一个要素水平的不同，都会造成整个服务的差异。正如东京迪士尼的创始人高桥知政所说，在服务业中 100-1=0。服务是由人而不是机器来完成的，这就决定了服务并不是标准化生产，因为人不能像机器一样完全按照标准分毫不差地工作。同时，服务的对象也是人，人与人之间也是有差异的。因此，对整个服务的体验过程及评价是因人而异的。即使是同类型同公司的服务，每个人的服务过程及每个顾客的服务感受都是有差异的。服务的异质性导致服务质量具有不确定性，顾客满意度不可预测性，这些都给服务业管理者提出了很高的要求。因为大部分服务并不能用统一的标准来衡量，所以应尽量多样化及细致化来满足顾客的需求。

产品和服务都是为购买和使用的顾客提供价值和满意，但是由以上服务的特性我们可以看到产品和服务的异同。[49]

（1）产品是有形的，服务是无形的。

（2）顾客参与到很多服务流程、活动和传递过程中。

（3）与产品预测相比，服务预测更为困难。

（4）服务不能像实物那样存储起来。

（5）服务管理把营销、人力资源和运营职能集成在一起，以便生产、传递产品和服务，形成与此有关的服务即遇（Service Encounters）。

（6）服务设施必须接近顾客。

（7）专利无法保护服务。

产品和服务的区别如表 1-7 所示，对各个行业的组织都有重要的管理含义如表 1-8 所述，对运营管理尤其如此。[49]

15

表 1-7　产品和服务的区别

产品（有形）	服务（无形）
可以再次出售	很难再次出售
可以进行存储	无法存储
可以测量质量因素	难以测量质量因素
销售与生产独立	销售是服务的一部分
可以运输	服务提供者移动
产地对成本影响很大	选址为方便客户
容易自动化	难以自动化
收入来自有形产品	收入来自无形服务

表 1-8　产品或服务对运营管理的影响

运营管理活动	产品	服务
预测	时间跨度长。可以把实物库存作为缓冲来削减预测错误	时间跨度短，更具多变性，更依赖时间
选址规划	通常位于原料、供应商、劳动力或顾客/市场附近	必须位于顾客/市场附近以方便顾客和提高服务速度
设施布置与设计	顾客较少在现场，设施的设计可以更为有效	必须从顾客容易接触的角度来设计服务设施
技术	应用各种自动化技术来生产	更多的信赖基于信息技术的硬件和软件
质量	可以定义明确的、物理上的和可测量的质量标准并利用各种物理设备来实现测量	必须根据顾客对服务质量的感受来测评服务质量，通常必须通过顾客调查和人员的交往来实现
库存/能力	把物理库存作为平衡需求的缓冲	由服务能力替代库存
过程设计	因顾客不参与或不介入制造过程，生产过程的机械化程度高	顾客通常在很大程度上参与服务的提供和传递过程，要求服务过程更具柔性并适合特定环境
工作/服务即遇设计	员工需具备更高的技术能力	员工需具备更高的组织和服务管理技能
进度控制	进度控制涉及物料、零件和配件的移动和定制，可以通过更多地考虑制造商的利益来实施	进度控制涉及能力、可获得性和顾客的需求，不能过多地考虑服务提供者的利益

1.2.3　顾客价值包

顾客价值包就是顾客从某一特定产品或服务中获得的一系列利益，包括产品价值、人员价值、形象价值等。它以一定的方式配置产品和服务，形成价值包，提供给顾客。

顾客价值包通常是指企业生产并销售给顾客的产品、服务和经验的总和。由于服务创新无法申请专利，很难获得保护，因而产品和服务经常被捆绑在一起成为精心设计的营销和运营战略。它的主要目的是提供与竞争对手不同的产品和服务。例如，梅赛德斯汽车公司把高品质的汽车和很多优质的服务项目捆绑在一起，包括定制化的租赁、保险和质量保证、邀请车主参加联谊活动等。这种捆绑被称为顾客价值包结构。顾客价值包通常包括核心产品/服务、附属产品/服务、额外服务及补救性服务。

1．核心产品/服务

核心产品/服务是客户能够从服务机构中获得并感知的最重要的服务利益，由产品层次中的核心利益及期望价值组成，它体现服务机构最基本的功能。核心产品/服务给予消费者的是最基本利益，大家都有的，你不能没有，否则你就是不及格的。

2．附属产品/服务

附属产品/服务是指向顾客提供的超出正常服务以外的、对核心产品/服务不必要但又可强化核心产品/服务的。附属产品/服务有助于为核心产品/服务提供差异化并创造竞争优势。附属服务是吸引顾客的一种营销手段，能给顾客带来意外的惊喜，超出顾客的预期，以新颖性来提高顾客的感知价值使其远远高于预期，以达到提高顾客忠诚度的目的。核心服务与附属服务的设计如图 1-8 所示，服务行业中酒店的核心服务与附属服务的设计如图 1-9 所示。

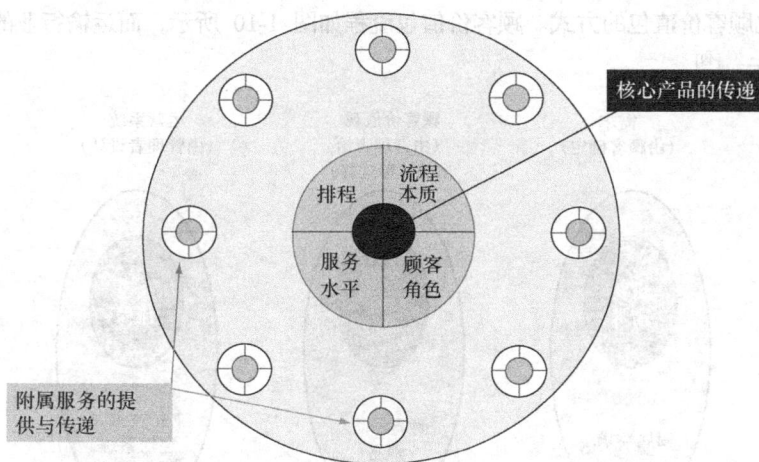

图 1-8　核心与附属服务设计

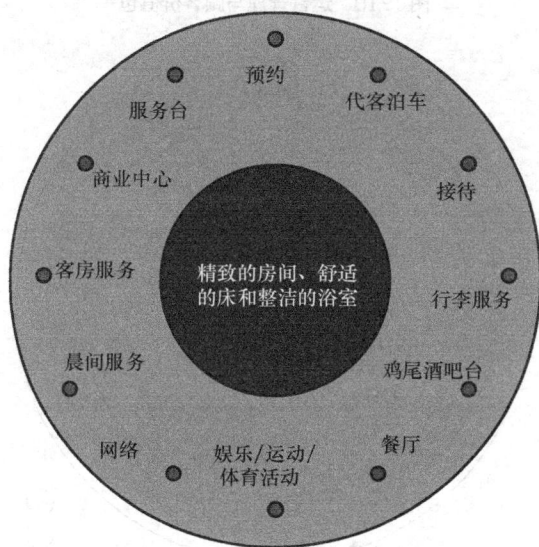

图 1-9　星级酒店核心与附属服务

3. 额外服务

额外服务主要是指虽然不在其服务活动范围之内，但是其服务贯穿到顾客体验的整个活动中，是顾客价值包的一个重要组成部分。它是一种与标准顾客价值包分离的属性（如果标准化后融入顾客价值包就称为永久的附属）。

补救性服务，在服务过程中，由于服务人员的疏忽差错造成顾客对服务的不满意，这时就要求企业为顾客提供一些补救性措施，比如道歉或者其他有偿服务等，来降低顾客的不满意程度，甚至使其由不满意转为满意，这个过程主要是对顾客的投诉及不满意进行处理，同时也是对整个服务过程质量的一种调查与反馈，争取找出其根源，避免下次再犯，积累服务经验，使服务质量进一步提高。[49]

顾客价值包的主要目的是提供与竞争对手不同的产品和服务，以提高顾客忠诚度，提升企业竞争力。比如把娱乐、游戏和兴趣融入到顾客价值包的设计方案中是一种提供与竞争对手具有差异化顾客价值包的方式。顾客价值包流程如图 1-10 所示，而运输行业的顾客价值包如图 1-11 所示。[49]

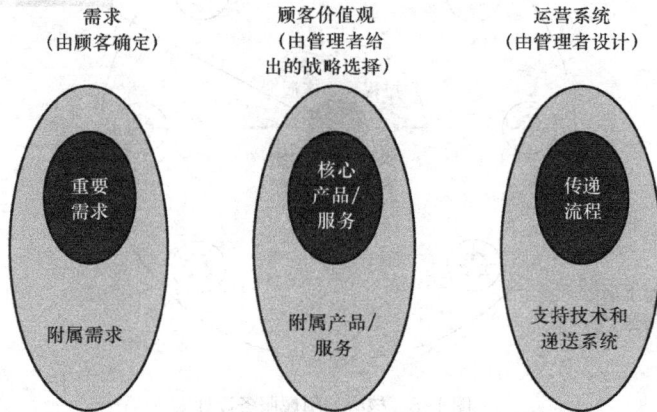

图 1-10 运营管理与顾客价值包

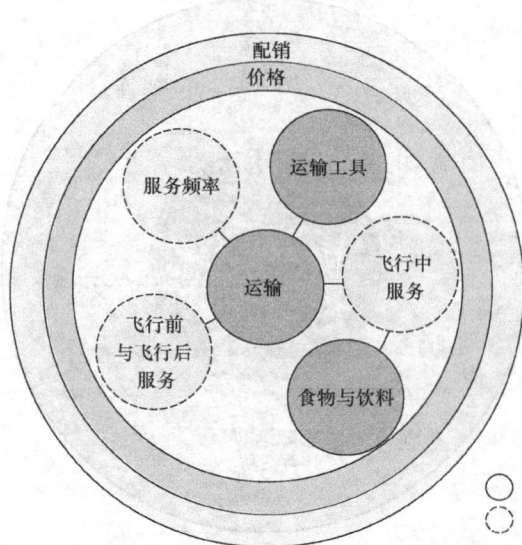

图 1-11 运输的顾客价值包

1.3 运营管理的定量方法

运营管理的特点注定需要大量使用定量技术，这其中涉及很多数学分析、运筹学和数理统计学的理论和方法，例如排队论、运输模型、预测技术、库存模型、排序、统计过程控制与工序能力分析等。

定量方法可以辅助运营管理诸多方面的决策，如顾客需求预测、能力资源配置、生产计划管理、任务指派、厂址和仓库位置选择、把产成品运输到顾客、人力资源的优化配置以及配备客户服务代表。例如，专业技术可以为设施选址、作业排序等问题做出决策；通用方法可以解决目标和结构相似的一大类问题，统计方法和管理科学技术的线性规划、仿真和排队论等可以解决某一类问题。[3]

1.3.1 盈亏平衡分析

盈亏平衡分析是计算企业实现盈利所需产能的重要工具。盈亏平衡分析（Break-even Analysis）的目标是找到一个点，在该点成本同收入相等，该点就是盈亏平衡点。企业必须确保运转在该水平线上以实现盈利。如图 1-12 所示，盈亏平衡点需要估算固定成本、变动成本和收入。

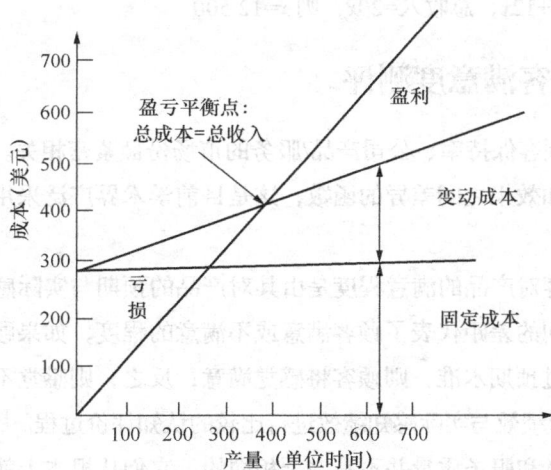

图 1-12 基本的盈亏平衡点

固定成本（Fixed Cost）指即使没有生产也会持续存在的成本。例如，折旧、税收、贷款等。变动成本（Variable Cost）是随着产量而变化的成本。变动成本主要由劳动力和物料成本组成。然而有些随着产量而变化的设施也属于变动成本。售价减去成本（包括固定成本和可变成本）之后的余额称之为利润（Profit）。只有当利润为正的时候公司才能盈利。

计算盈亏平衡点的产量与收入/成本的代数公式如下。令：

BEPX=盈亏平衡点的产量　　TR=总收入=Px

BEP$=盈亏平衡点的收入　　F=固定成本

P=单价 V=单位变动成本

x=产量 TC=总成本=F+Vx

在盈亏平衡点，总收入等于总成本。因此，

$$TR=TC \quad 或 \quad Px=F+Vx \tag{1-1}$$

求解 x，得到：

$$BEPX =F/(P-V) \tag{1-2}$$

通过这些等式，我们可以直接得出盈亏平衡点及利润率。公式如下：

$$盈亏平衡点的产量=总固定成本/（单价-变动成本） \tag{1-3}$$

$$盈亏平衡点的收入=总固定成本/（1-变动成本/售价） \tag{1-4}$$

【例题 1-2】单一产品盈亏平衡分析：一家工业电子制造商正在考虑扩大其生产规模，用以制造电子元器件。为评估投资价值，要求工厂经理确定达到盈亏平衡点时的生产规模。新增设备和安装费用是 100 000 美元，单位可变费用为 12 美元，单位产品价格为 20 美元。

$$总成本=固定成本+总可变成本$$

$$总成本=100\,000+12×10\,000=220\,000$$

销售可获得 20×10 000=200 000 美元的收入，在此规模下将带来 20 000 美元亏损。

使得净收益等于零的销售量为均衡点，即总成本等于总收入的点为盈亏平衡点。

总成本=100 000+12x，总收入=20x，则 x=12 500

1.3.2 顾客满意度测评

顾客满意度与顾客保持率、公司产品/服务的市场份额紧密相关。顾客满意水平是消费者的期望值和实际感知效果之间差异的函数，这是目前学术界广泛采用的一种对顾客满意度的定义。

总体来说，顾客对产品的满意程度是由其对产品的预期与实际感知绩效的比较决定的。预期和感知绩效之间的差距代表了顾客满意或不满意的程度，如果顾客在使用产品后的实际绩效能符合甚至超过预期水准，则顾客将感觉满意；反之，则感觉不满意。因此，顾客满意可以说是顾客对期望绩效与实际感知绩效进行比较的认知评价过程。[23]

但是，顾客满意和服务质量并不是完全相同的，它们从根本上就有区别，尽管也有很多共同点。总体来说，满意是一个更广义的概念，而服务质量评估则是专门研究服务的几个方面。因此可以说，服务质量只是顾客满意的一部分。服务质量作为评估的焦点，反映顾客对服务的几个特殊方面的感知，如图 1-13 所示：可靠性、响应性、安全性、移情性、有形性。另外，满意的含义更丰富：服务质量、产品质量、价格及环境因素、个人因素的感知都会对满意产生影响。例如，去电影院看电影的顾客满意是一个比较广义的概念，它当然受到对服务质量感知的影响，同时也包含着对产品质量的感知（如演出的质量），对影院价格的感知，对顾客情绪状态的感知，甚至还有对天气条件、驾车前往或离开影院的过程等不可控因素的感知[6]。

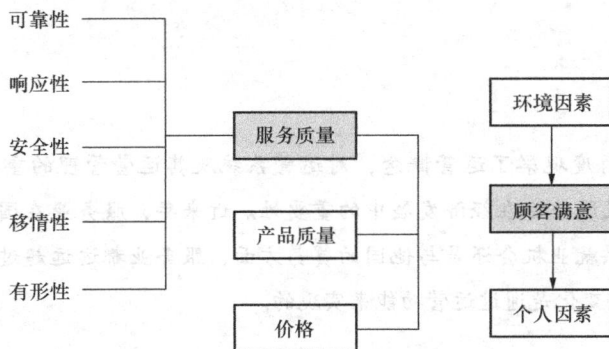

图 1-13　服务质量与顾客满意

1.3.3　运营管理中模型的局限

通过建立和运用多种模型来帮助管理者做出重要决策。但是多数模型都有其隐含假设。例如，盈亏平衡分析中的假设。

- 时间非关键变量，收入与成本是同一时间段发生和完成的。
- 成本和价格不随时间发生变化。
- 无论单位可变成本还是单价都不随生产或销售的数量发生变化。
- 设施和设备有无限的生产能力。

1.4　运营管理的战略决策

差异化、低成本和快速响应可以通过运营管理的有效决策来获得，这就是运营决策。运营决策分为如下 8 个方面的决策内容，如表 1-9 所示。[4]

表 1-9　运营决策内容

运营决策	决策内容
商品和服务设计	设计产品和服务占了生产过程的大部分。成本、质量和人力资源决策通常由设计决策来决定。设计通常决定了成本的下线和质量的上限
质量	明确客户的质量预期，制定方法和过程来识别并达到质量要求
流程和产能设计	产品和服务的流程要可行。流程决策决定了技术、质量以及人力资源的使用和维护
选址	制造与服务组织厂址的便利性决策决定了公司最终的成功
设施布置	材料流量、产能需求、员工水平、技术决策等都能影响布置
人力资源和工作设计	人是系统设计中重要而昂贵的部分。必须确定工作生活的质量、天赋和技能要求
供应链管理	决定了生产什么和购买什么。考虑质量、交货、创新和价格的合理性
调度	必须安排可行和有效的生产调度，满足人力资源和设备的需求

本章小结

本章从宏观的角度观察了运营概念，对运营系统及其运营管理的重要意义做了简要概述。界定了服务以及服务业在经济发展中的重要性。近来年，服务业在国民经济中占据了重要地位。不论是提供就业机会还是与他国的贸易方面，服务业都远远超过了国民经济中的其他产业。而上述这些变化是通过运营功能来实现的。

思考与练习

习题 1：迈耶汽车旅馆的负责人苏珊正考虑将旅馆的日常清洁工作外包给达菲女佣服务公司。一年 365 天，苏珊平均每晚出租 50 个房间。苏珊清理一个房间的费用是 12.5 美元。达菲每个房间的报价是 18.5 美元，此外，还要收取 25 000 美元的固定成本以支付各种杂费，例如印有旅馆名字的制服等。苏珊的年固定成本是 61 000 美元，涉及场地、器材及供应品等。对苏珊来说，哪种方案更合理，为什么？

习题 2：一家非营利性组织得到一笔市政府支持公益事业的经费，数额为每年 100 000 美元。这家组织每提供一次服务所得到的收入是 0.75 美元。单位可变成本为 1 美元，每年的固定成本为 50 000 美元，试计算：当业务达到什么规模时，运营是经济的？如果市政府准备把资助经费增加 25%，每次服务收益降低到 0.65 美元，这家组织能增加多少业务量？

习题 3：滑雪板公司需要快速进入一个新的滑板市场，现在有三种选择：（1）翻新旧设备的成本是 800 美元；（2）重大改造需要 1 100 美元；（3）购买新设备需要 1 800 美元；如果公司选择翻新旧设备，每块板的材料和人工成本是 1.1 美元。如果选择改造，材料和人工成本是每块 0.7 美元。如果买新设备，变动成本可能是每块 0.4 美元。要求在同一张图上画出三条成本线。如果公司能卖 3 000 块以上的滑雪板，应该选择哪种方案？如果公司能卖 1 000～2 000 块滑雪板，应该选择哪种方案？

第 2 章　服务价值链

☑ 学习目标

1. 理解价值链和供应链。
2. 理解价值链设计与管理的重要性。
3. 掌握价值链战略。

☑ 关键词

价值、供应链、管理、战略

☑ 引导案例

美国沃尔玛零售连锁集团连续多年在《财富》500 强企业排名中位居榜首。沃尔玛的全球采购战略、配送系统、商品管理电子数据系统以及天天平价战略在业界都是值得学习的经典。其成功背后最主要的因素就是以提升顾客价值为目标，建立面向顾客的价值链管理。沃尔玛认为自己的存在就是为顾客提供价值，不仅要提供优质服务还需要为顾客省钱。但是低价却不降低产品质量，高效也不损害雇员利益。真正做到让顾客花出去的每一分钱都物有所值，这种面向顾客的价值链管理正是沃尔玛成功的秘诀。

资料来源：来源于网络，编者整理。

价值链分析的基础是价值，重点就是价值活动的分析。各种价值活动最终构成价值链。价值即是顾客愿意为产品/服务所支付的价格。是对顾客需求的实现，因而价值活动是企业的基石。[32]

2.1　价值链和供应链

价值链是由哈佛大学商学院教授迈克尔·波特于 1985 年提出的概念。企业的价值创造是通过一系列活动构成的，这些互不相同但又相互关联的生产经营活动，构成了一个创造价值的动态过程，即价值链。供应链是围绕核心企业，通过对信息流、物流、资金流的控制，从采购原材料开始，制成中间产品以及最终产品，最后由销售网络把产品送到消费者手中的

23

一个功能网络结构。

2.1.1 流程

企业中的所有工作都与流程以及由流程构成的价值链有关。价值链分析方法视企业为一系列的输入、转化与输出的活动序列集合，每个活动都有可能相对于最终产品产生增值行为，从而增强企业的竞争地位。企业通过信息技术并实现关键业务流程优化是实现企业战略的关键。[56]

流程是指系统将输入转化为输出的过程。它是提供产品和服务的基础，对运营管理的很多活动至关重要。流程直接关系到一个系统的运行效率、成本和质量，对系统竞争力有重要影响。服务流程是对服务企业向顾客提供服务的整个过程，以及完成该过程所需要素的组合方式、时间与产出的具体描述。[7]

流程主要是用以产生一定结果，如产品、服务或信息的活动序列。它可以分为两类：

一类流程是核心流程（core process），核心流程是向外部顾客交付价值的一系列活动。这些流程与外部顾客相互作用并与他们建立关系，开发新的服务产品；与外部供应商相互作用，为外部顾客生产服务产品。这类流程的实例包括预约登记、新款汽车设计、网上采购等。

另一类流程是支持流程（support process），一个企业的核心能力决定了它的核心流程。支持流程为核心流程提供必需的资源和输入要素，因而对于企业管理来说是必不可少的。这类流程的实例包括预算、招聘和进度安排等。图2-1给出了企业中核心流程与支持流程的联系。

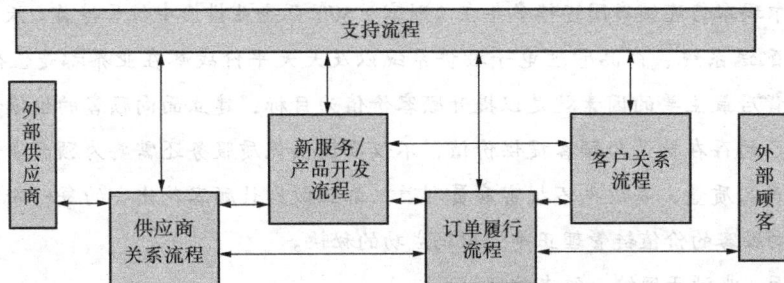

图2-1 企业中核心流程与支持流程的联系

在现在这个讲究效率的时代，工业化社会发展的趋势是专业化。对专业化的关注反过来又提高了效率。那些只关注少量的活动、产品和技术的管理者，确实做得更好一些。随着产品数量的增加，企业管理费用也越来越高。类似地，随着产品、顾客和技术多样性的增加，复杂性也增加了。处理复杂性所需的资源也在不成比例地增长。关注产品线的深度而不是广度，是很多优秀企业的典型表现，比如英特尔、摩托罗拉、爱立信、诺基亚及博世等。专业化、简单化、集中化和聚集策略都可以产生效益。因此，企业对于流程关注的焦点有如下几个方面。[56]

（1）顾客。例如，真功夫是一家专门提供营养快餐服务的中国公司，对其顾客而言，营养以及快速服务是至关重要的。流程的本质是它想要达到的结果，从公司的整体来看，流程的目的就是为顾客创造价值，实现公司的战略目标。所以流程导向的管理模式把战略、顾客放到了最重要的位置。

（2）产品族。例如，山东省莒南县天源矿石加工厂主营石英加工，而成立于西班牙的力拓集团占全球矿石总产量的11%。

（3）服务。例如，广州市肺结核防治中心只关注肺结核病，而广州市皮肤防治中心只关注皮肤病。

（4）技术。例如，微软只关注计算机软件，尽管PC机业务也很有商业机会。

2.1.2 价值链

企业的价值创造是通过一系列活动来构成的，这些互不相同但又相互关联的生产经营活动，构成了一个创造价值的动态过程，即价值链。当今的消费者需要新颖的产品、优良的质量、快速的反馈、完美的服务以及低廉的价格。每一个组织都有一个潜在的目标，那就是为它的顾客和股东创造价值。价值是人们关于拿什么来购买利益的感知，这些利益与产品、服务以及一些产品或服务的组合（顾客价值包）相关。从经济意义上讲，价值具有效率的特征，即强调收益与投入之比，而且是以货币作为计量单位。按照马克思的价值理论，价值是凝结在商品中的无差别的人类劳动。如把资金的概念引入，价值可以看成是资金的生成和增值，它所体现的是一种被物的外壳所掩盖着的人与人之间的关系（上海国家会计学院 价值管理）。[32]

价值=感知的利益/面向顾客的价格

当消费者感知到的利益大于他所付出的价格，则其会在这一笔交易中体验到"价值"。现在的消费者希望能够在每一笔交易中都能获得"价值"，因而对于提供产品或服务的组织来说，如何使消费者获得他们所期望的"价值"，是其获利并获得成功的关键。由此，我们可以给价值一个明确的定义：所谓价值是指商品或服务的一种用于满足消费者的需求或使消费者受益的能力。服务只有在满足消费者需求或使消费者受益时才有价值。价值是主观的，它的存在取决于消费者的感觉以及消费者的特殊需求[12]。

每一个组织都有一个潜在的目标，那就是为它的顾客和股东创造价值。而如何提供并创造价值，就是运营管理的重要内容。组织的价值创造是通过一系列经济活动构成的，这些互不相同但又相互关联的生产经营活动，构成了一个创造价值的动态过程，即价值链。[51]

价值链包含以下几个特征。

（1）价值链是增值链。

（2）价值链是电子链。

（3）价值链是协作链。

（4）价值链是虚拟链。

价值链是企业设施与过程构成的网络，通过这个网络可以描述产品流、服务流、信息流和资金流，它们来自供应商，经过企业的网络后创造出产品或服务，并传递给顾客。上下游关联的企业之间存在行业价值链，企业内部各业务单元的联系又构成了企业价值链，企业内部各业务单元之间也存在着价值链联结。价值链上的每一项价值活动都会对企业最终能够实现多大的价值造成影响。因而，价值链是运营管理功能的一个全周期性模型。

价值链在经济活动中无处不在，上下游关联的企业之间存在行业价值链，企业内部各业务单元之间也构成企业内部价值链。价值链上的每一项价值活动都会直接影响企业最终实现的价值大小。价值链如图 2-2 所示。

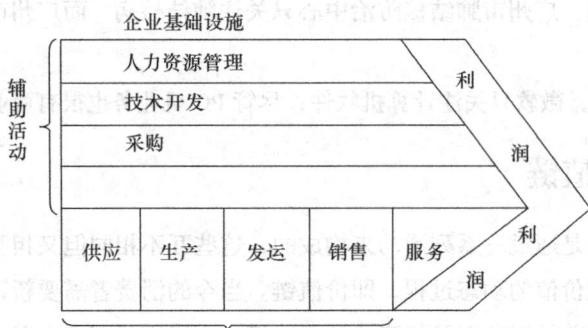

图 2-2　价值链图

一个企业流程的累积作用可以认为是一个价值链，这是一个创造服务的相互关联的流程序列。流程中的每一个活动都应该在前期活动的基础上增加价值。价值链概念强调了流程与业务绩效之间的相互关系，如表 2-1 所示。[49]

表 2-1　流程与业务绩效间关系

组织	供应商	输入	加工	输出	顾客和细分市场
航空公司	食品制造商 燃油 飞行员培训 保险	飞机 劳动力 行李 能源 维修部件 知识	飞机维修 飞行员 行李服务 机舱服务 保险系统	安全与准点的飞行	经济型 奢侈 私人飞机 商务舱 飞机运输货物 空运
比萨餐厅	食品批发商 设备供应商	食物原料 菜单 能源 劳动力 设备	订单获得 送货上门 店内服务 账单支付 食品生产	美味比萨 开心的顾客 快速的服务	物美价廉的比萨 送货上门 店内就餐 折旧市场 团体购买

价值链理论的应用有助于了解企业的价值生成机制，它既是一个分析竞争优势的工具，同时也是构建和增强其核心优势的系统方法。但是，价值链并不是孤立地存在于一个企业内部，而是可以进行外向延伸扩展或连接的。所有相关企业的价值链首尾相联，便构成了供应链，关键在于如何链接。

供应链是价值链的一部分，主要关注产品和原料的实物移动过程，支持信息流和资金流，贯穿供应、生产和分销的过程。许多公司在使用价值链和供应链的时候都是可以互换的，但价值链的范围比供应链的更广，囊括了创造支付整个顾客价值包的所有售前和售后服务。价值链是从顾客角度观察公司的，即创造价值的一体化产品服务，而供应链则更多的是从内部关注实际产品的创建过程。[28]

2.1.3 供应链

供应链是围绕核心企业，通过对信息流、物流、资金流的控制，从采购原材料开始，制成中间产品以及最终产品，最后由销售网络把产品送到消费者手中的由供应商、制造商、分销商、零售商，直到最终用户组成一个整体的功能网链结构模式。[24]

供应链是价值链的一部分，主要关注产品和原料的实物移动过程，支持信息流和资金流，贯穿供应、生产和分销的过程。许多公司在使用价值链和供应链时都是互换的，但价值链的范围比供应链更广。价值链是从顾客角度观察公司的，即整个顾客价值包一体化产品和服务的创造过程。而供应链更多的是从企业内部的视角，关注的是实际产品的创建过程。一条完整的供应链通常需要关注以下几个方面：

（1）供应链中存在不同的行为主体，如消费者、零售商、分销商、装配商、制造商、原材料供应商等成员；

（2）供应链具有特定的功能，提供某类特定的产品或服务；

（3）供应链具有某种结构特征；

（4）供应链上存在某种特定的经济活动；

（5）供应链上流转特定的要素如物流、信息流和资金流等。

供应链的核心思想是把供应链看作由核心企业为根节点的双向树状结构所组成的网络系统，注重围绕核心企业的网络关系，如图 2-3 所示。[25]

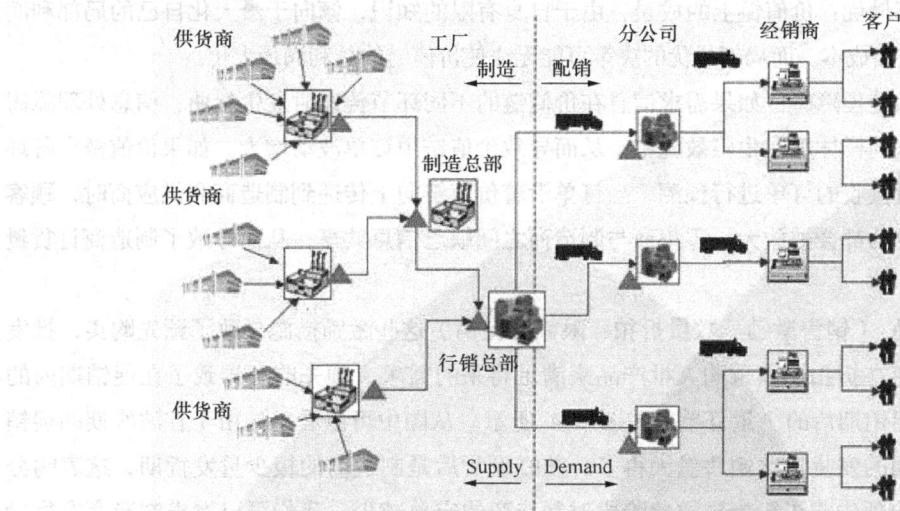

图 2-3 核心企业的网络关系

在供应链实践方面，国内企业正在做着积极的尝试与改革。因为目前很少有管理者认为自己的企业可以独立地发展，供应链思想正在被越来越多的企业所接受。"不做资源的创造者，要做资源的整合者"，以此为理念，美特斯邦威以虚拟经营"轻资产"方式，充分发挥了供应链的优势。

供应链更多时候是相对多个企业而言的，除非是大型集团，否则小企业很难构建其自身的供应链。因此，供应链可以说是企业之间相互连接的纽带，构成其链条连接。现代的供应链管理不仅局限在物流管理层面上，更多地增加了商流的管理内容。供应链管理的发展是计算机网络技术发展推动的，同时也是企业实施战略联盟和虚拟经营的结果。[26]

2.2 价值链设计

组织在设计和配置价值链时面临许多决策。价值链的运营结构就是所有资源的构造，比如供应商、工厂、仓库、分销商、技术支持中心、工程设计和销售办事处以及联络通信。不同的运营结构需要不同的管理技能。

2.2.1 整合问题

随着运营经理们逐步整合价值链，效率有了显著的提高。物料以及产品的循环（供应商—生产—仓库—配送—顾客）往往发生于各个独立的组织。如果价值链上每个环节的所有者不同，那么不同环节的目标就可能会发生冲突。运营经理面临的价值链是各个独立的厂商，而且这些厂商都各自顾虑到要满足自己的顾客需要并因此而获利。这样一来，有可能会对价值链追求整体最优造成障碍，那么如何来建立高效和整合的价值链，使得整个价值链能尽可能地减少浪费并实现价值增值呢？这就需要运营经理了解价值链上存在的显著问题。[28]

（1）局部最优：价值链上的成员，由于自身有限的知识，倾向于最大化自己的局部利润或最小化其直接成本。而局部最优的决策可能无法使价值链的总利润最大化。

（2）信息处理障碍：如果需求信息在价值链的不同环节传递时发生扭曲，信息处理障碍就发生了，这同样体现在牛鞭效应中，从而导致价值链中订单波动增大。如果价值链中各环节根据它们所接收的订单进行预测，当订单沿着价值链向上传递到制造商和供应商时，顾客需求的任何波动都会被放大。零售商与制造商之间缺乏信息共享，从而导致了制造商订货量的巨大波动。[27]

（3）激励：（销售激励、数量折扣、限额和促销）这些激励措施导致了预先购买，批发商或者零售商在折扣期内采购大批产品来满足将来的需求。预先购买导致了在促销期内的大量订单和促销期后的少量订单，如图 2-4 所示。从图中可以看出，由于在波峰期的促销活动，该期间的发货量比销售量大得多。波峰发货后是制造商的极少量发货期，这表明分销商大批量的预先购买行为导致此阶段对制造商的定单减少。我们可以看出制造商发货量的波动远远大于零售商销售量。由于一次促销活动产生的波动最终使供应链上的所有成员都损失惨重。

（4）大批量：企业对大批量生产通常存有偏爱，因为大批量往往会降低生产的单位成本。物流经理倾向于大批量的运输，喜欢装满卡车，而生产经理希望长期生产运行。这些行为都能降低单位成本，但不能反映实际需求。局部最优、信息处理障碍、激励和大批量都扭曲了价值链上的真实信息。不准确的信息并非故意制造的，而是由于价值链内部的扭曲和波动造成的，从而形成所谓的牛鞭效应。

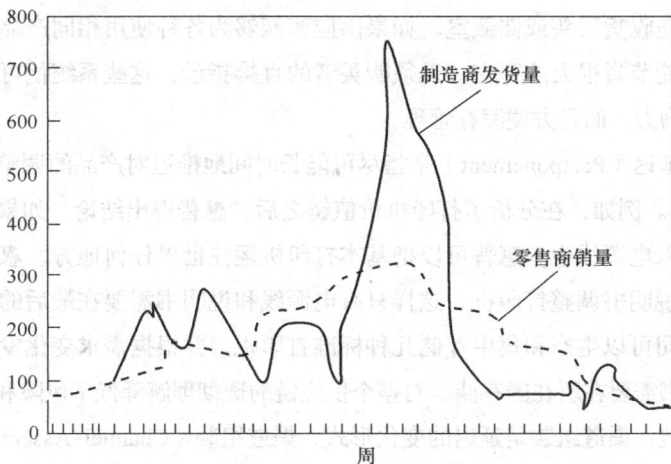

图 2-4 零售商销售量和制造商发货量

2.2.2 整合机会

我们可以通过对价值链的整合或重构来减少价值链上的牛鞭效应等问题，从而改善价值链状况，实现价值链的增值。有效的整合和重构主要包括如下几方面。

（1）共享销售点数据：价值链上各环节共享销售点（POS）数据有助于减少牛鞭效应。牛鞭效应产生的主要原因是价值链上的各个环节都只是通过订单来交流，并预测未来的需求量。而实际上，价值链上需要满足的是消费者，如果价值链上各环节都能实现销售点数据共享，就可以基于顾客而预测需求。对于直销公司及使用电子商务的公司，很容易实现销售数据的共享。

（2）降低批量：管理者可以通过降低批量的运营模式来削弱牛鞭效应。因为由批量引起的波动会在价值链各个环节间放大，降低批量就缩小了波动的幅度，从而削弱了牛鞭效应。管理者必须采取措施减少每批产品的订货成本、运输成本和接收成本。在某些情况下，管理者还可以通过不使用采购订单来简化订购过程。信息系统可以很方便地实现金融交易的结算，消除了每张采购订单的处理成本。整车运输和零担运输的巨大价格刺激了大批量的整车运输。实际上，可以通过将小批量的多种产品集中在一辆卡车上，管理者可以在减小批量的同时不增加运输成本。总之，管理者可以通过多种技术以实现简化多品种、小批量的复杂订单的发货、运输和收货。这样可以有效减小批量，从而抑制牛鞭效应。

（3）单阶段补货控制：所谓单阶段补货控制是指指定价值链上的某一成员，在最终用户的需求信息基础上，负责监控和管理供应链上的库存。这一方法可以避免牛鞭效应和多方预测。因为牛鞭效应产生的主要原因是价值链上的每个环节把来自下一环节的订单当作它的需求。因此，每个环节认为自己的作用就是满足下一环节的订单。实际上，关键的补货发生在零售处，那里才是最终顾客购买产品的地方。当采用单阶段控制整条价值链的补货决策时，多头预测的问题就解决了。

（4）供应商管理库存：供应商管理库存（Vendor Managed Inventory，VMI）是指由当地的供应商（通常是分销商）为制造商或零售商维护库存。供应商直接把货物运送到购买者的使用部门，而不是收货码头或储藏室。如果供应商能够为各种使用相同产品或类似产品的客户维护库存，就能节省很大的开支。无须购买者的直接指示，这些系统便可以工作。这样不仅节省了人力、物力，而且方便库存管理。

（5）延迟：延迟（Postponement）是指尽可能长时间地推迟对产品的调整或客户定制（保持产品的一般性）。例如，在分析了打印机价值链之后，惠普得出结论：如果把打印机的电源移出打印机，放入电源线中，惠普可以把基本打印机运往世界任何地方。惠普可以通过更改电源线、包装和说明书调整打印机，这样只有电源线和说明书需要在最后的分销点增添。这种调整使惠普公司可以生产和集中存储几种标准打印机，并根据需求变化发货。只有独特的电源系统和说明书需要在所在国存储。对整个供应链的透彻理解降低了风险和库存投资。

（6）渠道组装：渠道组装是延迟的变化形式，渠道组装（Channel Assembly）是指将单个部件和模块而非最终产品运送给分销商，分销商然后再进行装配、测试和上市。在这种情况下，分销商更像是制造伙伴。在产品正经历快速变革的行业，如移动手机，这一方法被证明是成功的。产品可以根据更短期和更准确的预测进行最终装配。因而不仅投资低，而且市场反响好，获得了良好的综合效益。

（7）直达货运和特殊包装：直达货运（Drop Shipping）是指供应商将产品直接运送给最终顾客，而不是运送给分销商，因此节省了时间和再次出货的成本。其他节省成本的措施包括利用特殊包装和标签，并将标签和条形码贴在集装箱的最佳位置上。集装箱内产品的数量和最终的使用部门也可以标记清楚。通过以上的管理工具可以节省大量成本。一些工具能够减少损耗（丢失、损坏或偷窃的商品）和处理成本，因此对批发商和零售商尤其有益。

（8）电子订货和资金转账：电子订货和资金转账减少了纸上交易。纸上交易包括采购订单、采购批准单、收货单据、支付费用清单的核准（与批准的收货报告一致）和最后开具的发票。电子订购不仅能够减少文书工作，还能加速原本很长的采购过程。公司间的交易通常使用电子数据交换。电子数据交换（Electronic Data Interchange，EDI）是组织间计算机通信的标准数据传输格式。EDI可以为几乎所有的商业应用提供数据传输，包括采购。

（9）预先发放通知：是EDI的一个扩展，是直接从供应商传递到购买商的发货通知。当供应商准备好发货时，发货标签便被打印出来，并且生成预先发货通知，自动传送给购买商。

（10）稳定价格：管理者可以通过取消降价促销和实施每日低价策略来削弱牛鞭效应。取消促销可以消除零售商的预先购买，促使零售商的订单与顾客需求匹配。管理者可以在促销期内为采购数量设置上限，从而减少预先购买。这个限制应该针对具体的零售商，与该零售商的历史销量相符。也可以采取另外一种方法，将支付给零售商的促销奖励与零售商的售出量而不是购入量挂钩。因此，零售商不是从预先购买中获益，而是只有当它卖出更多量时才能采购更多。而基于售出量的促销能够有效地缓解牛鞭效应。

2.3 价值链战略

企业的商品和服务要从外部获得，所以企业必须制定价值链战略。战略之一是与多家供应商谈判，并使供应商之间相互竞标来降低价格。战略之二是与少数供应商发展长期合作伙伴关系，以满足最终顾客的需求。战略之三是纵向一体化，即企业通过收购供应商实现向上游的纵向一体化或者并购企业实现下游的产销一体化。战略之四是少数供应商伙伴关系与纵向一体化的结合，被称之为企业联盟。在企业联盟中，供应商成为公司联合体的一部分。战略之五是建立虚拟企业，根据需要使用供应商。[56]

2.3.1　多个供应商

在多个供应商的战略中，供应商对需求和项目的"报价请求"做出响应。通常情况下，报价最低者会赢得订单。当产品为日用品时，这种战略非常普遍。多个供应商的选择机制有多种，包括线下竞标、反向拍卖或者直接谈判等形式。但是无论管理者们用哪种方法，要以选择供应商的总成本而不是单一的价格作为标准。[31]例如，供应商有着不同的补货提前期，选择一家提前期较短但是价格较高的供应商是值得的吗？或者考虑有着不同准时交付绩效的供应商，这家更可靠的供应商是否值得支付更高的价格？当进行评估竞价时，需要综合考虑以下信息。

（1）补货提前期：对供应商补货提前期的绩效评分就是估计每个供应商对持有安全库存成本的影响。

（2）准时交付绩效：准时交付绩效影响着提前期的波动。

（3）供应柔性：供应柔性是供应商在不恶化其他绩效因素的情况下能够忍受的订货量的变化程度。

（4）最小批量/送货频率：供应商提供的送货频率和最小批量影响着公司每次订货的批量大小。因此，供应商的送货频率可以转化为持有的周期和安全库存成本。

（5）供应质量：供应质量的恶化加剧了公司所需零件的供应水平波动。因为返工、耗材和检查成本，零件的质量还影响着顾客满意度和产品成本。

（6）定价条款：每个供应商的数量折扣对原材料成本和库存成本的影响可以量化。

（7）信息协调能力：协调的价值与牛鞭效应的价值链波动大小有关。

（8）供应商的生存能力：选择供应商的一个重要因素是它履行承诺的可能性。

多个供应商战略机制使供应商处于对立状态，并把满足购买方要求的重担加在供应商身上。因而供应商之间竞争非常激烈。在该战略中，尽管可以使用很多谈判方法，但发展长期的伙伴关系并不是目标。该方法认为供应商应该负责维持必要的技术、专家和预测能力，以及控制成本、质量和交货的能力。

2.3.2　少数供应商

少数供应商保证了供应商有足够的订单，同时，供应商也必须为特定的采购方做很大的投资。这些为特定采购方所做的投资形式体现为生产特定产品的设备或工厂，或者需要开发的技术。少数供应商战略的含义是购买方看重的不是低成本、快速交货这些短期特征，而是与少数忠诚的供应商建立一种长期的关系。长期供应商可能会更好地理解生产企业的宏观目标战略和最终客户的需求。采用少数供应商战略可以帮助供应商实现规模经济。不仅可以降低交易成本，而且可以降低生产成本，从而为企业创造价值。

由于购买方的高承诺，少数供应商们更乐意参与 JIT（准时制）系统以及提供产品创新和技术专家。很多优秀的企业已经积极地把少数供应商纳入其供应系统，以便实现更多的产品创新。更多时候，这些长期合同促使购买方与供应商建立一种长期合作关系，进而贯穿产品的整个生命周期。其期望是购买者和供应商合作，以逐步提高效率和降低产品价格。这种关系的自然结果就是少数供应商，而且能够保持长期的合作关系。

服务性企业与供应商的合作能够为顾客以及供应商本身节约更多的成本。这一价值链战略使供应商不断开发新产品，赢得客户的同时实现双赢效果。目前在服务业，供应商和购买者的紧密结合已经是大势所趋，而这种情况并不只存在服务业，制造行业也同样如此。少数供应商战略虽然具有诸多优势，但凡事有利必有弊，这一战略也不例外。采用少数供应商战略，伙伴变更的成本非常高，一旦任何一方忠诚度有所改变，造成的后果很严重，将会给对方带来不可估量的损失。因此，供应商和购买者都有成为双方囚徒的风险。供应商的绩效不佳只是购买者面临的风险之一而已。另外，购买者必须考虑到商业秘密，还有供应商可能建立其他联盟或者合资企业，这些问题都会促使双方囚徒风险的增加。

2.3.3　纵向一体化

公司对其价值链要制定的一项最重要的决策就是在关键业务流程和功能中，是进行纵向一体化还是外包。外包指把传统上游企业内部完成的活动或资源转移给外部供应商。由于提供外包服务的供应商是某一特定领域的专家，这使得外包企业得以聚焦于它的关键成功因素，从而形成核心竞争力。

纵向一体化是指通过获取并整合价值链所有要素来实现更多控制。它可以为运作经理提供战略机会。如果企业拥有资金、管理人才和一定的需求，则纵向一体化能降低成本，达到质量一致并可及时供货。在今天的汽车生产中，出现了复杂的供应商网络。分散的价值链活动减少了公司对成本、质量和其他重要业务标准的控制，通常会带来更高的风险性。纵向一体化决策往往关注供应商的确定和公司内部的技术能力。由于专业化进程的加剧，使得纵向一体化变得困难。采购可以进一步延伸为纵向一体化形式，如表 2-2 所示。所谓纵向一体化，是指开发生产原来需要购买的产品或服务的能力，或者真正收购供应商或分销商。如图 2-5 所示，纵向一体化包括前向一体化和后向一体化。

表 2-2　纵向一体化的特点

优势	局限
带来经济性，企业将外部市场活动内部化可获得信息经济学并节约交易成本	带来风险，提高企业的投资，同时增加退出壁垒，增加商业风险
开拓技术，提供进一步熟悉上游或下游经营相关技术的机会	代价昂贵，迫使企业依赖自己的场内活动而不是外部的供应源，这样会比外部寻源昂贵
确保供给和需求，减少上下游企业随意中止交易的不确定性	不利于平衡，价值链上各种活动最有效的运作规模可能不一致，使得完全一体化不容易达成

优势	局限
削弱供应商或顾客的价格谈判能力,不仅会降低采购成本(后向一体化),或提高价格(前向一体化),还可通过减少谈判而提高效益	需要不同的技能和管理能力,在供应链的不同环节需要不同的成功关键因素。管理不同特点的企业是一体化的主要成本
提高差异化能力,通过提供一系列额外价值,改进本企业区别于其他企业的差异化能力	延长时间,后向一体化会降低企业的生产灵活性。从质量和成本及设计灵活性的角度看,从专业制造商处购买零配件而不是自己生产会获得更多的利益
提高进入壁垒,使关键的投入资源和销售渠道控制在自己手中	
进入高回报产业,可以提高总资产回报率,并可制订更有竞争力的价格	
防止被排斥,一体化具有防御的意义	

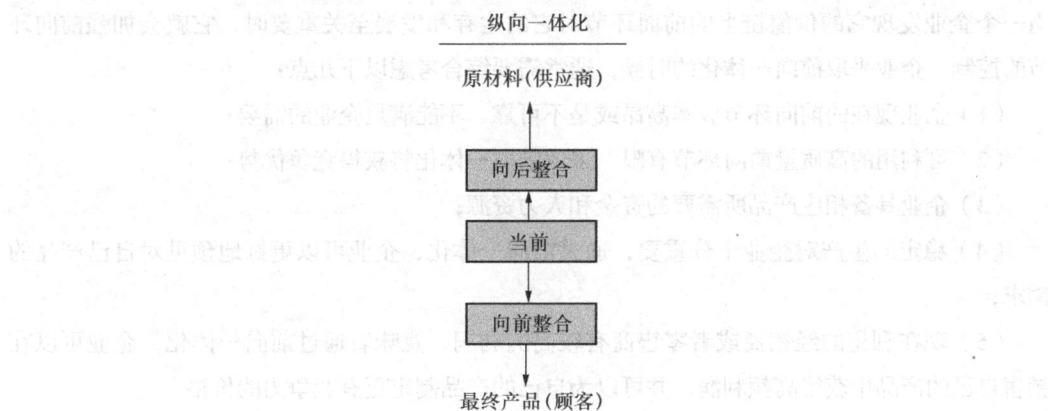

纵向一体化

原材料(供应商)

向后整合

当前

向前整合

最终产品(顾客)

图 2-5 纵向一体化可以实现前向和后向一体化

1. 后向一体化

后向一体化是指企业通过收购或兼并若干原材料供应商,拥有和控制其供应系统,实行供产一体化。它主要是指企业利用自己在产品上的优势,把原来属于外购的原材料或者零部件,改为自行生产的战略。在供货成本太高或者供货方不可靠或不能保证供应及时,企业经常采取这种战略。例如,福特汽车公司决定自己生产汽车收音机。后向一体化的目的主要是保证物资供应来源,以发展自己的产品。采用这种战略,通常是把原来属于后向的企业合并起来,组成联合企业或总厂,以利于统一规划,保证企业顺利发展。当企业目前的供货方不可靠、供货成本太高或者不能满足企业需要时,尤其适合采用后向一体化。

但是采用后向一体化企业必须要综合考虑是否符合以下条件:

(1)对原材料价格提得过高或不可靠,不可能满足企业生产需要;

(2)现有供应商利润丰厚(通过后向一体化进入上游行业);

(3)原材料价格稳定(通过后向一体化提高原材料价格控制能力);

(4)企业所处行业正在迅速发展,对上游原料需求将不断加强;

(5)供应商数量少而需方竞争者数量多,企业需要尽快地获得所需资源;

（6）企业具备自己生产原材料所需要的资金和人力资源。

无论企业处于价值阶梯的哪一个级别，都是在维护其产品或服务的销路。如果企业所需的重要原料出现长期短缺，就必须考虑是否应当进行后向一体化，自行生产这种原料。企业在进行后向一体化的时候，通常要对自行生产与对外采购的成本进行比较。企业考虑进行此决策，进行成本分析比较时，一定要把管理一个规模扩大的联合企业的成本与困难等因素也考虑在内。

2．前向一体化

前向一体化就是企业通过收购或兼并若干商业企业，或者拥有和控制其分销系统，实行产销一体化。前向一体化是指获得分销商或零售商的所有权，也就是企业根据市场的需要和生产技术的可能性，利用自己的优势，把成品进行深加工的战略。采用这种战略，是为获得原有成品深加工的高附加值。一般是把相关的前向企业合并起来，组成统一的经济联合体。当一个企业发现它的价值链上的前面环节对它的生存和发展至关重要时，它就会加强前向环节的控制。企业采取前向一体化的时候，通常需要综合考虑以下几点：

（1）企业现在的前向环节成本高昂或是不可靠、不能满足企业的需要；

（2）可利用的高质量前向环节有限，采取前向一体化将获得竞争优势；

（3）企业具备相应产品所需要的资金和人力资源；

（4）稳定的生产对企业十分重要，通过前向一体化，企业可以更好地预见对自己产品的需求；

（5）现在利用的经销商或者零售商有较高的利润，意味着通过前向一体化，企业可以在销售自己的产品中获得高额利润，并可以为自己的产品制定更有竞争力的价格。

企业之所以决定进行前向一体化，通常是想借此解决日趋严重的销售或技术方面的问题。企业控制了销售，就能够更快地对顾客的需求做出反应，提供更好的售后服务，并且获得更多的潜在优势，从而领先竞争对手。企业还可以在技术方面进行前向一体化，比如，作为集成电路的制造商，德州仪器也生产计算器和平板电视的内置集成电路。

综上所述，我们可以发现，纵向一体化为运营经理们提供了战略优势。对于有资金、管理人才和订货需求的企业，纵向一体化可以提供降低成本、保证质量和准时交货的机会，而且还可为有效实施纵向整合并与供应商建立互利关系的企业带来降低库存、计划安排更准确的优势。纵向一体化的初衷是希望建立强大的规模生产能力获得更高的回报，并通过面向销售终端的策略获得来自于市场各种信息的直接反馈，从而促进不断改进产品和降低成本，来取得竞争优势的一种方法。但是，对一个企业来说，在目前这种科技日益变化迅速的情况下，在多个产品线中使每个部件都保持领先优势，成本相当高。相对于纵向一体化的高风险性、高代价等局限性，大部分公司都专注于自己擅长的领域，并利用合作伙伴在其他领域的优势。

自行生产还是外包给供应商。这种决策一般要以经济和盈亏平衡分析为基础，以便做出最适合的决策。

设 VC_1 为单位可变成本（生产）、VC_2 为单位可变成本（外包）、FC 为与生产有关的固定成本、Q 为生产数量。

$$则，生产总成本=VC_1×Q+FC \tag{2-1}$$

$$外包总成本=VC_2×Q \tag{2-2}$$

当两者相等时，得到盈亏平衡量。

$$VC_1×Q+FC=VC_2×Q \tag{2-3}$$

$$Q*=FC/(VC_2-VC_1) \tag{2-4}$$

只要产量大于 Q*，公司就可自行组织生产，这时带来的利润更大。反之，外包更划算。

【例题 2-1】 假设某制造商需要为某特殊顾客定制一种铝制机架。因为它最近没有相关设备，所以需要以大约 250 000 美元的固定成本购买并安装机器。生产的可变成本估计为每单位 20 美元。公司可以将机架外包给某金属加工商，每单位成本为 35 美元。顾客订单为 12 000 件。该制造商该怎么做？

V_1（生产）=20、V_2（外包）=35、FC=250 000

则，Q*=16 667 单位

在这种情况下，因为顾客订单是 12 000 件，比盈亏平衡点小，所以最小成本的决策应该是外包。

2.3.4 企业联盟

供应商成为公司联合体的一部分，即纵向一体化和采购的中间地带，这种状态称为企业联盟。企业联盟是企业个体在策略目标下考虑结成盟友以进行互补性资源的交互，在各自完成目标后获得长期的市场竞争优势，这种关系是持续而又正式的。关于企业联盟，著名的管理大师大前健一曾宣称："在当今世界上，没有任何公司可以靠单干保持竞争优势。"随着竞争的加剧，商业运营日益复杂。企业逐渐发现无法在内部完成所有的经营职能。尤其是在世界经济区域集团以及新贸易保护主义盛行的时代，更使企业在开拓新市场，巩固旧市场方面困难重重。一个企业想在国际市场中立足，仅仅依靠自身的力量还远远不够，即使那些著名的单个跨国公司在当今世界经济一体化和全球化发展格局下，也难以完全依靠自身力量展开全部业务。在此情况下，企业间只有建立合作伙伴关系，互相利用资源网络优势，才能不断开拓新的市场。目前，企业联盟已经成为企业赢得竞争优势的重要战略选择。

企业联盟是指企业个体与个体之间在共同策略目标的考虑下结成盟友，自主地进行互补性资源交换，各自达成目标产品阶段性的目标，获得长期的市场竞争优势，形成一个持续而正式的关系。它是公司之间典型的、多方位的目标导向型的长期伙伴关系，它们共享收益、共担风险。企业联盟，是一种新型的合作伙伴关系，已成为商界中广泛使用的战略之一，它可以使来自不同国家的企业共同分担风险，共享资源，获取更多的知识，实现规模经济，从而进入新市场。企业联盟可以为合作方带来长期的战略利益。在多数情况下，企业联盟既可以避免全面收购带来的问题，又可以比市场交易带来更多的资源承诺。

企业联盟是价值链中一个重要战略，对于企业发展具有很大帮助：[32]

（1）增加产品的价值。与联盟企业之间的伙伴关系可以增加现有产品的价值。例如，合作关系能够加快产品上市时间，这将有助于提高企业的认知价值。

（2）改善市场进入。良好的伙伴关系非常有益于合作方发展，它可以带来更好效果的广告宣传，或者进入新市场渠道的机会。例如，日用品的制造商可以相互合作，共同关注市场上大型零售商的需求，以增加双方的销量。

（3）强化运营管理。企业之间良好的联盟可以通过降低系统成本来改善双方的运营，使设备资源得到更有效的利用。例如，拥有季节性互补产品的公司可以在全年更为有效地利用仓库和服务人员。

（4）增强技术力量。技术共享的伙伴关系可能提高合作双方的技术基础。例如，某个供应商需要一项特定升级的信息系统来完成一些顾客服务，如果与已具备该项系统专业技术的企业联盟，会使该供应商更容易解决该问题。

（5）促进战略成长。很多新机遇具有较高的进入壁垒。良好的伙伴关系可以通过让企业共享资源和技术知识来克服行业壁垒，并有助于发现新的机遇。例如，丰田是日本最大的汽车公司，创立于 1933 年。丰田成功的一个主要原因是建立企业联盟，通过联盟来共同分享资源和技术知识，提高企业竞争力。2001 年，丰田与标致雪铁龙共建合资公司，双方持股各50%，联手开发小轿车；1996 年，丰田与松下电器强化互相持股，两家公司成立研发、生产混合燃料车用电池的合资公司。

但是企业联盟也有不足之处。每家公司都有自己的核心竞争力，以此与竞争对手区分开来，并在消费者眼中具有各自的优势。这些核心力不能因为联盟而受到削弱，如果为了合作成功而将资源从核心能力上转移出去，或者在技术、战略力量上妥协，就会适得其反。同时，与竞争对手之间的关键性差异也不应该被丢弃[42]。

由此可见，确定核心竞争力非常重要。核心能力不一定对应着大量的资源投入，它可以是无形的东西，例如品牌形象或者管理技能等。确定公司的核心竞争力，是要考虑该公司的内部能力是如何在上述几个方面中，区别于其他竞争者。[29]企业联盟在上述领域中是如何获益或者受损呢？我们可以从 IBM、英特尔和微软公司的案例中，了解如何从伙伴关系中受益或者受损。

2.3.5 虚拟企业

1．虚拟企业概念

虚拟企业（Virtual Enterprise），是由具有价值链不同环节核心能力的独立厂商，为适应环境变化、把握市场机遇、实现成本分担及资源和能力的共享，以知识、项目、产品或服务为中心，通过各种契约合作方式所构建的不具有独立企业形态却实现了特定企业功能的动态企业联合体。

由此定义，我们可以发现虚拟企业具有以下特征：[33]

（1）形成虚拟企业的是一些独立厂商，它们分别处于价值链不同环节并在该环节上具有核心能力，这是它们能够进行合作并使虚拟企业获得竞争优势的关键；

（2）构建虚拟企业的目的通常有提高环境适应能力、把握市场机遇、分担成本及共享资源和能力等；

（3）构建虚拟企业常以知识、项目、产品或服务为中心，以各种合作性契约为纽带；

（4）虚拟企业是由独立企业构成的动态企业联合，它没有独立完整的企业形态，却能够实现一个独立企业所具有的所有功能。[47]

2．虚拟企业意义

作为一种新的组织与管理运营模式，虚拟企业打破现存价值链结构，实现产品、客户、技术、物流等资源的重新组合和优化，为当前国际企业重组战略的实施注入了新的活力。虚拟企业可以实现价值链在企业之间的重建，正如迈克尔·波特所认为的，竞争的优势来自一个企业所有价值链系统中的所有活动，这些活动中的每一项都有助于确立相对成本地位，并为差别化奠定基础。通过对企业价值链的重新构造，虚拟企业的运营将实现企业价值链的纵向和横向一体化。例如美国微波通信公司、数字设备公司和微软公司组建联盟，销售三家公司的产品，虽然这三家公司没有增加自己的销售机构，却扩大了自己的销售能力。因为他们实现了横向一体化联合，即将价值链上的同一职能进行联合。而通过销售商和供应商的合作，可以实现价值链上的纵向一体化，即供应链上、下游企业之间的联合运营。曾经使汽车工业发生变化的日本"互依式生产"在进化发展过程中，成功地构建了一个由生产商和各类合作者组成的企业网络和虚拟运营方式。[45]

虚拟企业强调在合作中形成竞争优势，它的建立以信息化、市场法制化和结构扁平化为前提。其经营理念对我国服务业管理水平和竞争力的提高具有重要的借鉴意义。在激烈的竞争环境中，竞争优势往往不再是产品的成本和质量，更重要的是企业的创新能力，而创新能力往往要通过在动态联盟中强化组织学习来获得。当联盟建立后，组织边界便具有可渗透性，这为双方公司提供了了解对方的一个窗口。因此，我国服务型企业必须在合作中强化组织学习，从而获取最大化的知识和信息效应。[46]

通过缔结以创造知识为中心内容的知识联盟，可以获取其他组织的隐含性知识，与其他组织合作创新出新的交叉知识，这有助于服务型企业更新自身的核心能力，创造新的核心能力，增强企业的竞争优势。以知识的不断创新为目标的知识联盟，能够适时调整联盟中各成员的关系，促进不同的价值观、异文化的融合，推动服务型企业的创新。同时我国服务型企业应当注意其合作边界，保护自身的核心能力。[48]

3．虚拟企业运营研究

虚拟企业经营是指实体企业将它的价值链上的某些环节虚拟化，以把握机遇，提高竞争力的一种经营方式。但企业在生产经营中哪些环节可以虚拟、哪些环节不可以虚拟以及采取怎样的模式进行虚拟经营是一个非常重要的问题。如果一个企业将自己的战略环节进行虚拟经营，这样不仅达不到企业扩张的目的，甚至会导致整个企业"虚脱"。所以，企业要保持竞争优势，就必须保持企业价值链上这些特定的战略环节的优势，同时要突出主业，放弃非相关业务。[33]

随着经济的发展，利润从价值链的中间环节转向上、下游环节。一般而言，价值链可以被分为三个部分：上游环节、中间环节和下游环节，其中上游环节主要是指设计、研发和融资，中间环节主要是指制造和生产，下游环节主要是指销售和服务。在过剩经济条件下，随着生活水平的迅速提高，消费者的个性化需求越来越明显，人们不仅仅满足于同质化的产品，对产品的异质化要求也越来越高。而价值链理论告诉我们，能够决定产品异质化程度的环节往往是获利最丰厚的环节。而恰恰是价值链的上、下游环节会决定产品异质化程序。

上游环节中，研发是产品异质化的最关键环节，研发环节的新技术往往意味着生产环节的新产品，它从根本上决定了能不能生产出满足消费者个性化需求的异质化产品。下游环节中，服务是决定产品异质化的另一个重要环节，服务是企业对自身产品的一种价值增值。特别对于服务行业而言，其下游环节是决定企业竞争能力的一个关键因素。

由以上分析可得出，价值链上、下游环节是决定产品异质化程度的关键环节。在过剩经济条件下，利润来自异质化，利润从价值链的中间环节分别转向上、下游环节，这便出现了"哑铃形"运营模式，如图 2-6 所示。这种模式的主要运营形式有虚拟生产和虚拟研发两种。

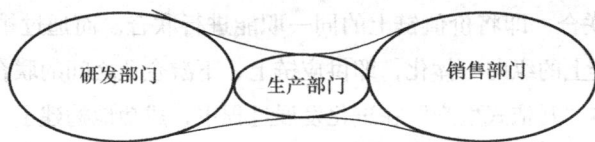

图 2-6 "哑铃形"运营模式示意图

虚拟生产（Virtual Production）即代工制造，在服务行业也可称之为服务外包，将企业实时生产部分的活动外包给外部的专业公司，以达到资源精致研发、市场开拓等活动的目的。

虚拟研发（Virtual R&D）主要是指几个企业通过联合开发高新技术产品，取得共同的市场优势，谋求更大的发展。比如几家服务型企业各自拥有自己的关键技术、并在市场上拥有不同优势的企业为了彼此的利益，进行策略联盟，开发更先进的技术。

2.4 价值链管理

价值链是为生产产品或提供劳务而发生的，从原材料采购开始到销售给最终客户的一系列价值生产作业所构成。每一种服务都有其独特的价值链。价值链上的所有组织的活动都取决于顾客对产品或服务的价值和成本的认识。因为最终承担所有成本的是顾客，为组织价值链作业带来的所有利润也是顾客，因此，任何组织都应将为顾客提供价值最大的服务作为经营目标。

2.4.1 价值链分析

价值链并不是独立活动的集合，而是由相互依存的活动构成的一个系统。价值链分析研究是从原材料供应商起始至最终产品消费者的相关活动整合，通过改变价值链作业之间的联系而改变成本，并进而影响到企业的成本地位和竞争优势。

山科（1992 年）和葛因达拉加（1993 年）将价值链的内涵扩展为：从企业向零配件供应商采购原材料开始，直到将服务提供给最终顾客为止的一系列增值作业的集合，这实际上指的是产业价值链。任何一个企业，不过是产业价值链中的一环。产业价值链与企业价值链之间的关系如图 2-7 所示。

价值链分析是从战略角度进行的成本控制。其目的是确定企业的价值链，明确各价值活动之间的关系，提高企业创造价值的效率，增加企业降低成本的可能性，为企业取得成本优势和竞争优势提供条件。按分析的角度可分为产业价值链分析、企业内部价值链分析、竞争对手价值链分析。

产业价值链分析指的是价值链起点和终点并不是某个企业、供应商和顾客的关系，也不仅存在于企业内部，它还存在于企业价值链和供应商及顾客的价值链之前，甚至还延伸到供应商的供应商，以及顾客的顾客。将企业价值链扩展到行业价值链，可以站在战略的高度上，考虑是否可以利用上下游价值链进一步降低成本或调整企业在行业价值链中的位置及范围，以取得成本优势。

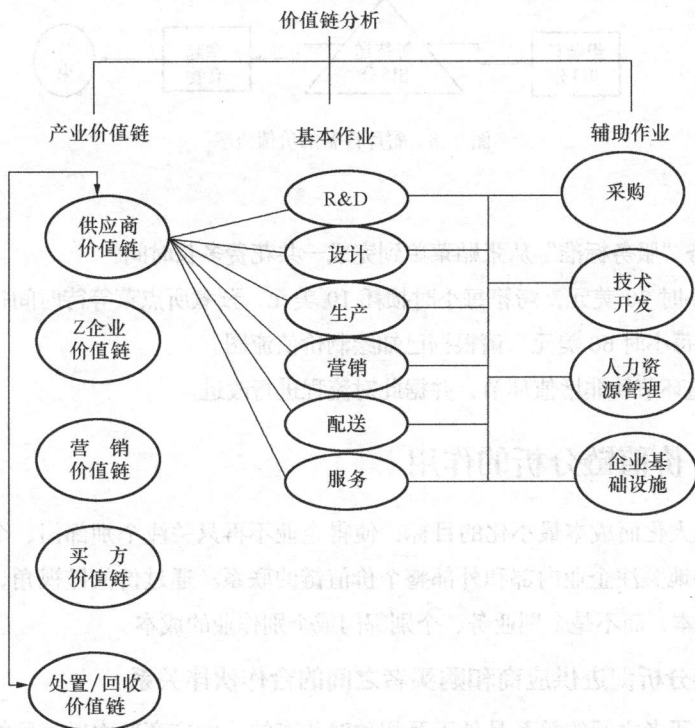

图 2-7 价值链分析

企业内部价值链分析。一个企业可以看作是为满足最终顾客需要而设定的一条价值链，从向供应商采购资源，到将投入转化为产出，并转移给顾客创造价值。而构成企业价值链的各种价值活动又可以细分成许多价值链。进行企业价值链分析，可以确定价值链上的成本与效益，并根据企业的战略目标进行价值作业之间的权衡和取舍，从而调整各价值链之间的关系，以便考虑是否可以通过重构价值链作为相对成本降低的战略，是否存在不增值的价值链，如何消除这些不增值价值链。

竞争对手价值链分析。在行业中往往存在同类产品的竞争者，竞争对手的价值链和本企业价值链在行业价值链中是处于平行的地位。通过对竞争对手价值链的分析，可测算出竞争对手的成本并与之进行比较，根据企业的不同战略，确定扬长避短的策略，争取成本优势。

2.4.2 价值流图设计

价值流图设计是设计、生产及交付顾客产品和服务中涉及的所有增值活动。例如，某餐厅订餐外卖的价值流图设计如图2-8所示。

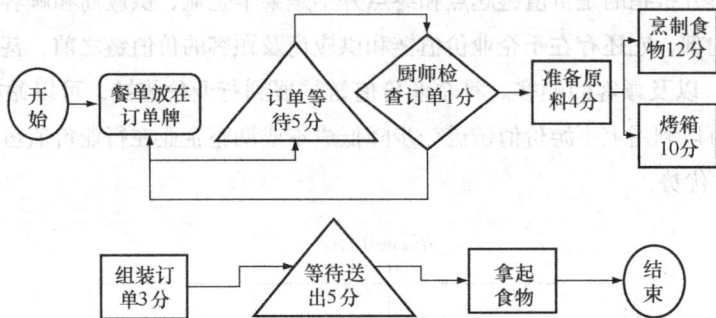

图 2-8　餐厅订餐的价值流图

问题：

a）每项业务"服务标准"从张贴菜单到完成一共花费多长时间？

b）厨师每小时 30 美元，烤箱每小时损耗 10 美元，预煮所点菜等待时间每小时 5 美元，烹调后等待时间每小时 60 美元。请根据已知绘制价值流图。

c）找出增值环节和非增值环节，并据此对流程进行改进。

2.4.3 价值链分析的作用

顾客价值最大化而成本最小化的目标，使得企业不再只关注个别部门、个别流程或个别作业，而是更多地关注企业内部和外部整个价值链的联系。通过价值链视角，可以了解组织全部价值链的成本，而不是个别业务、个别部门或个别作业的成本。

1．价值链分析促进供应商和购买者之间的合作伙伴关系

供应商与购买者之间的关系是处于互相敌对状态的。供应商努力以尽可能低的成本满足采购合同的需要，而购买者为了获得最低采购价而促使供应商进行竞争。

为了能发掘出价值链中成本降低和价值提高的机会，许多购买者和供应商将彼此视为可以合作的伙伴，而并不是以往的竞争关系。购买者通过开发与某个供应商的长期合作伙伴关系，从而减少供应商的数量。一旦供应商和购买者之间建立相互信任的关系，双方就可以分享彼此的内部经营信息，从而共同解决所面临的问题。合作伙伴通过研究他们共同的价值链来发现共同的机会，达到双赢甚至多赢。

2．价值链分析的重点是流程而不是部门

由于一个组织中的经营流程往往是跨部门的，所以，研究流程有助于管理人员了解一个

部门的作业与另一个部门的作业是如何相互联结的。传统成本控制重点放在部门预算和成本上，而价值链分析则认为将成本管理的重点放在流程控制上可能会更有效。

在经营流程需要几个部门的作业才能完成的情况下，就很难控制部门成本。从部门的角度来看，上层管理者总是试图通过消减部门预算来控制成本。然而预算的消减通常是不以长期生产能力为依据的，其结果是部分人积极性受挫，因为他们需要利用同样的资源而完成更多的工作量。

从一个流程的各项作业来看，管理当局可以确定哪些作业可以合并，哪些作业可以取消，哪些作业可以用更低成本的作业替代。价值链分析作为一种长期增加利润、降低成本的方法，应该更多地关注消除或减少发生成本的作业，而不仅仅是关注消减预算。

3．价值链分析促使企业更重视核心能力的培养

进行价值链分析，购买方常常将其与供应商的关系视为内部联系的延伸，从而使得组织更为重视核心能力，这种能力能够提供独特的竞争优势。近年来，随着合同制造商的出现，他们为其他公司制造产品，经营范围非常广泛。由于存在如此紧密的合作伙伴关系，从而使得这些公司的行为就如同一个企业。其结果是使得一些大公司能更多地关注市场开发和产品开发，而那些合同制造商则更多地关注提高生产率和降低生产成本。

4．价值增值与价值链管理的关系

价值链视角常常与增值视角不同。进行增值分析时，决策者更多地考虑组织取得资源的成本和向顾客销售产品或提供劳务的价格。增值分析的目的是获得最大的增值，而为了达到这个目的，其分析的重点就是放在内部价值链和成本上。而价值链分析的目标是顾客价值的最大化和成本最小化，并且常常要开发与供应商和顾客的合作伙伴关系。

尽管增强企业的竞争能力是从增值入手的，但是，扩展价值链的视角还是很有必要的，世界级的竞争者都是同时利用增值视角和价值链视角的。这些企业一直是将顾客作为中心的，因为它们很清楚无论以何种视角，最终都是要交付给顾客的，顾客的最终认可是这些企业盈利的根源。价值链中每个企业盈利都依赖于为顾客提供服务的价格和成本。价值链视角是全面的、战略性的、以最终顾客为重点、以供应商和顾客之间的合作伙伴关系为基础的分析。为提高并保持核心竞争力，管理者需要熟悉每个流程，包括价值链上的各个组织之间的合作关系，并与价值链上的所有成员组织保持良好的合作关系共同经营，而不是以前的敌对关系。

2.4.4　价值链管理的特征

根据迈克尔·波特的分析，企业价值链管理具有以下特征。

1．价值管理的基础是价值

价值是买方愿意为他们所接受的服务支付的价格。价值是企业一切活动的核心，企业不仅谋求总收入最大化与总成本最小化，更要讲究盈利最大化。价值链管理是以价值为基础的企业综合管理模式。

2．价值由各种价值活动所构成

价值活动是企业所从事的物质和技术上的界限分明的各项活动。从企业业务活动的主次关系来分析，价值活动有基本活动和辅助活动两大类。基本活动包括五个方面，即内部后勤、生产作业、外部后勤、市场销售和服务；辅助活动包括四方面，即采购、技术开发、人力资源管理和企业基础设施。这些活动相互依存，形成价值链条。

3．不同企业或同一企业不同时期具有不同的价值链

虽在同一产业，但不同企业的价值链却不同，这反映各个企业的战略以及实施细则等方面的不同，同时也代表着企业竞争优势的一种潜在来源。企业的效率或者核心竞争力来源于其价值链的有效组合，价值链的优化，是企业不同于竞争者的物质，企业的竞争成功也完全得益于价值链的设计。同一企业在不同发展阶段其价值链表现不同，一方面说明企业发展具有动态性；另一方面说明企业的竞争优势也是不断发生变化的。

4．运用价值链管理可提高企业竞争优势，实现企业价值最大化

企业有许多资源、能力和竞争优势。但是如果从企业整体出发，我们可以确定企业竞争优势主要有三个来源：一是价值活动本身。无论企业价值的基本活动还是辅助活动，对形成企业竞争优势都具有重要的地位。因此，企业可以通过优化各种价值活动本身来增强其竞争优势。二是企业内部价值链的联系。价值链并不是某些独立经济活动的简单综合，而是由相互依存的各种价值活动构成的有机整体，竞争优势往往源于这一整体。从服务的设计，到质量过程把关，再到最终消费者手中等相互联系的价值活动，经过有效组合，大大降低成本支出，从而提升企业竞争优势。三是企业间价值链的关系。价值链不仅表现为同一企业内部各种价值活动的有机整体，而且还表现为与其他供应商和买方等各方之间的内在经济关系。加强企业与供应商和买方等外在相关者的沟通与协调属于价值链管理范畴，这一活动会增强企业的竞争优势。

总之，价值链管理是一种将企业内部及其与外部有关各方面存在内在联系的价值活动放在一个整体视角来进行分析，目的在于增强企业竞争优势。

2.4.5 基于价值链的业务流程再造

1990 年，美国的 Michael Hammer 博士首先提出了"业务流程再造"（Business Process Reengineering，BPR），并将它引入到西方企业管理领域。他认为："企业再造就是从根本上考虑和彻底地设计企业的流程，使其在成本、质量、服务和速度等关键指标上取得显著的提高"。作为一种基于信息技术的、为更好地满足顾客需要服务的、系统化的企业组织的工作流程，业务流程再造突破了传统的劳务分工理论的思想体系，强调"流程导向"替代原有的"职能导向"的企业组织形式，为企业经营管理提出了一个全新的思路。

业务流程再造是指这样的一系列活动：即进行一项或多项投入，以创造出顾客所认同的价值的产出。在传统劳务分工的影响下，业务流程被分割成各种简单的任务，经理们将精力集中于个别任务效率的提高上，而忽略了最终目标，即满足顾客的需求。实施业务流程再造就是要有全局的思想，从整体上确认企业的业务流程，追求全局最优，而不是个别最优。

案例： 福特汽车公司的采购付款流程再造

本案例说明了福特汽车公司北美应付款部门是如何重建其付款程序以减少管理费用的。

若干年前，当时福特北美应付款部门雇佣员工 500 多人，冗员严重，效率低下。他们最初制订的改革方案是：运用信息技术，减少信息传递，以达到裁员 20% 的目标。但是参观了 Mazda 之后，他们震惊了，Mazda 是家小公司，其应付款部门只有 5 人，就算公司规模进行数据调整之后，福特公司也多雇佣了 5 倍的员工，于是他们推翻了原来的改革方案，决定彻底重建其流程。福特传统的付款流程如图 2-9 所示。

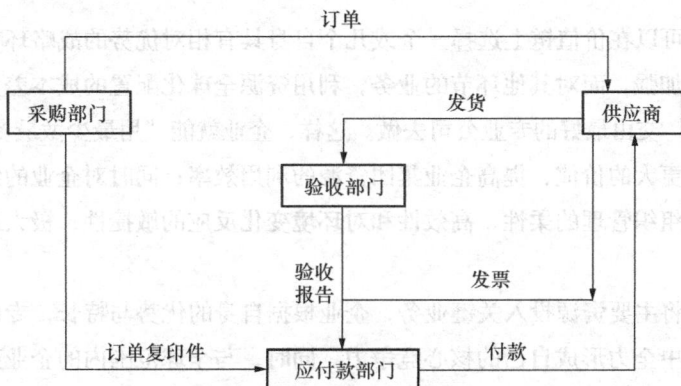

图 2-9　福特公司传统的付款流程图

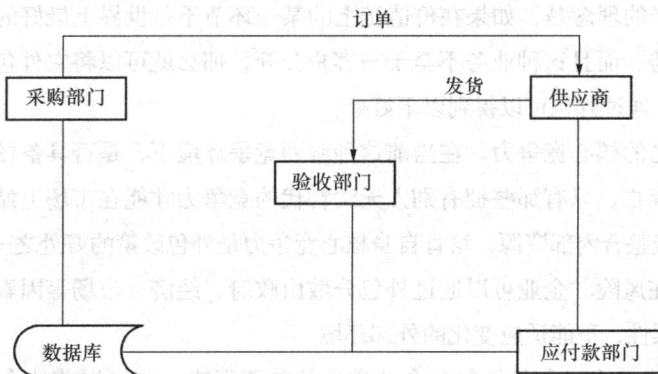

图 2-10　福特公司改进后的付款流程

由图 2-10 可以看出，福特公司重建流程的成果是：

（1）实现了"无发票"制度，大大简化了工作环节；

（2）以往应付款部门需在订单、验收报告和发票中检查 14 项内容，而如今只需检查 3 项，即货品名称、数量和供货商代码；

（3）实现裁员 75%，而非原定的 20%；

（4）由于订单和验收单的自然吻合，使得其付款也必然及时而准确，从而简化了物料管理工作，并使得财务信息更加准确；

我们从福特公司流程重建可以得到如下启示：

（1）面向流程而非单一部门；

（2）倘若福特仅仅是重建应付款一个部门，那将会是徒劳的，正确的重建应是将注意力集中于整个"物料获取流程"，包括采购、验收和应付款部门，这样才能获得全面改善。

（3）大胆挑战传统规则。福特的旧规则是当收到发票时就付款；而新规则是当收到货物时才付款。旧规则长期支配着付款活动，并决定了整个流程的组织和运行，从未有人试图推翻它，而 BPR 的实施就是要求我们大胆质疑，大胆反思，而不是禁锢于传统。

2.4.6　业务外包

每个企业都可以在价值链上选择一个或几个自身具有相对优势的战略环节作为企业的核心能力来培养和加强，而对其他环节的业务，利用资源全球化配置的成本差异，以策略联盟等形式外包出去，交由最好的专业公司去做。这样，企业就能"用最少做最多"，凭借较少的内部资源创造出更大的价值，提高企业集团资源的利用效率；同时对企业的组织结构进行调整和精简，提高组织管理的柔性、高效性和对环境变化反应的敏捷性，极大地增强企业的核心竞争力。

价值链管理将主要资源投入关键业务，企业根据自身的优势与特长，专门从事某一领域或某一业务，集中全力形成自己的核心竞争力。同时，与全球范围内的企业建立战略合作关系，将企业的非核心业务交给那些更专业更具有竞争优势的企业去完成。这就是"业务外包（outsourcing）"。

业务外包推崇的理念是，如果在价值链上的某一环节不是世界上最好的，且其又不是企业的核心竞争优势，而且这种业务不至于与客户分开，那么就可以将它外包给世界上最适合的专业公司去做。通过外包可以得到以下好处：

（1）培育自己的核心竞争力。在当前这种激烈竞争环境下，是否具备核心竞争力决定着一个企业的发展存亡，只有那些拥有别人无法替代的竞争力才能在市场上站稳脚跟。企业为了适应市场，积极整合内部资源，培育自身核心竞争力是外包政策的好处之一。

（2）分担潜在风险。企业可以通过外包分散由政府、经济、市场等因素产生的风险。这样企业可以更有柔性，更能适应变化的外部环境。

（3）加速优势重构。业务外包是企业重构的重要策略，既可以节约企业用于重构的时间，也可以很快地解决业务外包方面的问题。

（4）避开难以管理或失控的辅助业务功能。企业可以将内部运行效率不高的业务职能外包。

（5）降低企业拥有资源的成本。把多家企业的优秀人才集中起来为我所用的概念符合业务外包的核心，其结果是使现代商业机构发生根本变化。

（6）降低和控制成本。许多外部资源配置服务提供者都拥有比本企业更有效、更便宜的能够完成业务的技术人才和设备，因而他们可以实现规模效益，并且愿意通过这种方式获利。企业可以通过外向资源配置避免在技术、设备、研发上的大额投资。

本章小结

　　服务价值链管理是战略管理时代的必然产物。本章对服务价值链的基本思想、管理内容做了简要概述，指出价值链管理的重要性，并在此基础上，对价值链设计进行探讨，提出企业必须整合价值链并整合机会才能减少牛鞭效应，实现价值增值。另外，对价值链战略也做了概述，指出企业根据实际情况采取适合的战略方案，以此来提高企业竞争优势。最后阐述了业务流程再造以及业务外包策略，再次强调价值链管理的重要性。

思考与练习

　　习题 1：戴尔公司于 1984 年成立，目前是美国第一大个人计算机销售商。戴尔公司很早之前就将互联网和电子商务应用到其价值链中去。下图给出了戴尔独一无二的价值链模型。

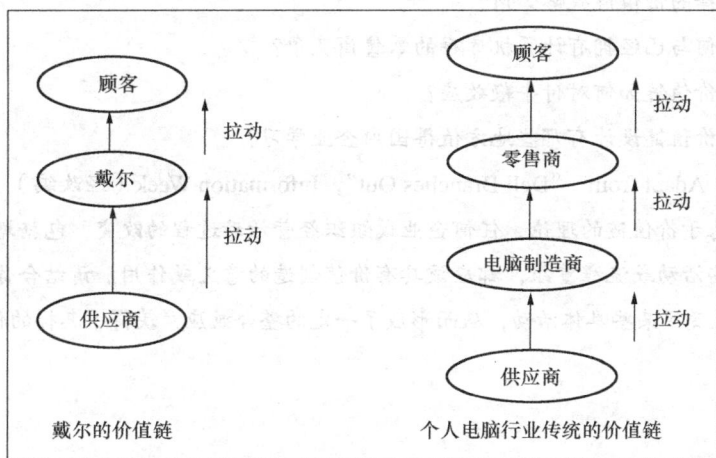

戴尔的价值链　　　　　　　　　　　个人电脑行业传统的价值链

　　戴尔将高销售量、低费用的产品直接销售给最终顾客。在接到顾客订单后立即开始组装。相反，传统的个人计算机制造商是先将个人计算机组装好，然后运往零售店进行销售。戴尔主要使用互联网实现直接销售，向顾客提供各种类型的个人计算机配置，以提高收入。顾客可以选择推荐的个人计算机配置，也可以选择进行顾客化定制。顾客化定制使戴尔能够提供接近顾客特殊需求的产品以满足顾客。通过互联网可以轻松地展示产品选项，使戴尔可以吸引重视此选项的顾客。此外，戴尔还使用定制化的供应商建立特殊的网页，允许他们查看自己生产的部件的订单量以及当前的库存量。

　　通过直接销售，戴尔减少了分销商和零售商的利润，而增加了自己的利润。直销的模式使得戴尔的顾客可以在世界的任何地方在每天的任何时间以非常便宜的价格购买计算机。直销使得戴尔可以在计算机售后的几天内就收到付款，而戴尔通过传统的付账方式向供应商付款。这样，戴尔不仅可以做到降低库存，而且可以负营运资金，因为它可以在个人电脑付款之后再付清供应商的货款。

　　戴尔的订购流程、产品和组装线如此设计，可以使顾客定制化部件在几个小时内得以组装，这使戴尔能够将组装延迟到顾客下达订单时进行。这样，戴尔维持多种零部件库存，并且可以将这些零部件组装成不同配置的计算机。延迟、零部件模块化和紧凑的计划使低库存和大量定制成为可能。戴尔通过集中精力在需求难以预测的新计算机机型而将延迟的优点最大化。

一般而言，传统的个人计算机制造商通常会囤积大量无法销售的电脑配件，同时部分配件却脱销。相反，戴尔能很好地将供应和需求匹配。

但是，戴尔的价值链模式使它的运输费用比通过分销商和零售商销售的制造商要高。戴尔从它的工厂运送到顾客手中，因为运送的批量很小，通过分销商和零售商的制造商按经济批量进行运送，使用大型卡车运送货物到仓库和零售商，最后才运送到最终顾客手中。戴尔价值链中物流成本比较高，但是与个人计算机价格相比运输费用很低，通常是 2%～3%，所以这对总费用的影响不是很大。

问题讨论：

1. 戴尔是如何利用互联网的优势来提高其业绩的？
2. 戴尔选择的价值链战略如何？
3. 戴尔如何与已经拥有计算机库存的零售商竞争？
4. 戴尔的价值链如何对付牛鞭效应？
5. 戴尔的价值链设计有哪些地方值得国内企业学习？

资料来源：Adapt from "Dell Branches Out"，Information Week（经改编）

习题 2：基于价值链的理论，任何企业或组织经营活动过程的改变，包括增加、减少、拆分、合并等某些活动或流程重组，都应该具有价值创造的意义或作用。请结合你的学习生活经历，说明因为改变了某些具体活动，从而形成了一定的整合效应，获得了怎样的价值增值。

第3章 服务运营绩效

学习目标

1. 了解组织和运营经理采用的绩效评价的基本类型，能够识别出用于管理并提高企业绩效的重要措施和指标。

2. 了解绩效评价指标和评价方法之间的因果关系。

3. 了解一个好的绩效系统的特性以及如何选择合适的措施来支持运营。

4. 了解如何将绩效评价系统整合到整个商业绩效模型中。

关键词

运营绩效、绩效评价、商业模型

引导案例

在某家得来速银行的通道上排队等待，是一件考验耐心的事情，尤其是在炎炎夏日。A顾客进入停车线时，留意了一下时间，当他在窗口做完业务后，出纳员礼貌地说："先生，我已经将您账户信息打印到存单后面，因为您排队超过了 5 分钟，我们还为您的账号划入 5元"。A顾客目瞪口呆地问道："你怎么知道我等待了 7 分钟？"出纳员笑着解释："我们都被培训要这样做，我们的绩效系统为此进行评估，这些措施是为了完成我们对顾客的服务承诺，所以我们一直在关注等待时间尤其是排在最后一位的顾客"。当这名顾客离开时，他的心中一定会对这家银行非常满意，进而可能会成为他们的忠诚顾客。

资料来源：运营管理：产品、服务和价值链，戴维·A. 科利尔，詹姆斯·R. 埃文斯著. 马风才. 马俊译，北京：北京大学出版社，2009 年 6 月.

组织如何为顾客提供价值，必须要有一套方法来评估运营绩效。通过评价措施可以形成正确的决策。好的绩效评价系统可以控制过程并根据事实而不是某个人的意见来做出决策。

3.1 绩效评价的相关理论

什么是绩效？从语言学的角度来说，其含义是成绩和效益。实际上由于绩效所包含的内容、影响因素和测量方法存在着差异，导致人们对绩效含义存在着不同的理解。

3.1.1 绩效的内涵

一种主要观点认为"绩效是结果"，主要与职责、目标、结果、生产量和任务等概念相关。Bernardin 等人（1984）将绩效定义为"在特定时间范围特定工作职能和活动上生产出的结果记录"，认为从客户的角度出发，绩效管理采用以结果为核心的方法可以使个人的努力和组织的目标联系在一起。

另一种主要观点认为"绩效是行为"。Marphy（1990）指出："绩效被定义为一套与组织或组织单位的目标相互关联的行为，而组织或组织单位则构成了个人工作的环境"。Hgen 和 Schneider（1991）指出："绩效是个人或系统的所作所为"。Campbell（1993）认为："绩效可以视为行为的同义词，是人们实际采取并可以被他人观察到的行为。绩效应该只包括那些与组织目标有关的、并且是可以根据个人的能力进行评估的行动或行为"，强调绩效是行为，只有那些有利于目标实现的行为才是绩效。他还提出了绩效构成的因素模型，认为可用八个因素来描述绩效：具体工作任务熟练程度，非具体工作任务熟练程度，书面和口头交流任务的能力，所表现出来的努力，维护个人纪律，促进他人和团队的业绩，监督管理（或领导），管理（或行政管理）。Umbrach（1988）给出的绩效定义是"绩效指行为和结果。行为由从事工作的人表现出来，将工作任务付诸实施。行为不仅仅是结果的工具，行为本身常常也是结果，是为完成工作任务所付出的脑力和体力的结果，并且能与结果分开进行判断。"

本书采用我国学者黄福华（2009）的观点，认为绩效是实践活动所产生的、与劳动耗费有对比关系的、可以度量的、对人们有益的行为及其结果。绩效的内涵应包括五点：第一，绩效是客观存在的，是人们实践活动的结果；第二，绩效是产生了实际作用的实践活动结果，有实际效果；第三，绩效是一定的主体作用于一定的客体所表示出来的效用，有正负绩效之分；第四，绩效体现投入与产出的对比关系；第五，绩效有一定的可度量性。[41]

为了更好地理解绩效，需要了解绩效的以下四个基本特征：

（1）绩效的多因性。绩效是主客观多种因素制约和影响的结果，因而对绩效的认识就需要从多种因素相互影响与共同作用的角度进行整体把握。尽管不少学者提出的绩效函数在自变量的数目和分类方法上有所区别，但基本内涵相同，即绩效是员工能力水平、行为激励、机会和环境条件等因素相互作用的结果。

（2）绩效的多维性。绩效涉及事前、事中和事后等方面，需要从多种维度去分析与考核。

（3）绩效的动态性。绩效随着时间的推移会发生变化。由于能力水平、激励状态以及机遇、环境因素的变化，绩效也可能随之发生变化。

（4）绩效的价值性。绩效是投入与产出的比较，是以价值为衡量基准的。绩效不仅反映在人力资源管理领域，也可应用于经济活动的广泛领域来衡量各种活动的价值以及获取价值的行为过程。

3.1.2 绩效管理

无论企业处于何种发展阶段，绩效管理对于提升企业的竞争力都具有巨大的推动作用，进行绩效管理都是非常必要的。员工在工作中的绩效表现是企业实现其发展目标的基本保证，因此，如何提高员工绩效就成为管理者非常关心的问题。

1．广义绩效与狭义绩效

绩效管理分为广义上的绩效管理和狭义上的绩效管理。广义上的绩效管理是指管理学上所定义的管理。管理学认为：管理是一个过程，由决策、计划、组织、领导、控制等基本职能构成。理论上，各种管理理论流派研究的焦点都集中在提高员工工作绩效并改进组织绩效上。实践中，管理工作都围绕提高员工工作绩效进而改进组织绩效来展开。可以看出，理论与实践的共同点是围绕绩效而展开，在这个意义上，可以说管理就是广义上的绩效管理。[31]

对狭义的绩效管理的认识主要有下列三种观点：

第一种观点认为：绩效管理是管理组织绩效的系统。英国学者罗杰斯（1990）、布雷德鲁普（1995）是这种观点的代表人物。这种观点将绩效理解为组织绩效，强调实现组织的战略目标。

第二种观点认为：绩效管理是管理员工绩效的系统。艾恩斯沃斯（1993）、斯坎奈尔（1987）是这种观点的代表人物。这种观点将绩效理解为单纯的员工绩效，强调以员工为核心的绩效管理概念。

第三种观点认为：绩效管理是综合管理组织和员工绩效的系统。代表人物如考斯泰勒（1994）。该种观点强调组织绩效，同时认为，绩效管理的中心目标是挖掘员工的潜力，提高他们的绩效，并通过将员工的个人目标与组织战略相结合来提高组织的绩效。

本书认为上述第三种观点对绩效管理的理解最为全面。

2．绩效管理与绩效评价

在企业实践过程中，与绩效管理相比，绩效评价是更常用到的概念，以至于管理人员与员工经常将两者弄混或等同起来。其实，绩效评价是绩效管理过程的一个组成部分，是绩效管理流程中的一个重要环节。绩效管理和绩效评价是两个相互联系但又有明显区别的概念。两者的区别主要表现在：[30]

（1）绩效管理与绩效评价是整体与部分的关系。绩效管理在实施上是一个循环往复的完整管理过程，作为一种管理模式贯穿于企业运作的始终，具有延续性、灵活性；绩效评价是绩效管理过程的一个环节，主要应用于对员工的行为和结果的评价。

（2）绩效管理与绩效评价的侧重点不同。绩效管理具有前瞻性、延续性和过程性，注重事先的计划、事中的信息沟通和绩效提升、事后的反馈与改进；而绩效评价具有时点性，侧重于事后的绩效评估。

（3）在实施角度上，绩效管理更强调从组织的战略整体出发。绩效管理强调从整体、战略角度出发；绩效评价更多的是以员工为基础，强调评价员工的工作绩效。

（4）在结果的应用方面，绩效管理更为广泛。绩效管理的结果更多地用于开发员工潜能、培养员工技能、提高组织绩效；绩效评价的结果更多地与员工的薪酬挂钩。

另外，绩效管理与绩效评价又是相互依存、密切相关的。成功的绩效管理需要有效地将绩效评价作为支撑和依据，而绩效评价作为绩效管理的一部分，它的成功与否不仅取决于评价本身，而且很大程度上取决于与其相关联的整个绩效管理过程。

3.1.3 绩效评价

1．绩效评价的含义

企业绩效是实践活动所产生的、与劳动耗费有对比关系的、可以度量的、对人们有益的行为及其结果。为了对企业绩效进行度量，需要进行绩效评价。通常，绩效评价被定义为"通过对适当数据的采集、整理、分类、分析、解释和传播，来对以往行为的效力或效率进行量化，并据此做出相应决策，采取相应行动的过程"。[41]绩效评价的定义包括了两个方面的内容：

（1）效力与效率。效力与效率是衡量绩效的两个基本尺度。效力指的是对客户需求的满足程度；而效率指的是从经济意义上测量，在达到既定客户满意度的前提下，企业如何使用资源。

（2）绩效评价。绩效评价包括一个支持其作用的基础结构。相关数据必须被采集、整理、分析、解释和传播，在整个数据处理的过程中，无论缺少了哪一个步骤，都会使整个绩效评价不完善，使预定的决策和行为不能如期实施。

2．绩效评价的基本功能

一个良好的绩效评价系统，可以使企业高层管理者有效判断当前企业经营活动的获利程度、发现企业尚未控制或控制不到位的领域、更有效地配置企业现有资源和评断企业经营者的管理业绩。具体而言，绩效评价系统具有以下四个方面的基本功能。

（1）认知功能。绩效评价是科学的"度量衡"，使评价主体通过横向、纵向对比分析，对评价客体有较为全面、客观的认识。

（2）考核功能。绩效评价有企业总体评价和分部门评价；有管理层评价，也有员工评价。为确保企业战略决策的质量，保证企业长远发展，绩效评价专门设立指标，对企业管理者的领导能力、决策水平等进行评价。

（3）引导和促进功能。绩效评价关注的是企业真实绩效，并通过一系列合理指标，将企业的各个方面和各个环节的行为取向引导到绩效指标上来，充分调动企业经营者和职工创造良好企业绩效的积极性，促进企业的可持续发展。

（4）挖掘潜力功能。绩效评价是将横向和纵向评价有机结合的体系，其通过在不同地区、不同行业、不同规模企业间设立相应的、统一的评价标准，使得被评价的企业可以通过绩效评价结果，及时了解和掌握自身在地区、行业、规模中的优势和差距。并通过评价，找出企业存在的薄弱环节和发展潜力，从而达到发挥优势、克服劣势、挖掘潜力，进一步提高绩效的目的。

3.1.4 运营绩效评价

企业主要通过多个维度来综合考量运营绩效，如表 3-1 所示，评价风险高低和资产质量的好坏。同时，运营绩效也是集团公司判断各子公司实际状况、资产重组、资源配置和预算投放的基础。国务院国资委开发了一套运营绩效的评价指标体系，从盈利能力、资产质量、债务风险、经营增长状况四个维度来评价公司的发展，有基本指标和修正指标。

1．评价指标体系

表 3-1 运营绩效评价指标体系

评价内容与权数	财务绩效（70%）					管理绩效（30%）	
	基本指标		权数	修正指标	权数	评议指标	权数
盈利能力状况 34	净资产收益率 总资产报酬率		20 14	销售（营业）利润率 盈余现金保障倍数 成本费用利润率 资本收益率	10 9 8 7	战略管理 发展创新 经营决策 风险控制	18 15 16 13
资产质量状况 22	总资产周转率 应收账款周转率		10 12	不良资产比率 流动资产周转率 资产现金回收率	9 7 6	基础管理 人力资源 行业影响 社会贡献	14 8 8 8
债务风险状况 22	资产负债率 已获利息倍数		12 10	速动比率 现金流动负债比率 带息负债比率 或有负债比率	6 6 5 5		
经营增长状况 22	销售（营业）增长率 资本保值增值率		12 10	销售（营业）利润增长率 总资产增长率	10 12		

2．生产率

对运营管理者而言最重要的评价指标是生产率。它是基于某一过程产出对投入的比率：

$$生产率=产出/投入 \tag{3-1}$$

但生产率容易同效果或效率混淆。效果是某一过程以最小的投入形成产出的程度或在给定投入下，实现最大产出。而效率则是从顾客角度出发，考察组织是否达到预期的目标和任务。

3．资源利用率

利用就是从长远角度看工作站或个人繁忙时的时间比例。高的资源利用率对性能很关键，对于实施低成本战略是更为重要。服务资源利用有较大幅度的变化。如电影院、酒店和航空公司等。人力资源利用率不可能超过 100%。

$$利用率=资源需求/可用资源 \tag{3-2}$$

$$或利用率=需求率/（服务率×服务人员数量） \tag{3-3}$$

【例题 3-1】 目标利用率是 80%，服务率每小时接 30 次电话，在早上 7 时到 8 时之间有两名服务员上班，那么呼叫中心可以处理的最大需求量是多少？

【例题 3-2】 餐厅订单利用率，如图 3-1 所示，假设只有一个厨师和两个烤箱，利用率超过 100%，工作会被积压，备菜环节需要多少厨师才能将利用率降低到 100%以下？增加多少烤箱才能降低利用率？增加了厨师和烤箱后新的利用率是多少？

	检查	备料	附加料	烤箱	完成
订单到达率	20订单/小时	20	20	20	20
每件订单时间	1分钟	4	6	10	3
资源数量	1名	1	1	2	1
每时期输出					
每时期输出					
资源利用					
资源利用					

图 3-1　餐厅订餐利用率

4．瓶颈

瓶颈工序（也叫关键工作中心）主要是针对生产流程来定义的，我们通常把一个流程中生产节拍最慢的环节叫作"瓶颈"。更广义地讲，瓶颈是指整个流程中制约产出的各种因素，而瓶颈工序顾名思义就是制约整条生产线产出量的那一部分工作步骤或工艺过程。瓶颈就是可以有效限制整个工艺产率的工作行为。一项工艺每单位时间完成的产品平均数叫作产率。整个工艺过程能达到什么样的产率，找到链条中最弱的一个环节（前面餐厅工艺的最弱环节是什么？）。

而通常把一个流程中生产节拍最慢的环节叫作"瓶颈"。流程中存在的瓶颈不仅限制了一个流程的产出速度，而且影响了其他环节生产能力的发挥。更广义地讲，所谓瓶颈是指整个流程中制约产出的各种因素。例如，在有些情况下，可能利用的人力不足、原材料不能及时到位、某环节设备发生故障、信息流阻滞等，都有可能成为瓶颈。瓶颈还有可能"漂移"，取决于在特定时间段内生产的产品或使用的人力和设备。因此在流程设计中和日后的日常生产运作中都需要引起足够的重视。[36]只有增加瓶颈活动的速度，才能增加整个工艺的速度，减少等待和处理中的存货，从而更有效地利用资源。

3.2　运营绩效评测系统的设计

企业绩效是衡量一个企业经营结果的最直接的指标，随着全球市场竞争的日益激烈，绩效测评将成为驱动企业不断发展壮大的最有效的工具之一。要全面正确地衡量企业绩效，需要建立有效的绩效评测系统。

3.2.1　绩效评测系统概念

绩效评测系统是管理控制的基础，该系统能够定义监控、分析和控制计划活动的恰当程序，保证计划过程顺利完成。一个企业的长期稳定发展靠的是企业战略，绩效评测系统必须基于公司战略并支持公司战略，任何战略绩效评测系统都必须与战略计划过程相连接。战略应该成为绩效评测系统设计的出发点。

1．绩效评测系统的内容

根据 Neely（1995）、Ljungberg（1994）、Holmberg（1997）、Chris A Miller（2001）等人的研究成果，绩效评测系统可定义为用于量化行动效率与效果的一系列指标、规则及测量评价过程。绩效评测系统包括以下内容：

（1）个体指标与指标集。这些指标与指标集应有效地反映指定过程的关键绩效与特征，以便进行智能分析，在需要时采取行动对过程进行调整。

（2）数据获取、加工、展示、传达的规则。需要确定收集的数据来源，确定处理数据及创建所需信息的评价技术。

（3）控制评测过程。包括评测活动的目标定义、接受评测的对象、评测的频率、评测的内容、评测的时间、评测过程与指标的更新等。

绩效评测是一个行为量化过程，顾客需求和运营绩效可能随时间而变动。企业运营绩效目标一般包括成本、时间、质量、数量和柔性。[54]

2．绩效评测的层次

绩效评测通常用于以下几个评估层次：

（1）内部绩效评估。是为企业内部状态与内部基准进行的测量。

（2）竞争性基准。为了通过与领先企业的绩效进行比较，在企业业务机构内实施测量，以获取有利于企业采取行动的信息。

（3）通用基准。通过跨越多个业务机构界限的基准进行绩效评测与评估，如供应链管理等。

内部绩效评估也可以称为自我评估。通用基准是为了将企业的绩效与供应链上的企业机构领先者进行比较，如行业基准、制造业基准、服务业基准，这样企业就可以根据其业务能力的相似层次和竞争力建立合作关系。

3.2.2 绩效评测系统设计

绩效评测通过建立绩效评测模型这一系统方法来实施。绩效评测模型包括企业模型和嵌入其中的度量模型。在绩效评测环境下，企业模型是企业在一个或几个方面（如组织、信息和资源）的抽象，通常是以实体（如业务单元、系统、过程与活动）及其关系的形式进行抽象。同时，测量模型根据企业战略和目标详细地定义维度和测量指标。

1．绩效评测系统的设计原则

绩效评测系统是一系列完整的绩效评测指标，这些指标来源于绩效评测系统定义的一系列规则。绩效评测系统的设计原则如下。

（1）整体优化原则。绩效评测系统必须以整体的方式来研究，使之能够应用于企业的各个方面。

（2）集成化原则。基于绩效评测指标的传统会计系统和非财务的绩效评测指标之间，不应该相互排斥，而应该在同一个绩效评测系统之下集成化。

（3）与企业战略目标相一致。绩效评测系统必须与企业最终战略目标相一致，这样有助于持续改进。

（4）可协调原则。绩效评测系统应该有助于不同测量指标之间结构和关系的理解，促进对不可预测冲突的有意识管理。

（5）数据的可得性。绩效评测系统的设计应该考虑到信息系统提供准确可靠的、必要的数据能力。

2．绩效评测系统的组成部分

为了满足绩效评测系统的设计原则，该系统应当包括以下四个部分。

（1）企业战略与顾客需求的描述。

（2）企业业务过程的定义。

（3）绩效指标的定义。要求面向过程、本质上量化、与高层宏观指标集相关联、同企业战略或顾客需求相关联。

（4）评测框架。要求自上而下地逐级分解，将战略和顾客需求转化为关键的绩效指标集，从而能够识别企业所有的业务过程。

3.3 服务运营绩效管理

绩效衡量一般分为两大类：一类是效率衡量，即资源的利用状况；一类是效果衡量，即目标的实现情况。在服务业中，用服务效率和服务生产率来衡量企业的效率，即运营绩效（资源的利用情况）；通过平衡计分卡来衡量企业的效果，即总体绩效（目标的实现情况）。下面将分别对运营绩效评价和总体绩效评价进行阐述。[34]

3.3.1 运营绩效评价

1．服务企业运营绩效评价及特点

效率是指一个系统将输入转化为输出的能力，通过系统的实际能力与应该达到的最佳能力的比率加以衡量，即：

$$效率=实际能力/最佳能力 \tag{3-4}$$

服务效率是指服务企业的实际产出与在同样投入的条件下应该得到的最大产出之间的比率，也称为服务运营能力或服务运营效率。生产率是指产出与投入之比：

$$生产率=产出/投入 \tag{3-5}$$

生产率表示产出与创造这些产出的投入之间的关系，它代表某个组织将投入转化为产出的能力。生产率概念适用于特定的组织、行业或某项经营活动，它可以用单个投入和单个产出加以计算，也可以用整体产出与整体投入加以计算。只计算一种投入的生产率被称为部分生产率，计算总投入的生产率被称为总生产率。效率和生产率既有联系又有区别。首先，效率测定的是实际产出与所有投入量应得的最大产出的比率，生产率测定的是投入与产出之间的关系。其次，不同的经营单元之间，即便使用了不同的技术和投入，生产率仍然可以进行比较，但效率只能在相同的技术和投入、创造同样产出的经营单元之间做比较。最后，生产率涉及产出相对于投入的财务评价，而效率是基于时间标准的比较。

2．服务企业运营绩效评价的特点

服务企业通常拥有大量的服务单元，每个单元从事相同或相近的工作，如大型连锁超市、连锁餐饮公司、金融机构等，而他们又分布在不同的地理位置。这一特点决定了对拥有大量经营单元的服务企业的绩效评价存在一定的困难。传统的财务评价指标仅适用于单个经营单元的绩效评价，而不足以反映不同经营单元之间的绩效结果。例如，统一连锁洗衣品牌位于闹市区和位于郊区的两家店，店面租金、客流量、购买人群收入等有明显差异，这对店面盈利能力有重要影响，管理者不能仅仅根据某家店的盈利能力来判定其绩效。

因此，通过盈利能力指标难以衡量和比较不同经营单元的绩效。盈利能力指标只能考核绩效的结果，而不能发现不同单元之间盈利能力差异的原因和程度。目前，服务企业管理者通常采用数据包络模型作为考核多地点经营单元绩效的工具。[7]

3．运营绩效评价方法 DEA

典型的绩效考核评审都需要人为判断。如果没有单元运行环境的第一手资料，在绩效考核评审中运用非正式的判断是有限的。1978 年由著名的运筹学家 A.Charnes，W.W.Cooper 和 E.Rhodes 首先提出了一个被称为数据包络分析（Data Envelopment Analysis，DEA）的方法，去评价部门间的相对有效性（因此被称为 DEA 有效）。这种方法一般可用于服务公司的绩效评估和标准体系中。

DEA 是根据一组关于输入——输出的观察值来估计有效生产的方法。在人们的生产活动和社会活动中常常会遇到这样的问题：经过一段时间之后，需要对具有相同类型的部门或单位（称为决策单元）进行评价，其评价的依据是决策单元的"输入"数据和"输出"数据，输入数据是指决策单元在某种活动中需要消耗的某些量，输出数据是决策单元经过一定的输入之后，产生的表明该活动成效的某些信息量。根据输入数据和输出数据来评价决策单元的优劣，即所谓评价部门（或单位）间的相对有效性。DEA 要反映的基本思路是：绩效=得到的结果/使用的资源，或者说是：效率=输出/输入。对于每个已经衡量过的单元，DEA 程序可以找出业绩和资源的权重，以解决下列基本问题：

目标函数：

$$\text{Max（企业业绩）}=\text{业绩}\times\text{某个单元每项业绩的权重值} \tag{3-6}$$

约束条件：

$$\text{对于系统中的所有单元：（业绩}\times\text{权重值）/（资源}\times\text{权重值）}\leqslant1 \tag{3-7}$$

$$\text{对于被评价的某个特定单元：资源}\times\text{权重值}=1 \tag{3-8}$$

DEA 与传统的、比较主观的方法相比，其优点如下：

（1）数据减少。DEA 的输出值，把多个绩效衡量标准值减少到一个。

（2）客观性/公平性。绩效衡量标准的权重由已知的算法产生。

（3）个性化。绩效衡量标准的权重随着各个单元而变化，这是因为不同的衡量标准在不同的单元其权重是不一样的。

（4）环境变化反应。如果经济或者其他重要的不可控的因素，出乎意料地发生了上升或下降，以目标为基础的衡量标准必须要调整。

4．服务企业生产率的提高与改进

根据生产率的定义可知，提高生产率的思路有两种：一是在投入一定的情况下获得更多产出；二是在产出不变的前提上减少投入。提高服务生产率的基本路径如下：[44]

（1）替代方式。这是指通过生产要素之间的相互替代来提高服务生产率。具体的替代模式包括：资本替代劳动、资本替代资本和劳动替代劳动等。资本替代劳动主要发生在服务企业的后台运作中，例如用机器作业代替人工作业。资本替代资本是指用更新的设备和技术替代过时的设备和技术。劳动替代劳动是指用成本较低的劳动力替代成本较高的劳动力，它对提高服务生产率最为重要。

（2）排除浪费。排除浪费是提高生产率的另一种典型方法。这种方法有如下几种具体的实现途径。①方法改进：这是传统的工业工程所使用的改进生产率的主要方法之一。其中最著名的方法包括时间研究、动作研究和样本法等。实际在服务业领域中有大量的通过工业工程方法来提高生产率的机会。②质量改进：在现代管理理论中，学者们的一致观点是质量与生产率有正相关关系。所以，很多改进质量的努力都会带来生产率的提高，但是这种效果有时短期内看不出来，需要经过一段较长时间才能看出来。③流程改进：大部分企业的工作流程包括订单处理、产品设计、会计核算、售后服务、运输、仓储、产品交付等。企业用图表方式把这些流程进行详细的描述，以便分析整个流程，并做出改进。通过这样的流程分析和重构，很多企业已经大大缩短了全部流程时间，提高了运营效率。目前，代表性的流程改进方法是"业务流程重构"，简称 BPR。④员工授权：如果在一项工作中能够充分向员工授权，让他们自主地工作，生产率就容易得到更多的提高。因为自主工作的成分越多，质量问题或流程改变等信息反馈所需要的时间就越短，员工就越容易确认他们正在做的和应该做的工作。这是企业服务运营的后台经常使用的提高生产率的方法。

（3）减少不确定性。服务提供过程中存在大量的不确定性，这些不确定性大致可分为两类：一是需求的不确定性，需求的到达时间、需求的内容以及顾客的期望等都是不确定的；二是服务提供过程的不确定性，是指企业自身提供服务的速度、能力、质量等也具有不确定性。这些不确定性因素有时会使很多服务能力被吞噬，因此需要企业做出有效的调整。有效减少不确定性的方法如下：①标准化：标准化是减少服务提供过程的不确定性以及顾客所要求的服务时间和服务操作内容不确定性的一种重要途径。当服务运营具有地理上分散的特点时，标准化是非常重要的。②区分标准化服务与顾客化服务：如果由于服务本身的特点难以做到完全标准化，另一种思路就是使标准服务和顾客化服务尽量分离，然后分别采用不同的方法。③减少顾客的负面作用：服务提供过程中其速度、能力、质量等的不确定性有时源于顾客在其中的负面作用。如果在服务流程的设计中充分考虑如何使顾客不太容易影响流程的进行，就可以减少不确定性。通过教育顾客或者巧妙的服务流程设计，可以约束住顾客，使他们不对流程产生负面作用。

（4）其他。由于服务运营类型的多样性，在不同类型企业下提高服务生产率的主要途径有所不同。除了上述的几种基本路径以外，不同行业还可以考虑以下几种途径：①管理需求：在服务运营中，由于服务的不可存储性，企业难以利用库存作为调节需求的手段，对需求进行一定程度的管理就有可能提高生产率。如果高峰时的需求可以移到低峰，服务能力就有可能得到更好的利用。②利用规模效益和聚集效应：有些服务业行业存在规模效益，即服务设施越大，获得相同营业额所需的成本越低。尤其是在资本密集的行业，如运输业和电信业，这种效益更为明显。所谓聚集效应，是指聚集于某地的几个企业吸引的顾客总数会大于分散在不同地方的这几个企业的顾客数之和。③加强预算：这是指在制定预算的过程中，通过深入分析成本结构，发现在不同的成本项目（人工费用、物料费用、间接费用等）中可能存在的提高生产率的地方。通过预算控制来制定确切的生产率改进目标。

对于企业来说，通过管理提高生产率的方法需要循环往复地做，或者每当工作或组织发生变化时。提高服务生产率需要建立在持续改进和持续学习的思路基础上。

3.3.2　总体绩效评价

1．传统绩效考核的不足

传统的绩效考核指标一般是财务指标，包括销售额、利润率、成本等。传统的绩效考核方法强调的是惰性资产的盈利能力，使得企业只注重财务指标而轻视其他非财务绩效指标，因而存在一定的短期性和不全面性，具体表现在以下几点：

（1）传统绩效指标只是片面反映企业的经营战略，不能全面、有效地对公司战略进行评价；

（2）传统绩效指标注重经营结果，而对驱动经营成果的原因、过程没有设置相应的指标加以考核；

（3）传统绩效考核的指标大多是财务指标，而无法反映对企业竞争力有重要影响的技术、人才、制度、顾客、内部创新和学习等非财务变量的作用；

（4）传统绩效指标考核的是企业过去一段时间财务状况的静态指标，缺乏对未来发展愿景或获利能力的动态考核指标；

（5）传统绩效考核指标偏重于企业内部状况的反映，而缺乏对企业外部状况的考核，包括顾客满意度、顾客保留率、顾客忠诚度等；

（6）传统绩效指标注重的是对有形资产的考核，而较少对无形资产进行考核，比如技术、人才、专利、商标等。

2．平衡计分卡的概念及特点

平衡计分卡是由卡普兰和诺维于 1992 年提出来的，平衡计分卡是一种通过财务指标和非财务指标将企业战略转化为可衡量的目标和指标，对企业总体绩效进行全面评估的战略评价体系，它从财务、顾客、企业内部运营过程、学习与成长 4 个方面综合评价企业绩效，并用因果关系将 4 个方面的绩效联系起来，向企业内部各层次人员传递公司的战略和各自使命，通过短期的财务评价手段和非财务评价手段逐年审视战略的实施状况，最终帮助企业达成其目标。平衡计分卡作为一种战略管理和绩效评估工具，向企业管理者提供了一种全面的评价体系，具体涉及 4 个方面的绩效评价指标体系：财务指标、顾客指标、企业内部运营过程指标、组织学习与成长指标。

平衡计分卡相对于传统的绩效考核方法具有以下特点：

（1）平衡计分卡实现了企业财务指标与非财务指标的平衡，能够全面评价企业绩效，揭示企业存在的问题。相对于传统的绩效考核方法，平衡计分卡弥补了单一财务指标的缺陷，综合反映了企业的战略绩效而不只是企业的财务绩效，揭示了非财务变量在实现企业战略目标中的重要作用，实现了两者的有机结合。

（2）在不同指标体系间，建立了以因果关系为纽带的战略实时系统。平衡积分卡根据企业总体战略，展示了企业财务绩效与其驱动因素之间的因果关系。企业为了提高投资回报率，需要顾客对企业所提供的服务进行重复购买，这依赖于顾客对服务满意度的提高。提高顾客满意度要求企业在服务质量、价格、服务提供及时性等方面做得更好，这取决于企业内部经营过程的不断改进。经营过程的改进有赖于高素质的员工和有效的学习与培训。图 3-2 是一条基于平衡计分卡的因果关系链。[7]

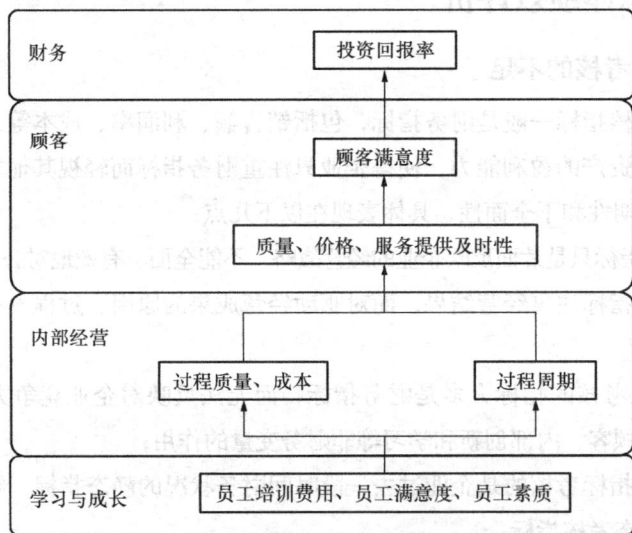

图 3-2　平衡计分卡的因果关系链

（3）平衡计分卡较好地将战略制定和战略实施关联起来。战略平衡计分卡的实施是一种自上而下的企业战略目标任务的沟通、分解与管理的过程，它实现了外部股东满意度和顾客满意度的平衡。

（4）平衡计分卡从多个方面反映企业的综合经营状况，使绩效考核趋于平衡和完善。

3．平衡计分卡的指标体系

平衡计分卡的 4 个指标体系包括财务指标体系、顾客指标体系、企业内部运营过程指标体系、组织学习与成长指标体系。

（1）财务指标体系。财务指标体系的评价指标一般包括：净资产收益率、资产负债率、投资回报率、应收款周转率、存货周转率、成本降低率、营业净利润、现金流量等。

（2）顾客指标体系。顾客层面的指标主要用于体现顾客利益，衡量顾客价值，反映与顾客有关的各种因素。用于评价顾客绩效的指标主要包括：市场份额、顾客保留率、顾客满意度、顾客盈利率。

（3）企业内部运营过程指标体系。企业内部经营过程包括研发过程、经营过程和售后服务过程，平衡计分卡针对这三个过程设置了不同的评价指标。研发过程的主要评价指标有：新产品在销售额中所占的比例、专利产品在总销售额中所占的比例、开发新产品的时间、研发费用占营业利润的比例等。经营过程的主要评价指标有：传统财务指标、新增指标等。售后服务过程的主要评价指标主要有：服务响应周期、人力成本、物力成本、售后服务的一次成功。

（4）组织学习与成长指标体系。对员工的学习、创新和成长等方面的考核反映了企业持续改进和创造未来价值的能力，主要指标有：员工培训支出、员工满意度、员工保留率、员工意见采纳率、意见采纳后的成功率、员工的劳动生产率等。

平衡计分卡的 4 个指标之间不是相互孤立的，而是在逻辑上相互承接、共同服务于企业战略目标的。第一，财务指标体系是其他三个指标体系的出发点和归宿，是体现企业经营成果最直接的指标；第二，企业通过实现顾客指标体系来实现财务指标体系，顾客指标体系是其他指标体系的外在表现；第三，企业内部运营过程的指标体系是确保财务指标体系和顾客指标体系得以实现和提高的前提；第四，组织学习与成长指标体系是企业可持续发展的根本，它体现了企业的核心竞争力。平衡计分卡的结构如图 3-3 所示。

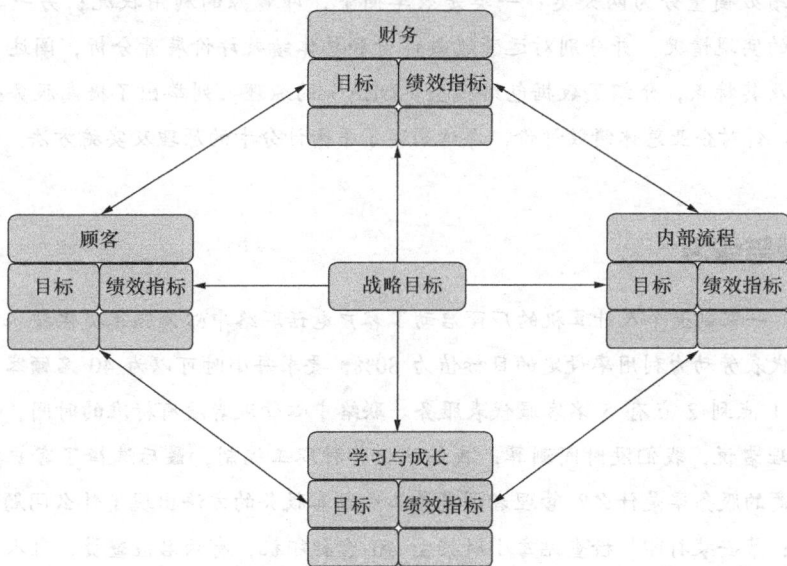

图 3-3　平衡计分卡的结构

4．平衡计分卡的实施

企业实施平衡计分卡的步骤如下。

（1）明确企业战略目标。企业战略目标是平衡计分卡指标体系的服务对象，只有当企业战略目标清晰明了，企业各部门才能把握好奋斗方向，才能制定有效的绩效指标。

（2）细化企业战略目标。要实现企业战略目标，就必须把它细化成可执行的具体目标，可以成立专门的平衡计分卡实施小组，设定财务、顾客、运营过程、学习和成长四类具体的目标。

（3）建立绩效评价指标。为四类具体目标建立恰当的绩效衡量指标，利用各种渠道加强企业内部的沟通与教育，使企业各层管理人员明确企业的战略目标与平衡计分卡的绩效衡量指标。

（4）运用平衡计分卡。管理者确定每年、每季、每月的绩效衡量指标的具体数字，并与企业的计划和预算相结合，将每年的报酬奖励制度和平衡计分卡指标相结合。

（5）反馈，修正平衡计分卡指标。根据实施效果，并征询企业员工意见，适当修正平衡计分卡的指标，做到持续改进。

本章小结

企业绩效是衡量一个企业经营结果的最直接的指标，随着全球市场竞争的日益激烈，绩效测评成为驱动企业不断发展壮大的最有效的工具之一。本章重点讨论的是服务业的绩效评价，并将绩效评价定义为"通过对适当数据的采集、整理、分类、分析、解释和传播，来对以往行为的效力和/或效率进行量化，并据此做出相应决策，采取相应行动的过程"。

本章阐述了绩效测评系统的内容，并分析了绩效测评的层次；给出了绩效测评系统设计的原则及其必要的组成部分。

本章将绩效衡量分为两大类：一类是效率衡量，即资源的利用状况；另一类是效果衡量，即目标的实现情况。并分别对运营绩效评价和总体绩效评价展开分析，阐述了运营绩效评价的内容及其特点，介绍了数据包络模型（DEA）的原理，列举出了提高服务企业生产率的基本路径。针对企业总体绩效评价，详细阐述了平衡计分卡的原理及实施方法。

思考与练习

习题 1：一家制造个人计算机的厂商启动了客户电话联络中心为顾客提供技术支持。管理层为其客服代表劳动力利用率设定的目标值为 80%，要求每小时可以为 40 名顾客进行咨询服务，从下午 1 点到 2 点有 5 名客服代表服务。联络中心管理者没有标准的时间，当问到其服务率时，管理者说，我们没时间测算，我们试验各种职工编制，最后选择了客户投诉最少的编制。该厂商的服务率是什么？管理者调度员工和顾客服务的方法出现了什么问题？

习题 2：某安装打印机检查站每小时接受 40 台打印机，有两名检查员，每人每小时可以检查 30 台。检查员的利用率是多少？要达到85%的利用率需要什么样的服务率？

习题 3：生产率可以用许多方式度量，比如通过劳动力、资本、能源、材料等。现代木材公司总裁阿特·宾利负责制造装苹果的板条箱。以他当前的设备，每100 条圆木可以做成240 个板条箱。他目前每天购买 100 条圆木，处理每条圆木需要 3 个工时。阿特相信可以通过雇佣专业的采购员以相同成本购买到质量更好的圆木。如果他这样做，每 100 条圆木可以生产的板条箱将增加到 260 个，但每天需要增加 8 个工时。如果他雇佣了采购员，会对生产率造成什么影响？

第二篇

设计服务运营

第4章 服务设计与技术

第二章

营运布局方案

学习目标

1. 了解如何设计服务，怎样通过运营管理简化并改善设计过程，以及一个设计良好的顾客价值包是如何帮助企业赢得竞争优势的。

2. 了解服务配送系统的部件怎样支持顾客价值包设计，确定服务即遇的设计和执行。

3. 了解设计有效服务即遇所需解决的问题和决策。

关键词

服务设计、顾客价值包、服务即遇、服务配送系统

引导案例

美国东部时间 2001 年 10 月 26 日 18 时（北京时间 10 月 27 日 6 时）消息，美国国防部宣布洛克希德·马丁公司的 X-35A 联合攻击战斗机被选中，并将美军下一代高科技战斗机生产合同授予洛克希德·马丁公司，这笔合同价值 4 000 亿美元，是美国军队历史上最大的一笔军购合同。美国空军部长洛切今天宣布洛克希德·马丁公司赢得价值 189 亿美元的联合攻击战斗机的发动机生产和开发合同，这意味着洛克希德·马丁公司最终将获得制造 3 000 架新型超音速战斗机的合同。美国国防部在 1996 年付给波音公司和洛克希德·马丁公司 6 亿 6 千万美元来发展这种飞机的原型。英国的皇家空军和海军也订购了 150 架这种飞机。英国已经支付了 20 亿美元作为研发经费。X-35A 是洛克希德·马丁公司为美国空军 JSF 计划设计的新一代战斗机，美国国防部在它和波音公司生产的另一种战机中挑选一种作为美空军、海军和陆战队未来使用的新一代战斗机。最后洛克希德·马丁击败波音公司赢得了最后的合同。洛克希德·马丁公司曾经说，如果取得这份合同，将会在德克萨斯州的沃斯堡厂房增加 9 000 个职位，该厂目前已经雇用了 11 000 名员工。

资料来源：运营管理：产品、服务和价值链，戴维·A. 科利尔，詹姆斯·R. 埃文斯著. 马风才，马俊译. 北京：北京大学出版社，2009 年 6 月.

为何洛克希德会击败波音？五角大楼回应说，比较这两种战斗机的设计，可以很明显地发现，波音的战斗机看起来就像张大嘴巴的青蛙。波音发言人辩驳说，外观不在设计中，我们设计的飞机是去战斗的，而不是去参加高级舞会的。但据推断，波音会因此削减 30 000 个

职位，并会退出战斗机市场。

4.1 服务设计

服务设计是有效的计划和组织一项服务中所涉及的人、基础设施、通信交流以及物料等相关因素，从而提高用户体验和服务质量的设计活动。

4.1.1 服务设计

提供什么服务以及怎样对它们进行市场定位，往往决定了企业最终的成长、收益率以及成败。差的产品和决策过程会令企业濒临破产。

思考：

（1）在你的个人采购决策中，同功能相比，设计有多重要？

（2）请给出一个例子说明设计是影响你购买的一个重要因素。

在20世纪初，福特曾说过"你可以拥有任何颜色的汽车，只要它是黑色的"，显然这样的价值观在现今很难赢得客户。今天的服务设计远比以前复杂得多，比如，需要协调邮轮旅游中的成千上万名游客，包括他们的吃、住、行、清洁维护、供应补给等，而且还必须在规定时间内没有差错地完成，这显然是一项极具挑战性的工作任务。典型的服务开发设计过程如图4-1所示：[49]

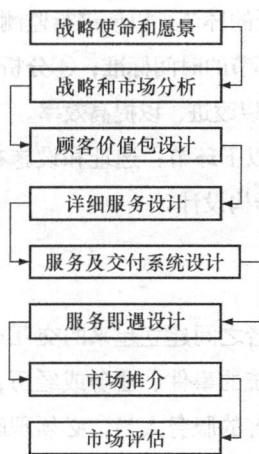

图4-1 服务设计流程

4.1.2 服务传递系统设计

服务传递系统是指服务组织如何将服务从组织的后台传递至前台并提供给顾客的综合系统，是服务组织的内核，其内涵是服务组织的运作和管理过程。服务传递系统必须最大程度地使消费者满意，同时能够有效提高服务组织的运营效率和控制运营成本。许多服务的观念

63

是可以被竞争者效仿的，但是一个设计合理的服务传递系统却无法简单抄袭，因此，服务传递系统就成为潜在竞争者的一道障碍，成为服务组织的核心竞争优势。

企业的服务传递系统是通过对服务过程的描绘来揭示企业运营的主要特征的。设计服务传递系统是一项富有创造性的工作，需要对企业的生产作业流程和服务资源状况有准确的认知，从而提供一种与竞争对手有所不同的服务概念和战略。它是企业服务战略、服务文化、服务管理和服务营销的综合体现。[15]

美国著名的服务管理学家肖丝丹克（G. Lynn Shostaek）认为：服务传递系统可以用一个可视图来描述，并可进行服务设计，亦即服务传递系统可以用服务蓝图表示。而服务蓝图又称为服务流程，是一种有效描述服务传递过程的可视技术，它是一个示意图，涵盖了服务传递过程的全部处理过程。

美国亚利桑那大学教授齐斯（Richard Chase）提出，服务传递系统可以分为高度顾客接触和低度顾客接触两种类型。在低度接触区域，因为顾客不直接出现在生产过程中而不会产生直接影响，其生产经营观念和自动化设施均可应用工厂运作模式。而在高度接触区域，要让顾客感受到个性化服务，在设施选址上要接近目标顾客，设施布局要考虑顾客的生理和心理需求及期望，把顾客包括在生产进度表中，且必须满足其需要，对服务过程的设计考虑到生产环节对顾客的直接影响，考虑到顾客服务体验的需求。

美国银行家协会的权威人士、著名服务管理学专家 G. Lynn Shostack 是最早提出服务设计的学者之一。在她的理论中，服务设计被称作"服务系统设计"，它由以下四个基本步骤组成，并强调了服务业运营流程和工作设计与制造业的区别：①确认服务过程，确定服务的输入、流程与产出，描绘蓝图，划分步骤；②识别容易失误的环节，找出服务过程中可能由于人员、设备，以及其他特有原因容易出现失误的环节，以便进行监测、控制和修正；③建立时间标准，依据顾客所能接受的标准确定每个环节的时间标准；④分析成本收益，对每一环节以及整个服务系统的成本与收益进行分析，并加以改进，以提高效率。

服务传递系统的设计主要包括以下环节：选址和设施布置、服务场景设计、流程和工作设计、技术和信息支持系统及组织结构设计。

4.1.3　服务即遇设计

服务即遇是在顾客和服务提供者之间建立起来的交互点。服务即遇包含一个或多个真实瞬间，即所有顾客介入服务传递系统的事件、业务或经历，即获得一种感受的经历。尽管这种体验有时是模糊的。直接接触顾客的服务人员，必须理解服务即遇对顾客的重要性。服务即遇也包含顾客与建筑物、设备、广告、所发行的服务手册等发生的联系。[1]服务即遇设计主要注意以下环节：顾客交往和技巧的培训、服务人员选择、培训与授权、服务评定与薪酬设计、过失补救与质量保证。

4.1.4　健全设计

服务的质量会受到设计变化、环境因素及参与人员的影响。高质量的服务应在整个生命周期中有一致的性能目标，并在所有运营条件下稳定执行。对外部环境异动反应迟钝的产品或服务称为健全设计。70 年代，田口宏一博士提出田口质量理论，它包括离线质量工程学和在线质量工程学。田口认为，产品质量首先应该是设计出来的，其次才是制造出来的。因此，质量控制的重点应该首先放在设计阶段，从而将质量控制从制造阶段进一步提前到设计阶段。

田口方法是一种低成本、高效益的质量工程方法，它强调产品质量的提高不是通过检验，而是通过设计。它把产品的稳健性设计到产品和制造过程中，通过控制源头的设计质量来抵御大量的下游生产或顾客使用中的噪声或不可控因素干扰所导致的质量不稳定，这些因素包括环境湿度、材料老化、制造误差、零件间的波动等。田口方法不仅提倡充分利用廉价的元件来设计和制造出高品质产品，而且使用先进的试验技术来降低设计试验费用，为企业增加效益指出了一个新的方向。田口方法使所设计的产品质量稳定、波动性小，使生产过程对各种噪声不敏感。在产品设计过程中，利用质量、成本、效益的函数关系，在低成本的条件下开发出高质量的产品。产品开发的效益可用企业内部效益和社会损失来衡量。企业内部效益体现在功能相同条件下的低成本效益，社会效益则以产品进入消费领域后给人们带来的影响作为衡量指标。田口理论体系的核心是将质量和经济性紧密地联系在一起，这种联系可以用质量函数来表示。产品质量与上市后其给社会造成的损失是有联系的，他认为社会损失的大小就直接反映了质量的高低。因此，不仅仅要成为合格品，还需要在上市后给社会造成的损失小，只有这样它的质量才高。

4.1.5 田口损失函数

产品的质量特性受噪声的影响会偏离目标值，随着偏离程度的不同，将给用户造成的损失程度也不同。田口理论假设损失可用一种平方函数来估算，使得偏离目标值越远则损失越大。假设产品质量特性的实测值为 x，质量特性的目标值（或中心值）为 T，实测值偏离目标值时的损失用 $L(x)$ 表示，则 $L(x)$ 是偏离量（$x-T$）的函数，称为损失函数。

$$L(x) = k(x - T)^2 \qquad\qquad (4\text{-}1)$$

- $L(x)$——亏损货币值
- k——将偏差转化成货币的常数
- x——实际值
- T——目标值

【例题 4-1】 假设一个部件规格是 0.500 ± 0.020，尺度在 0.48 或 0.52 时维修成本为 50 美元，则目标偏差 $x-T$=0.02，$L(x)$=50 美元，则 k=125000。

【例题 4-2】 一种质量特性，制造规格在 0.2 ± 0.05 之间。历史数据表明如果质量特性值超过 0.25 或少于 0.15，产品就会失效，同时会产生 75 美元的成本。基于这些数据，确定田口损失函数，估计 0.135 质量特性造成的损失。

4.2 服务定位矩阵

服务运营中，服务数量可能会显著增加，服务项目可能会变化很大，但服务过程却不像在制造业中那样有所改变。为了达到增加的批量，零售商店、银行以及旅馆等服务型企业历来就会以新商店、分行或酒店形式来满足需求而不会改变其工艺。

4.2.1 服务通道

通道就是贯穿服务系统的一个独特路线。通道可以由顾客或供应商驱动，取决于服务公司希望得到保证的控制水平。顾客通道服务提供给顾客更大的自由。可以通过服务提供系统，从许多可能的通道里选择最能解燃眉之急的通道。顾客在得到很少帮助的情况下，选择服务传递系统的服务通道。

供应商通道服务，通常采用技术来使服务自动化。例如，ATM 机（存在有限的通道数）存取款、检查账户、转账等。顾客几乎没有机会通过电子网络改变这种程序或顺序。服务高度重复，顾客的决策微乎其微。运营管理者集中在管理系统容量（电话、服务器、客服中心及员工、正常运营时间）、预计需要调度安排资源、雇用培训人员、决定并衡量顾客服务品质、评价绩效等方面。

4.2.2 服务定位矩阵

服务定位矩阵如图 4-2 所示，集中在服务即遇水平，帮助管理层设计最能满足顾客技术和行为需求的服务系统。沿着横轴的位置就是服务接触的顺序。服务即遇活动顺序由所有的工艺步骤和完成一项服务并实现顾客需求需要的相关内容组成。顾客在选择服务接触活动顺序中的判断力、自主力和决策权，使其有机会设计独特的服务接触活动顺序。服务接触活动顺序的重复程度。顾客使用的一项服务接触活动顺序发生的频率。可重复程度受服务系统设计及顾客怎样选择和设定活动顺序所限。服务即遇越独特，可重复性就越少。[49]

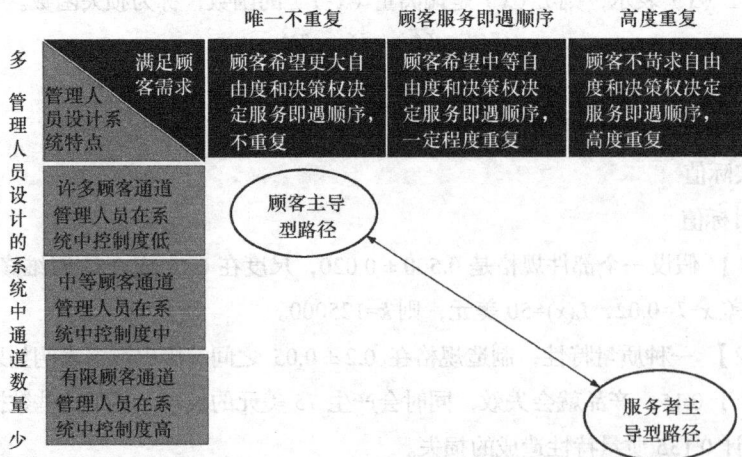

图 4-2 服务定位矩阵

4.2.3 QFD 服务设计

质量功能展开（Quality Function Deployment，QFD）是把顾客或市场的要求转化为设计要求、零部件特性、工艺要求、生产要求的多层次演绎分析方法。这是由赤尾洋二和水野滋两位日本教授于 20 世纪 60 年代作为一项质量管理系统提出的，目的是为了设计、生产充分满足顾客需求的产品和服务，使之成为质量管理和保证顾客满意度的综合系统。

QFD 法是一种将顾客的心声引入到产品设计规范中的方法，如图 4-3 所示，是一种系统性的决策技术。在设计阶段，它可保证将顾客的要求准确无误地转换成产品定义；在生产准备阶段，它可以保证将反映顾客要求的产品定义准确无误地转换为产品制造工艺过程；在生产加工阶段，它可以保证制出的产品完全满足顾客的需求。

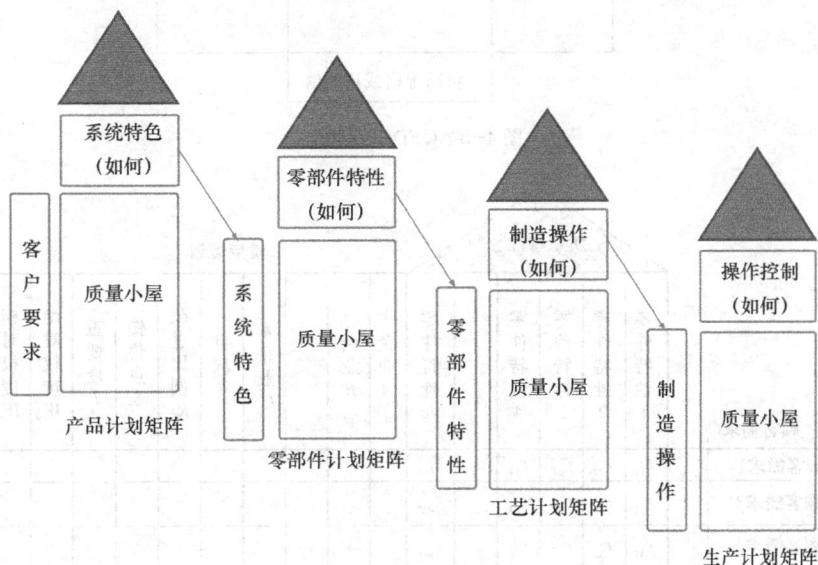

图 4-3　QFD 设计方法

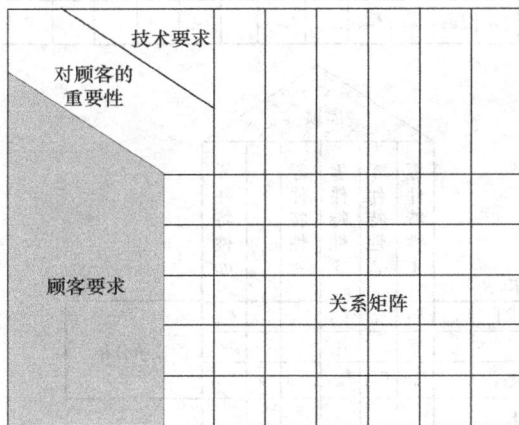

图 4-4　QFD 主体矩阵

QFD 是以一系列矩阵为基础，如图 4-4 所示，主体的矩阵联系着顾客的要求和相应的技术要求，基本的 QFD 主体矩阵通常要增加附件特征以拓宽分析范围。

"质量屋"是质量功能配置（QFD）的核心，是一种确定顾客需求和相应产品或服务性能间联系的图示方法，如图 4-5 所示。它列出顾客对于产品的要求，并按照重要性排序。并请顾客将本公司的产品与竞争者的产品进行比较，以确定开发产品的一系列技术特征。

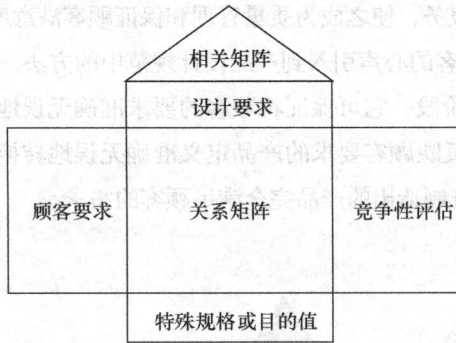

图 4-5　QFD 关系矩阵

顾客需求C_i	零件特性1	零件特性2	零件特性3	零件特性4	...	零件特性np	企业A	企业B	...	本企业U	目标T	改进比例R_i	销售点S_i	重要度I_i	绝对权度W_{ai}	相对权度W_i
顾客需求1	r_{11}	r_{12}	r_{13}	r_{14}	...	r_{1np}										
顾客需求2	r_{21}	r_{22}	r_{23}	r_{24}		r_{2np}										
顾客需求3	r_{31}	r_{32}	r_{33}	r_{34}		r_{3np}										
顾客需求4	r_{41}	r_{42}	r_{43}	r_{44}		r_{4np}										
...			...													
顾客需求nc	r_{nc1}	r_{nc2}	r_{nc3}	r_{nc4}		r_{ncnp}										

质量特性　　　质量策划

屋顶

顾客需求C_i	零件特性1	零件特性2	零件特性3	零件特性4	...	零件特性np	
顾客需求1	r_{11}	r_{12}	r_{13}	r_{14}	...	r_{1np}	竞争分析
...			...				
顾客需求nc	r_{nc1}	r_{nc2}	r_{nc3}	r_{nc4}		r_{ncnp}	
企业A							
企业B							
...							
本企业							
重要程度T_{ai}							
相对重要程度T_j							
技术指标值							

技术评估

图 4-6　质量屋

质量屋是以用户为中心的产品开发，建立在利用专业研究技术探求消费者心灵深处需求的基础上。这种需求是高度凝练的，是一定时期内产品需要的原始驱动力，如图4-6所示。

质量屋的运用，如图4-7所示。

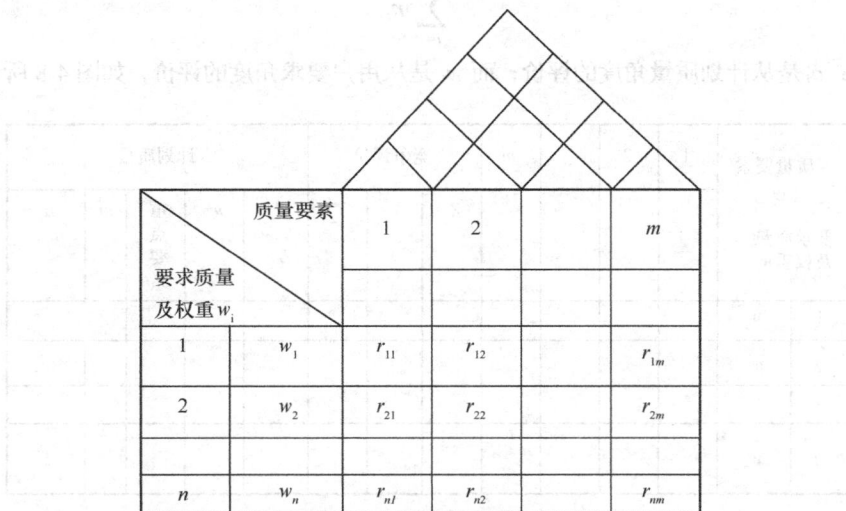

图4-7　质量屋运用

第一步，确定顾客需求及权重。

根据用户的要求质量，建立质量屋的右墙（n列矩阵），并确定它们的权重因子（w_1, w_2…, w_n）。按性能、可信性、安全性、适应性、经济性和时间性等对要求质量分类。对各要求质量按相互间的相对重要度进行标定。具体可采用 1～9 数字分 9 个级别标定各需求的重要度。

第二步，进行技术需求分析。

确定实现各项要求质量的质量要素（1，2…，m 行矩阵），建立质量屋的横梁（行矩阵）；判断质量要素的相关性，建立质量屋的屋顶（三角阵）。相关性一般分为：++强正相关，+正相关；空白：不相关；x 负相关，x x 强负相关。屋顶中的内容不需要计算，一般只作为确定各技术需求具体技术参数的参考信息。

第三步，建立 $n×m$ 相关矩阵。

记 r_{ij} 为要求质量与质量要素间的关联性程度。强相关 $r_{ij}=9$，中等相关 $r_{ij}=3$，弱相关 $r_{ij}=1$，不相关 $r_{ij}=0$。

第四步，进行可行性分析

（1）评估新产品的竞争能力。将本企业老产品、市场上同类产品分别与各项要求质量进行对比分析，确定其达到的水平，可采用五级分制打分。z_i 为本企业产品相对于要求质量 i 的评分；z_{ki} 为同类产品 k 相对于要求质量 i 的评分。

（2）确定计划质量。确定本企业新产品各项要求质量应达到的水平 z_i'。取值一般不低于其他产品各项要求质量的打分。计算要求质量的水平提高率。$U_i= z_i' / z_i$ 确定要求质量的重要性级别（即销售点）s_i，按照水平提高率由大到小依次为：关键要求质量，计 $s_i=1.5$ 分；重要要求质量，计 $s_i=1.2$ 分；一般要求质量，计 $s_i=1.0$ 分。计算第 i 项要求质量的绝对重要度 m_i，$m_i=z_i'\times u_i\times s_i$。计算第 i 项要求质量的权重（即要求质量的相对重要度）α_i，

$$\alpha_i = \frac{m_i}{\sum\limits_{i=1}^{n} m_i} \tag{4-2}$$

注意：α_i 是从计划质量角度的评价；而 w_i 是从用户要求角度的评价，如图 4-8 所示。

质量要素 要求质量 及权重 w_i		1	2	m	竞争评价			计划质量				
					Z	Y_1	Y_2	Z'	u	重点要素	m_i	α_i
1	w_1											
2	w_2											
n	w_n											

图 4-8　可行性分析

第五步，确定质量要素的重要性权重，如图 4-9 所示。

质量要素 要求质量 及权重 w_i		1	2	m	市场评价			质量计划				
					Z	Y_1	Y_2	Z'	u	关键	m_i	α_1
1	w_1											
2	w_2											
n	w_n											
	m_j											
	w_j											
	q_j											
	β_j											

图 4-9　质量要素权重

依据用户要求质量权值 w_i，计算各项质量要素的相关程度得分 m_j，

$$m_i = \sum w_i r_{ij} \tag{4-3}$$

计算各项质量要素的要求重要性权值 w_j，

$$w_i = \frac{m_j}{\sum\limits_{j=1}^{m} m_j} \tag{4-4}$$

依据计划要求质量权重 α_i，计算各质量要素的重要度得分 q_j，

$$q_i = \sum \alpha_i r_{ij} \tag{4-5}$$

计算各质量要素的计划重要度权值 β_j，

$$\beta_j = \frac{q_j}{\sum_{j=1}^{m} q_j} \tag{4-6}$$

第六步，确定设计质量。

即质量要素的具体化、定量化。

第七步，评估技术竞争能力。

给新产品、老产品、市场上同类产品的设计质量打分(x_j)。最低为 $x_j =1$ 分，最高为 $x_j =5$ 分。根据用户要求质量权重，计算产品的技术竞争能力 c。

$$c = \sum w_j x_j \tag{4-7}$$

4.3 服务运营技术

技术又被称为科技或工艺，包含了各种对工具或知识的应用。早在原始时代，人类就已经开始利用各种技术来改善生活，包括获取食物、建设房屋、进行运输或是制作衣物，甚至将技术用作娱乐工具。在现代社会，技术与科学和工程息息相关。一般而言，技术比起工程，拥有更多的抽象概念；而比起科学，又较为注重实用的层面。比如，我们现在所熟识的数码成像，这是由美国贝尔实验室发明的 CCD，当工程师把 CCD 的装置安装到"阿波罗"登月飞船上时，完成了科学到技术层面的转化。

4.3.1 技术与运营管理

思考：

- 给出一个你认为非常成功的网站的例子，并解释成功的原因。

- 哪些技术为你的学习生活和工作带来好处？请描述你在使用现代技术时亲身经历的事情。

- 当引进新技术时企业必须处理哪些运营管理问题？

案例：

- 20 世纪初，蒸汽机爆炸事件很频繁，1911 年美国平均每天就要发生两次。20 世纪 20 年代蒸汽机生产力缩小了，取代的是汽油机和拖拉机。

- 我根本不关心什么数字革命，我只关心你弄丢了我的照片，某位太太对着图像室的助理说。可是存储器里根本就没有数码照片呀，是您不小心删了或是移到计算机中了吧。

- 美国国防部告知其 43 000 位供应商，它们需要使用 RFID 作为通常所用的条形码的替代品。这是一个极小的可以传送无线信号的计算机芯片，可以定位和辨别活动情况。但是为国防部制造手套的代理商可是非常头疼，它们这么小的公司可怎么办呢？

现今，不管是物理技术还是信息技术，都已经强烈地改变了从采矿到制造到保健教育的每个产业、每个行业的运营方式。技术使得今天的服务系统和制造系统能有效运营，同时还能前所未有地满足客户多样化需求。大多数人根本无法想象当今如何生活在一个没有计算机、网络或无线通信设备的世界里。蒸汽机在其发明后的 50 年内被汽油内燃机取代，而汽油内燃机到目前盛行了大约 100 年，现在我们正在致力于电气及混合动力及其他潜在的置换物来替代汽油内燃机。大型主机缩小成手提计算机，无线技术也成为技术发展的主导。[2]

毫无疑问，在你将来的生活中，你将遇到不止一次的技术革命，这些革命会彻底改变你的工作方式和生活方式，所以需要你不断学习新技能才能适应。技术有时也存在风险，且这种风险多半被转嫁到顾客身上。企业为提高关键的性能指标，时间、生产率、柔性、成本和质量，就必须对新技术进行开发并整合到现有的产品、服务和运营中。

4.3.2　运营中的技术

（1）工程技术，亦称生产技术，是在工业生产中实际应用的技术。就是说人们应用科学知识或利用技术发展的研究成果于工业生产过程，以达到改造自然的手段和方法。

（2）管理技术，涉及因特网、计算机软件及信息系统，可以为产品和服务的生产和发送者提供数据、信息和分析过程，并使之顺利、简单的完成。最为重要的管理技术如信息技术，它可以通过更好的数据和资料管理整合价值链的各个部分，做出更有效的战略和运营决策，并设计更好满足顾客需求的福利待遇机制，以获取竞争优势，并提高价值链中所有生产过程的设计和运营。

4.3.3　技术与服务系统

服务运营开放系统如图 4-10 所示[1]，服务过程是一个开放的系统，服务的需求和生产过程是同时进行的。

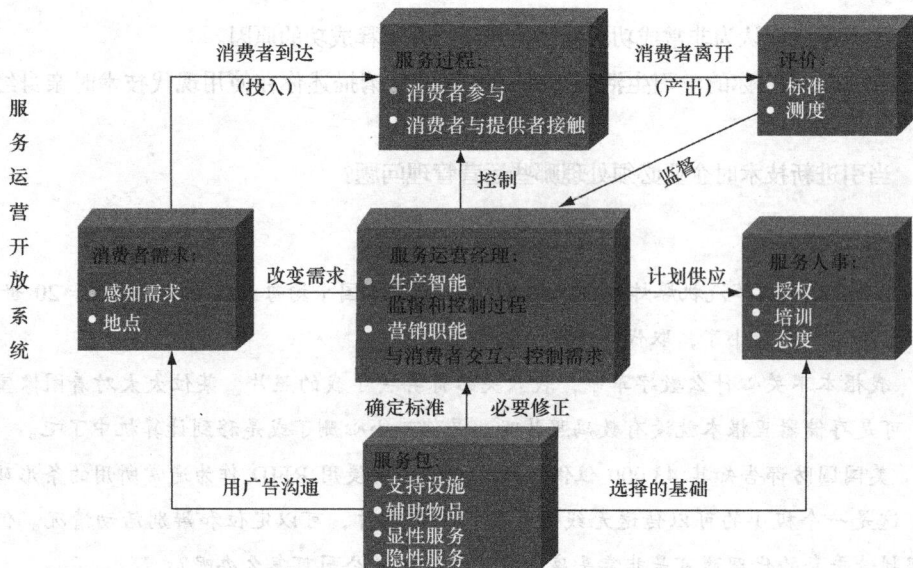

图 4-10　服务运营开放系统

（1）服务技术。使用 ATM 机，在网上订购产品。为了加快配送速度，许多公司使用触控式计算机屏链接到客户的数据库，再次接到顾客电话时，员工只需询问顾客的电话号码，就可以调出顾客姓名、住址以及配送地址，从而可以立即处理订单并提高服务质量，然后迅速进入触控式屏幕顶部的具体信息，打印出准备配送的订单，从而可以避免手写的误读造成的错误。航空公司已经采用自助亭、在线登记、登记卡等打印输出技术，使得服务的许多部分都实现了自动化。这些强化手段不仅可以提高服务质量，还可以在竞争性行业中降低企业雇佣劳动力的直接成本。服务业常见技术如表 4-1 所示。[5]

表 4-1　服务业常见技术

服务业	实例
金融服务	电子资金转账；自动提款机；网上股票交易和抵押服务；自动支票处理分拣机
公用设施/政府服务	自动化一人垃圾车；网上房产估价及税务资料；网上图书馆；光学邮件扫描仪
零售/批发服务	房产虚拟参观；超市自动化自助结账及智能购物车；自动洗车系统
保健	CAT 扫描仪器；无线网络医生系统；胎儿监护仪；远程站点数码影像技术
教育	网上大学；电子书、电子学习
运输	汽车全球定位服务；无线掌上库存跟踪仪；RFID；自动驾驶仪

（2）服务部门技术投资的考评。巩固并扩大市场份额；规避风险与降低额外成本；提高应变能力以应付多变的环境；改善内部环境；提高服务质量、促进与客户的交流。

4.3.4　技术与服务接触

不同服务接触需要不同的技术支撑，如图 4-11 所示。主要有以下 5 种类型。

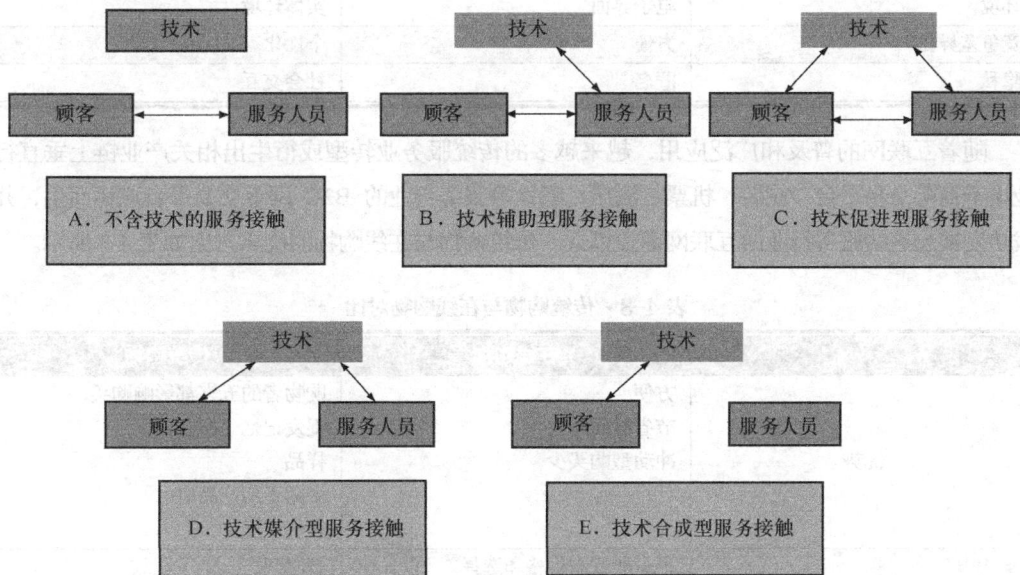

图 4-11　不同类型的服务接触技术

（1）不含技术的服务接触：顾客和服务人员直接交互，服务即遇点通过顾客和服务人员之间的直接生产和消费达成。

（2）技术辅助型服务接触：服务人员对顾客的服务需要借助相关技术加以辅助完成。

（3）技术促进型服务接触：在服务过程中，顾客和服务人员都能接触到相关技术支持，从而保障服务更顺利地完成。

（4）技术媒介型服务接触：服务过程中，顾客和服务人员可以不直接接触，而是通过相关技术为媒介以完成服务交互。

（5）技术合成型服务接触：服务人员在服务过程中弱化，通过集成的技术系统为服务载体，顾客自助地完成相关服务过程。

4.3.5 电子服务与传统服务

随着我国国民经济的日益提升，传统服务行业在近年来的发展相当迅速。其中以商贸流通、餐饮住宿、居民生活服务、交通运输等为主要内容的传统服务业的飞速发展直接带动了整个现代服务业增速的提高。由于经济的发展、服务范围扩大，现代服务行业的市场竞争日趋激烈，传统服务业必须提高运行效率，加大资源配置以及劳动力组织的有效性，必须采用最新的计算机、信息、网络等技术。传统服务与电子服务的特征区别如表4-2所示。

表4-2 传统服务与电子服务对比

特征	电子服务	传统服务
服务接触	面对显示屏	面对面
可得性	任何时候	标准工作时间
销售地点	几乎任何地方	服务现场
市场区域	全世界	当地
环境	电子界面	实体环境
竞争差异化	方便	个性化
隐私	匿名	社会交互

随着互联网的普及和广泛应用，越来越多的传统服务业转型或衍生出相关产业链上垂直行业电子商务交易平台。旅游、机票、酒店、餐饮等服务行业的 B2C 网上交易平台应运而生，并成功发展起这些服务行业的互联网商业模式。传统购物与在线购物的优劣对比如表4-3所示。

表4-3 传统购物与在线购物对比

	在线购物	传统购物
优势	方便 节省时间 冲动型购买少	购物者的五官都影响购买 促发记忆 样品 暴露于新产品中 社会交互
劣势	很少能控制价格和选择 忘记要购买什么 依赖于计算机 传输费用	费时间 排队等待 需要自己把购买到的东西运回家 冲动型购买 安全问题

本章小结

　　本章从服务传递系统、服务即遇方面导入服务设计的理念。并介绍了健全设计及田口模型。在面对服务运营中服务项目的不稳定性和较大变化性，介绍了服务定位矩阵来解决这些局限性。技术使得今天的服务系统和制造系统能有效运营，同时还能前所未有地满足客户多样化需求。企业为提高关键的性能指标，时间、生产率、柔性、成本和质量，就必须对新技术进行开发并整合到现有的产品、服务和运营中。

思考与练习

　　习题 1：某设备公司打算购买一个工业机器人。来自四个供应商的设备经过鉴别都达到了基本的技术标准。一份经济分析得出的结果显示在表中。另外一份对主要非经济因素的评价数据显示在另一表中。工厂管理者决定将非经济因素转换成数字计分，4 为优秀，3 为良好，2 为平均，1 为及格，评估结果见表。公司管理小组急切需要这种机器人，并需要在有故障发生时得到来自供应商的迅速服务。于是，公司认为这些因素远比其他因素重要。基于以上信息，你认为公司应该制定什么决策？

　　习题 2：假设修理某机器需要金额为 200 美元，在允许偏差为 6 ± 0.5mm 且据目标值的离差平方为 $(1/6)^2$ 条件下，计算由于目标设定的离差而导致的品质损失函数。

第5章 服务流程设计

学习目标

1. 理解服务流程设计的重要性。
2. 掌握服务配送系统设计方法。
3. 选址设计和设施布置设计。
4. 理解服务场景和流程再造。

关键词

服务设计、选址设计、设施布置、流程再造

引导案例

海尔集团从创业时的濒临破产到今天全球白色家电第五、冰箱品牌第一，实现了质的飞跃。目前集团共有86大门类13 000多个品种的产品群。新经济时代海尔面临着以产品为中心到以客户为中心、大规模生产到小规模定制、标准到个性化的市场调整。近几年来，海尔主要做了一件事即流程再造。海尔认识到，在新经济下企业必须融入国际化中，成为一个开放系统，拆掉企业间的墙，适应网络经济的要求，用互联网与国际社会连接起来，在寻求最佳外包的同时找到最佳的竞合伙伴。海尔流程再造目的一是为了商业模式转型，从原来传统的商业模式转型到人单合一的双赢模式。二是为了企业转型，从单纯的制造业向服务业转型，从卖产品向卖服务转型。在转型过程中，实现零应收、零库存、零签字和零冗员。

资料来源：来源于网络，编者整理。

企业的核心流程集中在关键的活动上，这些关键活动包括企业为顾客所提供的各种产品和服务。当顾客的需求发生变化时，企业面临的挑战是巨大的，这就要求企业能够随时适应市场变化需求，适时调整运营战略，并重新设计能够支持新战略方向的流程。

5.1 服务设计战略

有效的服务运营管理必须明确使命以指导努力的方向，同时制定战略来达到使命。一家企业能够营利和生存是因为其使命满足了顾客的需求。我们把组织的使命定义为：组织存在的目标—它对社会的贡献。使命阐明了组织的界限和核心以及企业建立的宗旨，表明了组织存在的根本原因。

5.1.1 战略使命及分析

不同组织的使命是不同的，例如学校的使命是教书育人，医院的使命是治病救人，快餐店的使命是丰富和发展人类餐饮文化。使命需要清晰而简洁地表述出来，以此作为企业的宗旨。企业的使命和宗旨为企业发展提供了一个总的方向，并由此产生企业的战略目标。

当公司明确使命后，就可以制定并实施战略了。战略是一个组织为完成使命所制订的行动计划。每个职能部门都要制定战略完成各自的使命，同时要有助于组织完成公司整体的使命。这些战略产生了机遇和优势，避免了威胁和劣势。企业制定战略的目的是使企业的组织结构、资源分配和经营方式与环境提供的各种机会取得动态平衡，以实现总体战略目标。[22]

公司战略是企业最高层次的战略，解决公司应该投入何种领域，以实现长期利润最大化，确保合理的投资回报率的问题，如图 5-1 所示。公司可以选择专注于某一事业，也可以选择垂直一体化，水平一化，甚至多元化或者公司重组。

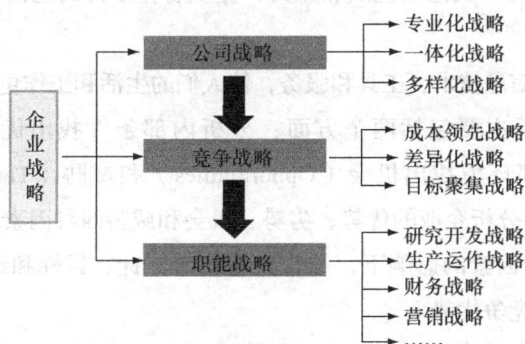

图 5-1　企业战略

无论选取哪种战略，企业制定战略都需要在环境、目标和资源之间进行协调，如图 5-2 所示。首先要考虑外部环境，特别是行业环境，企业要进入哪些比较具有发展空间的行业。其次是资源，综合考虑公司的人力、物力、财力，制定符合公司发展且前景明朗的战略，重点是把业务集中到企业的竞争优势上。再次，需要考虑公司切合实际的目标，明确公司的定位，协调外部环境和内部资源及能力来实现战略，如图 5-3 所示。

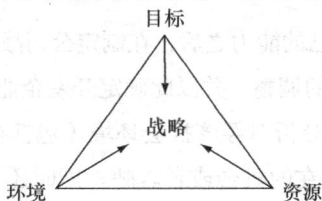

图 5-2　战略"金三角"

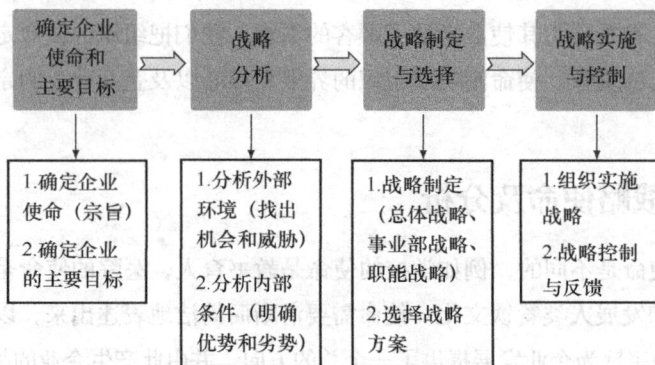

图 5-3　战略实施步骤

企业使命是企业在社会经济发展中所应担当的角色和责任，是企业的根本性质和存在的理由，用以说明企业的经营领域、经营思想与经营哲学。

微软公司——致力于提供使工作、学习、生活更加方便、丰富的个人软件。

惠普公司——为人类的幸福和发展做出技术贡献。

麦肯锡公司——帮助杰出的公司和政府更为成功。

华为公司——聚焦客户关注的挑战和压力，提供有竞争力的通信解决方案和服务，持续为客户创造最大价值。

联想公司——提供信息技术、工具和服务，使人们的生活和工作更加简便、高效。

企业进行战略分析主要包括两个方面：分析内部条件找出优势（Strength）与劣势（Weakness），分析外部环境找出机会（Opportunities）和威胁（Threats）。这就是所谓的SWOT 分析方法，全面分析企业的优势、劣势、机会和威胁四种因素，从中选择适宜的战略加以实施，并在不确定因素的影响下，结合企业使命方针、目标和经营活动，认真分析设计，以此来形成企业的竞争优势。

SWOT 分别代表优势（S）、劣势（W）、机会（O）、威胁（T），如表 5-1 所示。

表 5-1　SWOT 分析

	优势（S） 列出企业所有优势因素	劣势（W） 列出企业所有劣势因素
机会（O） 列出企业所有机会因素	SO 战略 列出发挥优势、利用机会的企业战略	WO 战略 列出企业利用机会、避免劣势的企业战略
威胁（T） 列出企业所有威胁因素	ST 战略 列出利用优势、避开威胁的企业战略	WT 战略 列出企业减少劣势、回避威胁的企业战略

当公司利用 SWOT 分析自己的能力之后，在制定公司战略时就会更多地思考如何对经营环境的变化进行监测并做出相应的调整，并以此确定开发企业的核心能力以及核心流程。

企业的管理者通过 SWOT 分析对经济社会环境（包括行业环境、市场环境以及社会环境）及趋势进行监测，以了解潜在的机会或者威胁。同时还有一个重要原因就是为了在竞争中走在前面。通过扩大服务或者产品系列范围、提高质量或者降低成本而获取优势。

公司的核心能力就是一个组织的管理层在制定战略时所考虑的独特资源和优势。它反映了组织的整体知识，特别是有关如何协调多种流程与如何整合多种技术的知识。核心能力主要包括劳动力、设施、市场和财务技能、系统与技术等。通过这些核心能力的组合有助于企业制定更好的战略。一个公司的核心能力决定了它的核心流程。公司可以重点选取一些核心流程，比如客户关系流程、新服务开发流程等重点改进，以便更好地与企业的核心能力匹配。任何一个企业必须对其核心能力进行评估，然后将重点放在那些能够提供最大竞争优势的流程上。

5.1.2 顾客价值包设计

1．顾客价值包

顾客价值包是产品、服务和经验以一定的方式配置起来的一些组合，以便满足顾客需求，为顾客提供价值。顾客价值包具有组合性和整体性，通常具有以下特征：

（1）支持性设施：指在提供服务前必须到位的物质资源。例如，餐厅、机场、高尔夫球场、医院等。

（2）辅助物品：指顾客购买和消费的物质产品，或是顾客自备的物品。例如，餐厅中的餐具，咨询公司的咨询报告，医院的医疗设备等。

（3）显性服务：指可用感官察觉的、为顾客提供的基本或具有本质性的服务利益。它是顾客价值包的核心要素。例如，去医院吃药打针使得感冒好了，经过修理的汽车可以正常行驶，在一个国际豪华酒店享受不同的服务等。

（4）隐性服务：指顾客在消费的过程中能模糊感觉到服务带来的精神感受，是服务的非本质特性。例如，餐厅里服务员友好的态度，高尔夫俱乐部的会员资格，办公贷款的保密性等。

可见，服务企业向顾客提供的价值包是在一个支持性设施内，使用辅助物品实现的显性和隐性利益所构成的"包"。所有这些特性需要顾客亲自经历，并形成他们对服务的感知。最重要的是，服务经历要为顾客提供与他们原本期望的价值包相一致的整个服务过程。

2．顾客价值包设计

服务企业是一个以顾客为主角的舞台，对于服务提供者来说，以顾客为中心并满足他们的需求是非常重要的活动。因此顾客价值包的设计对服务业来说具有战略性意义。好的价值包将会给服务企业带来源源不断的客户，直接影响企业的生存与发展。企业在进行顾客价值包的设计时，一定要考虑包中的所有因素，尽可能地设计出与顾客期望相一致的价值包。

（1）确定范围。服务企业为顾客提供服务的范围，即提供"纯"服务还是多项混合服务在一起。比如，学校心理咨询室可以定义为"纯"服务，而高尔夫活动由于需要高尔夫球、球车等多项辅助设备而可以称之为混合性服务。

（2）适当定位。特定的顾客价值包包含着特定要素组合来反映该服务的定位，不适当的组合有可能会偏离服务企业定位，从而有可能造成服务的不满甚至重大损失。

（3）客户导向。顾客与服务企业因为两者所站角度不同从而对价值包的看法有很大差异。如烤肉店认为肉类质量及口感对顾客更重要，但是顾客认为食品卫生以及等候时间对他们而言更重要。一定要以顾客角度来考虑，并以此为基础来设计与顾客期望一致的价值包。

（4）创造差异。创造差异是设计顾客价值包的最重要目的，也是服务企业盈利的主要来源。因为价值包中的每个因素都会影响顾客的行为，这将会成为差异化的来源，也是获得竞争优势的一个重要方面。显性服务是顾客最直接感受到的也是最期望的部分，是其他因素所不能替代的，是差异化最重要的来源。

服务企业就是依靠服务来盈利，因此，顾客经历和感受价值包中的所有特性，将会形成顾客对此次服务的评价以及是否再次购买的决定。服务企业在设计顾客价值包时，一定要以客户为导向，站在顾客的角度来设计；同时寻找差异化来源，创造更多的差异，差异化越明显就意味着服务企业拥有更多盈利的资本，这是服务企业生存的根本。

5.1.3 服务和流程设计

服务的性质和内容是服务设计的基础，也是服务流程设计的依据所在。其中，服务的内容决定了服务流程的形式。一般来讲，顾客在经历了整个服务流程之后，同时也享受到了服务。不过，服务流程更强调服务的步骤和顺序，而服务的重点在于服务的本身。在进行服务流程设计之前，应该先分析服务的内容和种类。

在实践生活中，我们根据服务和服务流程的关系，可以把服务大致分为低度多样化服务和高度多样化服务，还可以按照与顾客接触程度分为无顾客参与服务、间接参与服务和无参与服务等，如表 5-2 所示。例如，服装设计就属于定制化、顾客与服务员工直接互动的服务类型。

表 5-2　以顾客参与程度分类

顾客接触的程度		低差异化（标准服务）			高差异化（定制服务）	
		产品加工	信息或形象处理	人员处理	产品加工	信息或形象处理	人员处理
无顾客参与		干洗，自动贩卖机	查证信用卡账单		车辆维修，加工衣服	计算机编程设计	
间接顾客参与			账户额度确认，电话订货			新闻发言人发布会，电视拍卖会上出价	
直接的顾客参与	顾客与服务工人间无交互	操作自动贩卖机，组装预制家具	柜员机取现，自助拍照	操作电梯	餐车提供餐食	图书馆收集信息	使用俱乐部设备
	顾客与服务工人间有交互作用	汽车清洗	举办讲座	提供公用交通	家具清洗	提供顾问咨询	做外科手术

如果客户接触程度低，服务过程受客户和其他外在因素影响就少，把顾客从服务生产系统中分离出来，可使流程更高效或更标准化，如表 5-3 所示。客户接触程度可以用客户在系统中的时间占服务过程的全部时间的百分比衡量。例如，麦当劳的客户接触程度大约是 70%，大多数顾客订单的处理都是在顾客等待时就在前台完成的。

表5-3　客户接触

高接触程度服务	低接触程度服务
用于顾客需求多变或不确定的情况	用于不需要面对接触的场合
要求员工机灵、乐意和顾客接触	要求员工具有技术技能，能够高效处理日常事务，以及产品和流程的标准化
要求服务提供者必须对发生在高峰期的需求立即做出反应	要求在平均需求水平下工作，平稳度过需求高峰和低谷
一般要求更高的价格，更多的定制不同性质的服务	标准化的服务

价值是通过流程来形成的。产品从原材料到半成品再到成品，要经过一系列加工环节，即经过一个流程才能形成。同样，服务也要经过一个流程才能完成。在经过流程的各个环节，产品和服务应该不断升值，即按照顾客的需要不断地增值。服务流程设计如表5-4所示，其最基本的问题是如何提供服务。

表5-4　服务流程设计

	传统适应	低成本适应	传统减少	无妥协减少
顾客到达变数	确保有充足的员工	雇佣更便宜的人工 实现任务自动化 提供自助服务	要求预订 提供非高峰定价 限制服务可得性	创造互补性需求 分散顾客到达的时间
顾客需求变数	确保有许多具备专门技能的员工	雇佣更便宜的人工 实现任务自动化 提供自助服务	特定服务要求顾客进行预定 说服顾客改变要求 限制服务范围	限制服务范围 根据顾客要求来锁定顾客群
顾客能力变数	确保员工能应付需求各异的顾客	雇佣更便宜的人工 提供高度自动化的自助服务	要求顾客在使用服务前先提高自己的能力	根据顾客要求来锁定顾客群
顾客投入变数	确保员工能应付需求各异的顾客	雇佣更便宜的人工 提供高度自动化的自助服务	使用奖惩手段来促进顾客积极投入	根据顾客动机来锁定顾客群
主观偏好变数	确保员工能发现顾客的期望的差异并做出相应的反应	提供定制化的自助服务	说服顾客调整期望以符合价值主张	根据主观偏好来锁定顾客群

流程设计（Process Design）就是对将投入转换为产出所需的输入要素、资源、工作流及方法的选择。服务流程设计是设计者对服务组织内外部资源结构、优化配置能力等的优化，为提高服务效率和效益而进行综合策划的活动过程。对输入要素进行选择的第一步是要决定哪些流程由自己内部承担，哪些流程可以交由外部承担或者作为原材料和服务来购买。流程设计还涉及人员技能以及设备等的适当组合。好的流程设计必须使得组织获取的资源与其竞争优势的能力相一致。服务流程设计主要涉及流程分析、流程性能与质量、流程能力、流程布局、项目计划等，如图5-4所示。

在考虑流程设计时有三个重要原则。

（1）流程设计成功的关键在于同时进行适合和有意义的选择。不应该形成相互冲突的目标，以牺牲其他流程为代价而换取另一个流程的优化。一个较为有效的流程是与关键的流程特征相匹配并具有高度战略适应性的流程。是一个整体最优设计而不仅仅是局部最优。

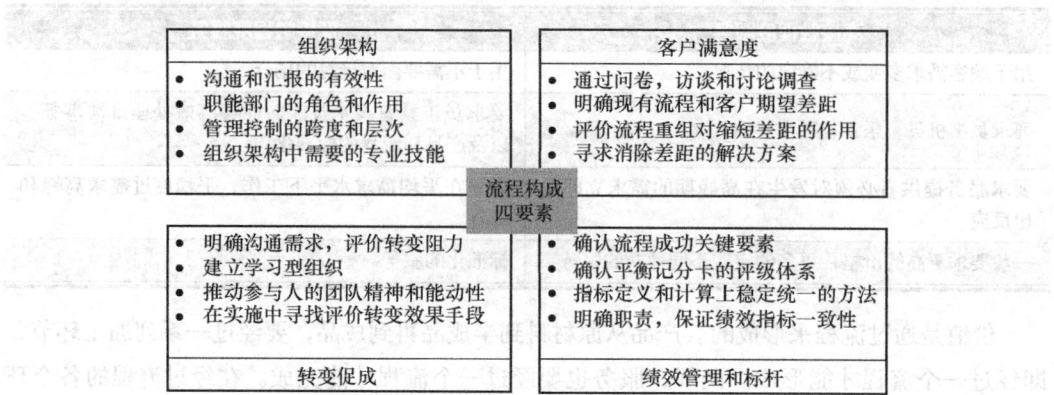

图5-4 服务流程构成要素

（2）尽管我们关注的是每一个单独的流程，但是这些流程是最终产生整个价值链的基本组成单元，它们在顾客满意度和竞争优势上的累积效果是巨大的。

（3）价值链中的流程是由内部完成还是由外部供应商完成，是需要企业分析自己的能力之后决策的。但无论结果怎样，管理层都必须特别注意流程之间的界面。这些界面强调了跨职能协调以及与供应商和顾客之间协调的重要性。

流程设计直接影响到流程本身，并且间接影响到流程所提供的产品和服务。图5-5表明这五种决策是实现有效流程设计的重要步骤。

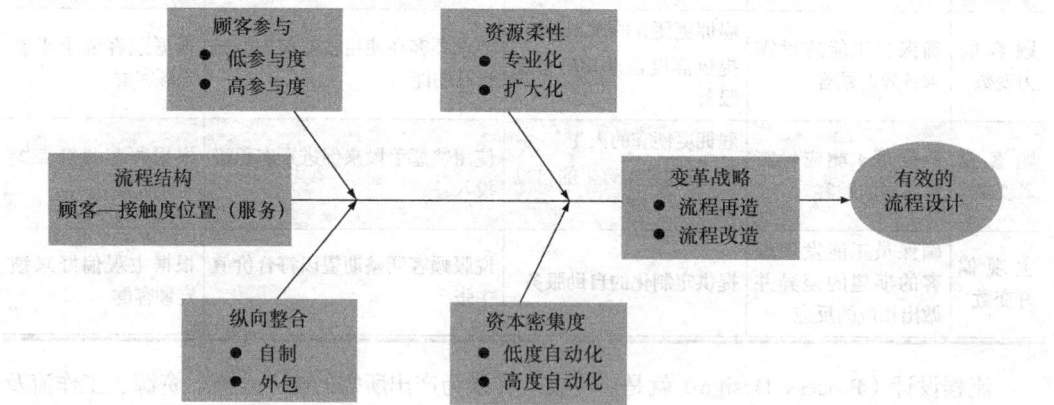

图5-5 有效流程设计中的决策

流程结构确定流程相对于所需资源类型的设计方式、资源在流程之间的分配方法。对服务业，流程结构决策的出发点是所要求的与顾客接触的量及类型，以及流程设计必须达到的竞争优先级。理解这些方面的联系有助于管理者发现流程中可能存在的错误以及低效的流程，为流程设计改造铺平道路。

在流程以及子流程的层次上，对这些因素综合考虑，以其作为流程设计的基本组成部分，如表5-5所示，以达到有效的流程设计的目标。

在服务流程设计上，通常是需要与顾客互动的，尽管与顾客互动一般会对流程产生负面的绩效。但是，服务业的性质决定了服务流程设计必须考虑到一些互动和定制。顾客的独特需求往往对流程造成不便，管理者设计流程时越多考虑顾客的独特需求，流程的效率就越高。

表 5-5　流程设计组成

顾客参与	反映了顾客成为流程中一部分的途径以及顾客参与的程度
纵向整合	是一个企业自己的生产系统或服务设施处理整个价值链的程度
资源柔性	是员工和设备可以处理多种产品、服务、产出水平、职责以及职能的难易程度
资本密集度	是流程中设备和人员技能的组合

5.2　服务配送系统设计

配送系统是物流系统的一个子系统，是直接面对用户提供物流服务的子系统。由于服务的对象不同，配送物品的性质不同，加上用户要求的多样化，特别是定制化服务的需求，使得配送系统的网络结构、配送模式和服务方式是多样化的。配送系统是一个网络结构的系统，是由节点活动和路线活动构成。节点活动包括物流中心、配送中心、供方和需方的选址和设施布置。线路活动是物品借助运输工具在线路上的运动，反映了节点之间物品的传递关系。

5.2.1　选址和设施布置

1. 选址设计

服务配送系统的选址设计一般以靠近消费者为主，像快餐店需要巨大的顾客覆盖面，选址就要靠近公司的主要目标市场，如选在商业区周围。另一些公司，像网络服务公司、电话公司等要放在离大部分雇员和其他一些重要资源如电信和运输设施比较近的地方。

选址设计是为企业的运营确定地理位置的流程，在对一个特定地点是否满足要求进行评价时，服务型组织的管理者都要对许多因素进行权衡，这些影响因素如表 5-6 所示。

表 5-6　选址设计

与顾客的接近程度	地点是决定客户与公司业务来往便利程度的关键因素。对于超市或美容院，顾客会更倾向于选择那些更加便利的地方。对于服务行业而言，地点往往是决定企业收入的一个重要影响因素，但仅仅与顾客接近是不够的，关键是要接近那些愿意来光顾消费的顾客
运输成本以及与市场的接近程度	对仓储和配送型运营机构来说，运输成本以及与市场的接近程度是极其重要的。如果附近有仓库，许多企业可以在靠近客户的地方持有库存，以此来缩短交付时间，进而提高销量
竞争者的地点	在评估不同地方的销售能力时，一个不容忽视的因素就是竞争者的影响。如果竞争对手已经占领很明显的先机，那么在竞争者附近选址就是不明智的选择，管理者需要尽量避开那些竞争对手已经占领的区域。但是也有一些个别情况，如将几个竞争厂商聚集在一起比将同样的店铺分散在不同的地方可吸引更多的顾客，认识到这些差别，管理者在选址时就能区别对待
场地的细节因素	零售商同样必须考虑零售活动的水平、居民居住密度、交通流量以及场地的可见度等。这些因素都会影响购物者的消费动向

服务业选址的影响因素还有诸如一些房地产成本、税收等常见因素。但是对于服务行业而言，选址对收入的影响比对成本的影响往往要大很多，所以应该将选址的决定因素集中在确定交易数量和收入方面。这就需要服务企业在分析时考虑众多变量，包括所选地区的购买力、市场竞争情况、广告和促销、区域的物理特性，以及组织的经营方针等。

对于服务企业而言，地点会对销售额和顾客满意度产生重要影响。顾客通常会关注服务设施的远近，尤其是当服务流程要求有相当高的顾客接触度时更是如此。无论是哪种选址设计，管理者都要注意到这些因素必须是对公司达到目标的能力有重大影响。

2. 设施布置设计

当服务选址设计完成之后，就可以考虑进行服务设施布置工作了。在决定长期运作效率的决策中，设施布置是关键性的决策之一。由于设施布置不仅能够造就组织在生产能力、流程、柔性和成本方面的优势，而且可以造就组织在工作生活质量、消费者接触和组织形象等方面的竞争优势，所以设施布置具有重大战略意义。有效的设施布置策略有助于组织的产品差别策略、低成本策略或快速响应策略的实施。设施布置的目标是开发一种节省成本的设施布置形式以满足公司的竞争需要。

服务配送系统的设施布置主要考虑顾客是否在现场。如果顾客不在现场，需要考虑服务的操作效率。如果顾客在现场，需要考虑环境对顾客的影响。在货物的布局上，超市强调的是货品的战略性位置，以及消费者在他们商店能大量地采购，并且感觉到愉悦和方便。

要完成服务设施布置的工作需要做到以下几点。

（1）人员、材料和文件的移动距离应该最短。对于许多批发行业而言，成本的最主要部分就是对货物的管理和搬移。

（2）空间的充分利用。服务业房产成本一般比较高，所以在充分利用空间的同时也尽可能平衡满足日后扩张发展的需要。

（3）考虑到重新调整以及服务和发展的应变性。产品和服务的变化，需求规模的变化，服务设施的改进等都需要整个设施布置能够随时按要求做出调整。

（4）为员工提供满意的物质条件。其中包括良好的照明设备、温控装置、低噪音、自助餐厅等。

（5）在服务中尽可能为顾客提供方便。

（6）为管理人员及顾客提供舒适的室内环境。

企业的工作重点不一样，所以对设施布置的方针策略也各不相同。表 5-7 是 5 种服务设施的布置方案。

表 5-7　服务部门设施布置战略的方案

	产品	流程	办公室	零售	仓库
举例	自助餐	保险公司	医院	零售商店	运输公司
需解决的问题	各个供餐点之间的平衡	对需要频繁相互接触的员工岗位妥善安排	有利于为各类病人提供所需要的不同服务	努力将顾客普通需求的和会即兴购买的商品陈列在出口处	降低储存和物资处理的成本

5.2.2 服务场景

服务场景在形成顾客期望、影响顾客经历和实现服务组织的差异化等方面，发挥着重要的作用，如图 5-6 所示。从吸引顾客，到保留顾客，再到提升顾客关系，在服务组织实现这一系列顾客关系目标的过程中，服务场景都有着深刻的影响。

（1）周边条件：环境的情况，如温度、照明、噪音、音乐和气味等；

（2）空间布局与功能：接待区、员工与顾客的路径和中心点等；

（3）标志、象征品和制品：符号、符号来源、位置，标志的数量、尺寸等。

服务场景的参与者	服务场景的复杂性	
	复杂性	有倾向性
自我服务 （自由顾客）	高尔夫球场 冲浪	邮局报摊 电子商务
交互服务 （顾客与员工）	豪华酒店 航站楼	经济型酒店 公共汽车站
远程服务 （只有员工）	研究实验室	电话邮购服务 在线技术支持

图 5-6 服务场景

1．服务场景设计的目的

实体服务环境在创造服务体验和传递顾客满意度的过程中发挥着重要作用。希尔顿酒店给我们提供了一个很好的例子，它让每一位顾客感到舒服、满意，并给顾客留下了深刻的印象。实际上，各种服务组织都开始认识到服务环境是其整体价值构成的重要组成部分。

服务场景是影响服务中顾客和员工的行为和感知的服务设施的物理环境。服务环境的设计是一门艺术，需要投入大量的时间和精力，以及高昂的成本，并且一旦设计完毕，很难轻易改变。对于高度接触的服务性组织而言，实体环境的设计与顾客接触的员工表现一样重要，它们共同树立了企业在顾客心目中的形象，决定了顾客体验的本质及满意度。

（1）服务环境是服务体验的一部分。服务往往是无形的，顾客无法直接感知服务质量。因此，顾客经常会把服务环境作为重要的质量标识。公司在标识服务质量并形成渴望的公司形象方面付出了许多努力。

（2）服务环境是价值定位的一部分。实体环境有助于形成顾客和员工适当的感觉和反应。游乐场就是采取有效的环境设置来强化其服务传递的。新加坡这座花园城市的洁净环境使游客在整个游玩过程中都感到心情愉悦和兴奋。

服务环境的设计通常也用来提高服务接触的便利化水平和服务生产力。

2．服务场景的维度

服务场景是很复杂的，而且有许多可设计的因素，如表 5-8 所示。我们可以发现零售商在经营过程中可能会涉及的所有可设计因素，例如建筑物颜色、高度等外部设施，地板和灯光等内部设施，以及商店里商品摆放、收银台设置等商店布置，还有员工制服、拥挤程度等社会维度等。关于服务场景的维度，我们通常关注的有周边环境、空间布局，以及标识、符号和人工指示牌。

表5-8 服务场景的维度

周边环境	周边环境是与人们的五种感官有关的环境特点。即使没有被意识到，它们也可能一直影响着人们的情感、感知，甚至态度和行为。周边环境或氛围是一个整体概念，服务环境中上百个可设计的因素和其他因素共同创造出一个理想的整体氛围。而这种氛围，是由顾客自己感受和理解的
空间布局和能力	服务环境设计必须满足顾客需要，以达到某些特定的目标。空间布局与功能很重要。空间布局是指商品、机器等的大小形状以及它们摆放的方式。功能是指上述设施在服务中所起的作用。空间布局和功能影响顾客购买行为和满意度，以及服务设施的功能发挥
标识、符号和人工指示牌	在服务行业，很多东西都在无形中传递着公司形象。例如当顾客不能从服务场景中获得明确的信号时，就会变得迷茫，特别是初次体验的顾客，往往容易迷失方向，结果是感到生气和沮丧，进而导致顾客满意度下降
服务环境的人	服务员与顾客的行为和外表能加强或破坏服务环境给顾客留下的印象。如企业应该设计让员工穿上与工作环境相协调的制服并且规范他们的言行。而且在服务沟通中，企业不仅要寻找那些喜欢本企业服务环境的顾客，还要寻找能用它他们的外表和行为提升服务场景质量的顾客。在接待业或者零售业，这一方面的能力往往是非常重要的

3．设计服务场景的环境因素

虽然人们常常会关注服务场景的细节或者某一设计特征，但是决定消费者反应的却是服务场景的整合效应。消费者关注的是整体的服务场景，决定消费者反应的也是整体环境的效果或设计。

（1）从整体角度设计环境。服务场景的整体化意味着不能将某方面单独拿出来进行优化，因为每件物品都依赖于其他的物品而存在，包括气味和音乐都要与环境中的其他因素相协调。

（2）从顾客角度设计环境。很多服务场景都是从审美角度出发进行设计的，但设计者必须记住进行设计最应该注重的地方——亲自使用它的消费者。服务场景是作为一个整体被消费者感受的，想将所有的场景因素整合并非易事。这意味着不能将某方面单独拿出来优化而不考虑场景中的其他方面。这就使得服务场景的设计工作就像一门艺术，专业的设计者们是不会放过任意一个具体的服务场景的。除了从审美角度进行设计外，好的服务场景设计应该能够时刻考虑到消费者的需求，使得服务传递过程能够顺利进行。

5.2.3 组织结构

传统的组织结构是按照组织内部指挥层次和组织各部门之间的关系构成，最典型的组织结构就是金字塔组织结构。然而，随着组织技术的快速发展和市场化进程的加深，顾客成为市场的主体，顾客的需求主宰着企业的经营方向和经营理念，企业的运作要以满足顾客需要为前提。特别是对于服务行业而言，不应有太多复杂的机构。服务组织结构要求组织成员理解并承担对顾客的责任和拥有为顾客提供服务所需的权力。

在传统金字塔组织结构中，总经理高居顶层，而一线员工位于金字塔底层。一线员工处于企业最底层，是组织指挥链的最低端，缺乏一定的授权。然而服务业是一个以向顾客提供无形服务为主的行业，顾客的需求多种多样，这就要求一线员工能够对顾客需求的变化做出及时和灵活的反应，在每一个服务即遇瞬间为顾客提供优质的服务。如果继续沿用传统的金字塔组织结构，将会在服务经营过程中导致许多问题。

服务行业的组织结构为避免传统结构的弊端，首先需要做到组织结构的扁平化，尽量减少职级排列、机构冗余，同时建立以顾客为导向的服务组织。这就需要组织结构的建立能够对顾客的需求及时做出反应，并提供灵活的服务，这是赢得竞争优势的重要保障。

倒金字塔结构树立了一种全新的服务理念。在这种模式下，企业将顾客的需求放在第一位，组织结构设计的优化也是依据市场的变化和顾客需求变化及时做出响应并相应调整。在组织内部，一线员工处于组织的最重要部位，因为顾客满意源于与顾客直接接触的一线员工。如图 5-7 所示，显示了两种组织结构的对比。

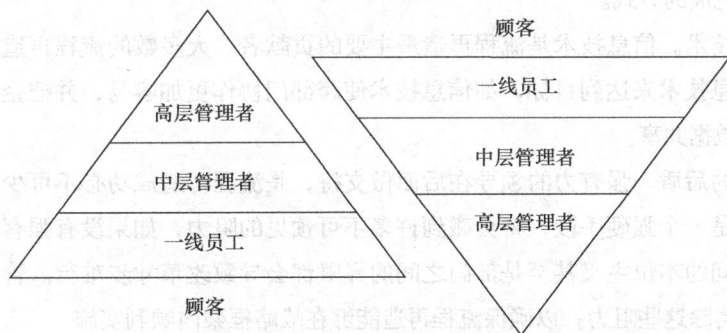

图 5-7　金字塔与倒金字塔型组织结构的对比

在这种服务导向型组织中，工作设计是拓宽的。服务质量的控制是通过对一线员工的正确授权而实现的，而不是通过严格的制度和程序。服务型企业组织结构的建立必须利于服务文化的建设，因为服务文化要保证高水平的服务质量。在多数情况下，这种服务文化意味着管理权力分散，管理层次减少，管理方式更加灵活。

5.2.4　流程再造

在传统组织中流程经常存在各种被白白浪费掉的环节。一个常用的公式是有价值时间（VT）除以流失时间（ET）。在一个顺利运行的流程操作中，它应该等于 1。但在一个典型的组织中 VT/ET 常常小于 0.05。也就是说整个流程中有 95%的时间被白白浪费掉了。比如，一个保险公司处理某项申请的 VT 是 26 分钟，但整个流程下来的 ET 需要 28天。说明有 99.9%的时间都是浪费的。产生这种现象的原因就是组织中存在各种信息的"隔墙"。

流程再造（reengineering）就是对流程进行根本性的再思考和彻底的再设计，从而使成本、质量、服务和速度等方面的绩效获得重大的改善。流程再造指的是彻底的改头换面而不是小修小补的改进。流程再造是一种强硬的手段，不一定是必需的，也不能保证一定会成功。巨大的变革基本上都是伴随着疼痛的，其表现形式为生产的中断以及由于信息技术投资而导致的大量现金流出。通常被选中进行再造的流程应该都是核心流程，比如一个企业的生产订单完成活动。然后，开始对该流程进行重点关注，通常是要用到跨职能团队、信息技术、领导艺术以及流程分析方法。下面对整个方法中的每一个要素进行分析研究。

（1）核心流程。流程再造应该将重点放在核心业务流程上，通过将核心业务提升为重点关注对象，管理者可以发现消除不必要的作业活动和监控活动的机会。由于流程再造一般需要投入较大的时间、物力、人力、资本等，因此仅对产品研发或者顾客服务等这一系列比较重要的流程进行再造，对其常规流程可以采取常规的改造方法。

（2）跨职能团队。流程再造实施通常会涉及很多部门或同一部门的各个不同成员。在这种情况下，高度参与工作对流程再造而言最为有效，自我管理团队或者适当对员工进行授权是最基本的原则。自上而下和自下而上的积极性可以结合，即自上而下分解目标绩效，自下而上按照目标完成的方式。

（3）信息技术。信息技术是流程再造最主要的贡献者。大多数的流程再造都是通过更好更快地使用信息技术来达到目标，如信息技术使跨部门协作更加容易，并把企业的基本流程连接起来实现数据共享。

（4）坚强的后盾。强有力的领导在后面做支持，是流程再造成功必不可少的一个因素。因为流程再造是一个强硬手段，将会碰到许多不可预见的阻力，如果没有强有力的领导做后盾，各部门之间的本位主义甚至是部门之间的界限都会导致改革寸步难行。管理者必须施加必要的影响来清除这些阻力，以确保流程再造能够在战略框架内顺利实施。

（5）流程分析。流程再造要求企业以顾客希望的方式与企业交往的方式作为改造的出发点。通常企业需要建立服务的价格并扣除希望得到的利润，然后在此基础上找出能够以顾客愿意支付的价格来提供顾客需要的服务流程。找出这样的流程之后，流程再造团队必须分析：流程的任务是什么？完成任务的情况如何？其影响因素有哪些？通过对当前流程的理解，可以发现新思维能够产生更大回报的领域。再造团队必须在整个组织范围内研究流程涉及的每一个程序，记录每一个步骤，并质询理由以此消除不必要的环节。

5.3 服务即遇设计

服务即遇（Service Encounter）是在顾客和服务提供者之间建立起来的交互点。服务即遇包含一个或多个真实瞬间，即所有顾客介入服务传递系统的事件、业务或经历，即获得一种感受的经历。尽管这种体验有时是模糊的。直接接触顾客的服务人员，如航空公司机组乘务员、外科医生、护士等，必须理解服务即遇对于顾客的重要性。在特定的时间和地点，服务提供者必然要抓住相交往的这个不长时段向顾客展示其服务和质量。服务提供者所采用的技巧、语言、行为和顾客的期望等共同构成了服务传递过程。顾客在这样的与服务提供者面对面的交往中感知到服务的品位和对服务质量的评价。买卖双方的交往成了一种真正的即遇，成了一个关键的时刻。

5.3.1　关系营销

关系营销，是把营销活动看成是一个企业与消费者、供应商、分销商、竞争者、政府机构及其他公众发生互动作用的过程，其核心是建立和发展与这些公众的良好关系。

营销人员面对的挑战是创造真正的顾客，使顾客察觉到自己与公司的特殊关系，并且认为这种关系很有价值。这就要求提供顾客看重的，且竞争者难以模仿的利益。营销人员与顾客交往的技巧主要是围绕向顾客传递价值。价值将公司和顾客联结在一起，反映了顾客全部付出所对应的全部收益。因为对价值的感觉导致关系的变化，所以优质的服务至关重要。顾客感受到的主要服务收益和成本是可靠性、有形资产、灵敏性、安全性和服务的移情作用。优质服务对顾客关系的建设至关重要，它主要体现在三个方面。

（1）公平竞争。与其他类型的关系不同，顾客与公司的关系需要信任。而信任又建立在公平竞争的基础上，如果顾客觉得不公平，很少有人会愿意与公司建立并发展关系。公平竞争要求建立这样的环境，卖方和买方都能找到他们的目标；卖方听从顾客的意见，并对他们的要求反应灵敏；不管卖方对买方，还是买方对卖方，都开放有关交易的任何准确信息，并信守诺言。

（2）一对一营销。精明的服务营销人员应力求创造一种市场营销文化，把现有顾客当作新出现的潜在顾客对待。服务营销人员通过与现有顾客保持联系，并提供个性化发展，从而留住他们。一对一营销有许多要求。首先，顾客必须有接近服务的渠道。如果他们打算和公司建立关系，那么在他们的需要产生以后，就可以开始交往。接受服务的渠道是"关系"建立的基础。其次，交流应该是双向的，既可以由公司开始，也可能由顾客开始。如果总是先由顾客开始联系，那么顾客多半会认为他们不可能与某一公司建立特殊的关系。由公司开始与顾客联系，对于加深顾客对服务的感觉、了解顾客需求的动向或变化有重要意义。为了高效地创造满足顾客特殊需求的服务，一对一营销的第三个要求是组织化和信息化合作手段。这里的关键是高效率。有效的成本控制要依靠适当的组织化和信息化手段。一对一营销的第四个要求是管理系统。通过管理系统应该使服务提供者发现迎合现有顾客是有意义的。[16]

（3）服务扩大化。另一个有助于关系培养的是服务扩大化。服务扩大化要求把附加服务和初始服务结合起来，用以和竞争对手相区别。实际上，营销人员用附加服务扩大初始服务是为了使总体服务更有吸引力。服务扩大策略要求找出对顾客来说有价值的额外服务，并且这些服务应易于模仿，并具有财务和实施上的灵活性。由于服务扩大策略太容易被竞争者效仿，因而它的潜在利益经常被减弱。在旅馆连锁店，我们也能看到同样类型的模仿性服务扩大化。在枕头上放薄荷，浴室里配有大量化妆品，早上送报纸，壁橱里甚至挂着毛巾、浴袍。这些行为是令人愉快的，但是很容易被竞争者模仿。那么，营销人员如何通过服务扩大化来获得独一无二的特性呢？答案是突破营销限制，建立社会性的、结构性的附加服务，使整个公司都与竞争对手不同，通过服务扩大化的努力加强对其独一无二的形象的创造。

5.3.2　服务人员培训

服务的一大特性是服务提供人与顾客密不可分。在提供服务产品的过程中，服务企业的员工是一个不可或缺的因素，尽管有些服务产品是由机器和设备来提供的，如自动售货服务、提款服务等，但零售企业和银行的员工在这些服务的提供过程中仍起着十分重要的作用。

服务是顾客与员工之间发生互动的一系列过程，员工的形象与举止处在顾客的密切关注之下。与顾客发生接触的员工服务，是顾客所购买的整体服务中不可分割的一部分，且会极大地影响顾客对服务的评价。服务员工的形象与举止会影响顾客对所接受服务的感知，由于服务不能被看到，且其效果经常难以确定，因而顾客经常把服务人员工作作为评价服务质量的线索。

要维护和发展一支实现顾客导向、关注服务质量的员工队伍，组织必须为提供优质的服务的员工进行培训。服务培训，是企业的生存的基石，是企业发展的助推器，是企业在未来的竞争中创造奇迹的最佳动力。服务企业在对服务人员培训时要注意选择以下几方面能力的培养，以保证为顾客提供优质的服务。

（1）交际能力。善于与他人交往是服务人员应具备的首要能力，专业服务人员必须懂得如何与顾客接触并建立关系，学会倾听别人的意见，表达自己的想法，注重交往艺术，能够在不同场合、不同年龄、不同文化背景下采取适当的服务策略，以使顾客满意。

（2）技术能力。技术能力是服务人员完成某一具体服务活动所需要的本领。服务企业通过培训，使服务人员掌握一定的操作程序，适应岗位的需要。随着高新技术的快速发展，服务企业不断推出新的服务项目，服务技术也越来越复杂，如果服务人员缺乏相应的技术知识，将会很难为顾客提供优质服务，因为技术能力是服务人员为顾客提供服务的基础。

（3）学习能力。服务人员为顾客提供服务的过程同时也是一个学习过程。服务人员需要能够根据顾客的具体需要确立服务方式。市场需求的不断变化，要求服务人员应有不断学习新知识、新技能的能力，有较强的适应性。

（4）合作能力。服务工作不像某些物质生产工作那样工序分明，无论是前台还是后台服务人员，都必须与上司、下属、顾客、供应商合作。专业服务人员应有全局观念，较强的协调、沟通意识，与同事合作，充分发挥不同角色的作用，利用各种现有因素，为顾客提供满意的服务，真正发挥服务人员的中介、纽带作用。

（5）说服能力。在服务过程中，顾客往往参与服务过程。服务人员应具备通过语言去吸引人、打动人、说服人的能力，懂得清晰、简洁、明了地表达自己的思想，为顾客提供准确的信息，服务的过程也是一个信息沟通的过程，个人沟通能力直接影响到最终的服务效果。

（6）文化修养。很多时候服务不仅是一项物质享受，更是一项高尚的精神文化享受，服务人员无疑应具备一定的文化修养，才能够与顾客更融洽、更有效地沟通。具备广博的知识背景和良好的精神面貌，将非常有利于与顾客的感情交流。

（7）企业文化、顾客知识。在服务过程中，员工对企业内部环境、外部市场情况、目标顾客群体的特点掌握得越全面，就能为顾客提供越优质的服务。通过培训，企业需要让员工知道企业的核心价值观、团队精神、共同愿景等，将有利于提高员工的服务意识，使得员工善于观察顾客的消费行为，设身处地为顾客着想，根据企业特点，调整自己的服务方式，可以使服务工作完成地更圆满。

这些与顾客直接接触的服务，对顾客和企业都起着决定性作用；对于服务机构，他们可以是唯一的区别于竞争对手的方式，也可能是失去顾客的原因所在。服务员工直接影响服务质量，为他们投资进行培训，以改善服务质量，就像投资制造品改造品质一样重要。

5.3.3　评定与薪酬

薪酬是员工因向其所在单位提供劳动或劳务而获得的各种形式的酬劳或答谢，薪酬是劳动或劳务的价格表现。薪酬的表现形式是多种多样的，主要包括工资、资金、福利、津贴与股权等多种具体形式。支付方式除了货币形式和可间接转化为货币的其他形式外，还包括舒适的工作条件、职业保障、免费工作餐、参与决策的机会、学习成长的机会、充分展示个人才华的工作平台、感兴趣的工作、头衔、荣誉等。

薪酬体系的设计是否合理、公平，直接关系到企业是否能够吸引、激励和留住优秀的员工，如图 5-8 所示。有经验的管理者都认为：经营好企业首要的就是经营好人力资源，而经营好人力资源首要的就是做好薪酬管理。[43]

具体的过程步骤　　　　　　　　　具体的工作方法

制定服务企业薪酬原则和策略	→	拟定企业文化及策略
工作分析	→	编写工作说明与工作规格
工作评价	→	确定付酬要素及选择评价方法
薪酬调查及数据收集	→	地区及行业调查和数据收集
薪酬结构设计	→	确定和绘出工资结构图
薪酬分级和定薪	→	工资范围及数值的确定
薪酬制度的执行控制与调整	→	竞争力与成本控制生产指数调整

图 5-8　薪酬设计过程示意图

一个好的服务企业要想留住人才，必须建立一套公平、规范、有效的薪酬支付体系，即要进行科学的薪酬设计。进行薪酬设计需要注意以下几个原则。

（1）战略原则。服务企业的薪酬制度要与其发展战略相一致，反映为企业的战略需求，并把这种需求转化为对员工的薪酬激励。

（2）公平原则。服务企业的薪酬制度首先是要让企业内部员工对其表示认可，让他们觉得，与企业内部其他员工相比，他们的薪酬是公平的。同时，公平性还体现在与其他同类型的企业相比，本企业所提供的薪酬制度也是适当的甚至是有竞争力的。

（3）激励原则。要根据员工的能力和贡献大小适当拉开其收入差距，让能力强、贡献大者获得较高的薪酬，充分调动他们的积极性，让低职位、低薪酬者产生努力工作、积极上进的动力，使企业的薪酬制度达到最大激励员工的目的。

（4）竞争原则。企业的薪酬在同行中是富有竞争力的，在人才竞争激烈的形势下，可观的薪酬可以达到吸引和留住人才的目的。

（5）成本控制原则。服务企业是劳动密集型企业，人力成本占据了企业经营成本的很大一部分，企业要考虑人力资本的投入产出比率，在薪酬设计时要进行人力资本核算，把人力资本控制在一个合理的范围内。

5.3.4 过时补救

关于服务生产力和质量的第一个法则是，在第一时间做正确的事，即过时补救。但是我们不能忽视失败不断发生的事实，有时候导致失败的原因可能是组织所不能控制的外在因素。在服务领域中，很多"关键时刻"是脆弱的，容易出问题。服务与众不同的特征，如关键时刻、顾客参与以及人员作为产品的一部分等，将在很大程度上加大服务失误的几率。一个组织如何妥善处理顾客抱怨以及如何解决问题将决定组织是获得顾客忠诚还是眼看着以前的顾客转而使用竞争对手的服务。

每个组织都可能发生对顾客关系产生消极影响的事情。这时候就看组织是否能及时消除或者最小化这一消极影响来挽回顾客。过时补救就是在这种情况下出现的。过时补救是一个笼统的概念，包括组织在服务失误后为更正问题和保留顾客所做出的一系列努力。这种努力在获得顾客满意的过程中起关键作用。

管理者认识到顾客是价值资产，所以他们觉得非常有必要为了弥补顾客不满意的经历开发有益的过时补救策略。为做好这项工作，主要有三点指导原则值得注意，建立实时的反馈系统；实施有效的过时补救；建立适当的补偿准备。图 5-9 展示了有效过时补救系统的核心。

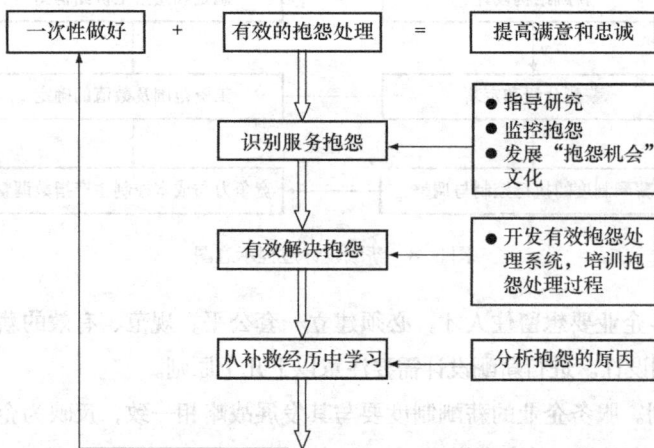

图 5-9　有效过时补救系统

经理怎样才能解决不满意的顾客所带来的抱怨呢？最好的方式就是直接列出他们不满意的原因，并且据此考虑可采取的方案。许多公司已经完善了它们的抱怨收集过程，诸如设置免费电话，开设相关网络链接，在其分店显眼的位置设置顾客意见本等，甚至为记录抱怨提供视频终端等。

（1）使过时补救更有效。弥补服务失误不仅仅是对于将发生的问题虔诚地表示解决的决心。它要求承诺、计划以及清晰的思路。具体来说，一是有效的过时补救应该是主动的，理想状态下是在顾客有机会抱怨之前就进行补救；二是过时补救过程需要有计划的安排，应该根据服务失误情况制定权变的服务补救计划，尤其是对那些经常发生的失误；三是必须传授技巧，顾客通常容易对服务失误感到不安全，因为这完全出乎他们的预料，有效的培训可以增强一线员工的自信心和竞争力，帮助顾客从不满意的情绪中解脱出来；四是补救要求授权给员工，过时补救是柔性的，应该授权给一线员工，让他们通过自己的判断，以自己的沟通方式开发出一套能让抱怨顾客满意的解决方案。为迅速解决问题，维护企业形象，员工必须要有权力做出补救决定、支配补救的资金费用。

（2）建立适当的补偿准备。当顾客没有享受到他们付费的服务或由于服务失误遭受巨大不便或损失大量的时间和金钱时，提供金钱补偿或者等价的服务作为补偿是很恰当的。这样可以减少不满意的顾客采取法律行为的风险。通常，服务保证中会对这类补偿有所规定，企业应该能够确保按服务保证的原则进行赔偿。经理和一线员工必须做好准备去应对那些持反对态度的顾客以及那些故意找茬的顾客。

5.4　服务流程优化设计

流程优化是一项策略，通过不断发展、完善、优化业务流程保持企业的竞争优势。在流程的设计和实施过程中，要对流程进行不断的改进，以期取得最佳的效果。对现有工作流程的梳理、完善和改进的过程，称为流程的优化。不论是对流程整体的优化还是对其中部分的改进，如减少环节、改变时序、流程的优化，都是以提高工作质量、提高工作效率、降低成本、降低劳动强度、节约能耗、保证安全生产等为目的。

5.4.1　流程分析术语

任何的产品形成与服务提供都是通过一定的步骤和程序来实现的。我们把形成产品和服务价值的这些步骤和程序称为"流程"。作为生产运作的基础，流程设计的优劣与是否适时改进，决定着企业的效率和竞争力。重视流程的细节改进乃至于实施流程重构，已经成为众多企业挖掘自身竞争潜力的首选措施。[3]

（1）作业时间：完成连续单元所需的平均时间。

（2）瓶颈：是限制产量的因素，通常是最慢的作业。

（3）产量：就是满额运转时的单位时间内的输出量。

（4）产能利用率：满额运转时，考虑到流程产量实际完成的输出是多少。

（5）全部时间：顾客从抵达到完成全部过程所需的时间。

5.4.2　流程设计步骤

（1）明确流程设计的性质、目标和涉及的主要对象。

（2）记录实现产品和服务的所有步骤及其功能。

（3）记录完成各步骤所需的时间、人员等资源占用。

（4）按先后次序衔接所有的步骤，绘制出流程图。

（5）根据流程图建立流程，同时进行相关安排。

5.4.3 流程分析与改进

对流程活动进行区别对待，进行 VA/NVA 分析，如图 5-10 所示。

（1）增值活动：使产品或服务的附加值得到增加的活动。

（2）非增值活动：不增加产品或服务的附加值，但却实现增值不可缺少的活动。

（3）浪费：本身不能也无助于增加附加值的活动。

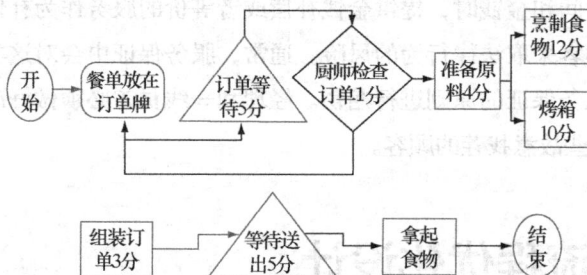

图 5-10 流程分析与改进

【例题 5-1】 订单等待 5 分钟，厨师检查订单 1 分钟，准备原料 4 分钟，烹制食物 12 分钟，烤箱 10 分钟，组装订单 3 分钟，等待送出 5 分钟。请计算每项业务"服务标准"从张贴菜单到完成一共花费多久？厨师每小时 30 美元，烤箱每小时损耗 10 美元，预煮所点菜等待时间每小时 5 美元，烹调后等待时间每小时 60 美元。请计算其增值活动和非增值活动。

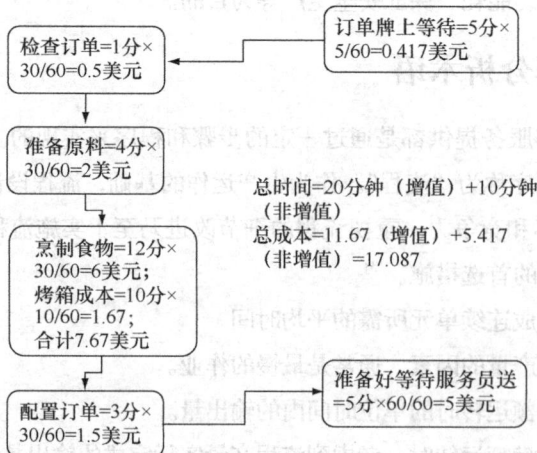

5.4.4 流程分析实例

【例题 5-2】 汽车驾照发放问题。

美国某州汽车驾照办公室面临适应每小时处理 120 份申请的压力，而目前的预算只能再增加一名工作人员。目前的流程是一个线型设计，请根据已知条件和优化条件对该流程进行优化分析。

活动	描述	时间（秒）
1	检查申请书的正确性	15
2	处理与记录收费	30
3	检查违章与限制情况	60
4	眼睛测试	40
5	为申请人拍照	20
6	颁发临时执照	30

流程分析基本符号：

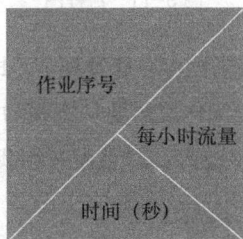

根据已知条件，首先绘制现有流程图：

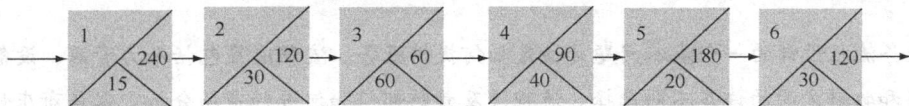

从已知流程图中，我们可以看到该流程存在瓶颈环节，即是第 3 环节，流量为 60，远远低于流程中其他的环节。因而进行流程优化就需要从瓶颈的突破入手。由于题目中可以再增加一名人员，因而首先应该将此人力增加到第 3 个环节上，形成并行工程，从而可以使得第 3 个环节的流量翻倍为 120。在完成此环节改造后，瓶颈变为第 4 个环节，流量是 90，低于流程中大部分环节的流量。因而需要进行流程环节的合并，考虑到流程中最快的环节为第 1 个环节，因而可以考虑将第 1、4 环节进行合并，并形成并行工程，经过这步改造后，流量将变为 130。由于此时流程中大部分环节的流量都在 120 左右，因而可以视为此流程优化完成。

【例题 5-3】 旅客转机问题。

旅客从海外到达纽约的肯尼迪国际机场（JFK airport），需要通过一系列手续才能登上回家的国内航班。下表列出了这些手续以及它们所需的时间。除了行李认领外，其他手续必须按照注明的顺序办理。哪个环节是瓶颈活动？每小时最多能有多少人办完手续？如何优化这个流程？

序号	活动	平均时间（s）
1	下飞机	20
2	移民登记	16

序号	活动	平均时间（s）
3	行李认领	40
4	海关	24
5	行李检查	18
6	国内航班登机	15

从已知条件中，我们可以绘制如下的初始流程图，如图 5-11 所示。

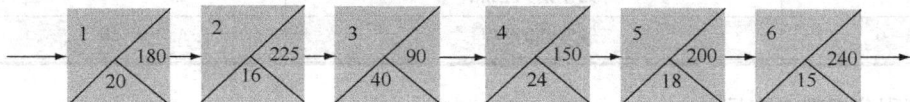

图 5-11　流程图

根据原始流程图我们可以看到该流程存在瓶颈环节，即是第 3 环节，流量为 90，远远低于流程中其他的环节。因而进行流程优化就需要从瓶颈的突破入手。第 3 个环节是可以变换位置的，其他环节必须按照先后次序进行，并且没有给我们增加人力。因而此问题的优化主要通过环节的合并来完成。

本章小结

服务流程设计的一个基本问题是决定如何提供服务。流程决策包括人力资源、设备、外包服务和物料方面的许多不同选择。流程涉及营销部门如何进行市场分析，零售商店如何在卖场提供服务，以及如何生产这种服务等。设计服务系统占了生产过程的大部分。成本、质量和人力资源决策通常由设计决策决定。设计通常决定了成本的下线和质量的上限。流程决策可以影响一个组织的长期竞争力。

首先，本章分析了服务设计的重要性以及顾客价值包设计，以及服务流程设计原则及策略，包括推广与市场评价都详细做了解说。其次，本章主要分析了选址和设施布置的重要性，以及各自设计的原则和方法。最后，本章对服务即遇设计进行了分析，包括如何运用关系营销技巧、如何对服务人员进行培训、薪酬体系以及如何有效地进行过时补救方案。

思考与练习

习题 1：自助食堂经营问题。

一个由 5 人经营的学校自助食堂，工作和平均时间如下图所示。（1）工作的瓶颈是哪个环节？每小时最大的服务能力是多少？（2）在只用 4 人的情况下，如果对工作的重新定位将扩大能力，那么画出生产流程图，改进后的系统能力是多少？（3）如果只用 3 人，提出一种方法保持上面（2）的能力。

序号	活动	平均时间/秒
1	端上沙拉和点心	10
2	倒饮料	30
3	端上主菜	50
4	端上蔬菜	20
5	结算和收款	40

注：

（1）首先需要绘制 5 人经营情况下的流程图。

（2）然后绘制 4 人情况下的流程图，注意本问题不仅不能增加人力，还需要减少人力，并要求保证能使得服务能力有所提高。

（3）最后绘制 3 人情况下的流程图。

习题 2：MBL 是美国一家人寿保险公司，在流程重组前，处理客户申请很繁琐。包括信用检查、打分、承保等多个步骤，申请需要在 5 个部门经过 30 多个步骤才能完成。最好的情况下也需要 24 小时才能完成一份申请，大部分时间需要 5～25 天。MBL 打破了现在的工作定义和部门界限，设置了一个新的职务叫做个案管理员去负责一个申请从接收到承保的整个过程，不再有文件与责任的交接，不再有对顾客要求的推诿。当然，个案管理员必须借助于信息技术，基于计算机的专家系统可以自动完成一系列工作，疑难问题可以通过网络从专业人员处获取信息。结果 MBL 现在可以在 4 个小时内完成一份申请，且处理的数量也是以前的两倍，顾客满意度得到了提高。

请从以上案例中分析，（1）BPR 的关注点是什么？（2）BPR 的动因是什么？（3）BPR 的关键要素是什么？

第6章 服务选址定位

学习目标

1. 理解战略选址的地位。
2. 掌握选址决策的影响因素。
3. 掌握四种选址方案的评价方法。
4. 理解服务业选址策略。

关键词

服务业、决策、选址方案

引导案例

20世纪90年代，当美国联邦快递在菲律宾的苏比克湾建立亚太转运中心时，它已经为铺设"环球"航线打下了基础，从而将巴黎和孟菲斯的转运中心与亚洲连接了起来。联邦快递选择孟斐斯作为中心枢纽是因为其在美国中部，气候条件好。选择巴黎是因为其是法国首都及最大城市，也是法国的政治文化中心，交通便利，地理位置优越。而选择苏比克湾是因为其原来是美军基地，在亚太地区相对中间的位置，从此地转出货件可以在 4 小时内抵达亚洲和大洋洲各大城市。像联邦快递这样的服务企业，它们所做的最重要的战略决策之一就是决定在哪里建立运营分部。

资料来源：服务管理——利用技术创造价值，[美]马克. 戴维斯，贾内尔. 海内克著. 王成慧，郑红译. 北京：人民邮电出版社，2006 年 7 月.

选址问题属于企业长远的、战略性的决策问题，直接影响到企业的效率。选址问题在很大程度上影响了企业的固定成本和变动成本。因此，全球企业都在考虑使用新技术和新方法来处理选址决策问题。选址问题对公司整体的风险和收益都是一个非常重要的影响因素。例如，仅运输成本一项就可以占到产品售价的 25% 以上，具体百分比取决于企业所生产的产品及其类型或者提供服务的地点。也就是说，公司总收入的 1/4 要用来支付引进原材料和运送产品的费用。其他可能受到选址影响的成本包括税收、薪金、原材料成本等。

6.1 选址的战略地位

当你想抓紧时间在麦当劳或真功夫吃一次快餐时，当你需要选择餐馆进午餐时，为什么地点选择显得如此重要？当你想要一杯黑咖啡或牛奶咖啡时，星巴克店的位置对你而言意味着什么？在周六晚上这种特定场合到高级饭店订座时，就重要程度而言，高级饭店的位置与快餐零售店的位置相比有何区别？为什么会有此区别？购物的超市、银行分行或干洗店，其位置的重要性如何？为什么重要呢？去旧金山或罗马度假的时候，你为什么总是选择某个特定的酒店？当开车穿越乡村时，你选择某家饭店或汽车旅馆的主要理由是什么？与上述服务相比，当你电话预订国航的机票时，其呼叫中心的位置对你来说重要性又如何呢？当你进行在线交易时，你的银行网点在哪里呢？你会在意克丽丝汀的当地供货点吗？

选址决策常常取决于企业的类型。对于零售业和专业服务等服务行业，其战略重点通常是利润最大化。而对于仓库选址策略而言，需要同时考虑运输成本和配送速度。总之，企业进行选址策略的目标就是达到其选址收益最大化。[56]

选址在服务价值链中非常重要。好的服务场景和设施布置无法掩盖拙劣的选址决策。顾客是否感到方便是对服务设施的一个最为重要的需求。即使没有好的设施设计，但只要是选址好的超市、快餐店或银行一样可以带来很多顾客。如邮局、银行分行、牙科诊所、消防站这样的服务设施需要非常接近顾客。在许多情况下，顾客要前往服务设施处，相反在其他情况下，服务设施要"随叫随到"，前往顾客处。选址的过程取决于服务的性质。[21]

设施选址包括两个层次的问题。

（1）选位。选择什么地区设置设施，沿海还是内地，南方还是北方，国内还是国外。

（2）寻址。区域选定后，具体选择在该地区的什么位置设置设施，且同时考虑是选择一个单一的设施位置还是在现有的设施网络中布置新点。

经营地址是服务型企业经营的基础平台，是难以改变的实体，是无法克隆的资源。因此，经营地址的选择是一项巨大的、长期性的投资，关系着服务型企业的发展前途。企业的经营地址不管是租借的，还是购买的，一经确定，就需要大量的资金投入来加以营建。当外部环境发生变化时，它不可能像人、财物等经营要素那样做出相应调整，属于战略型决策，因此在选择时应该慎之又慎。与顾客直接接触的服务型企业服务质量的提高有赖于对最终市场的接近与分散程度时，设施必须靠近顾客群。设施周围的人群密度、收入水平、交通条件等将在很大程度上决定企业的经营收入。服务企业在进行设施选址时，必须考虑竞争者的现有位置及他们对新设施的反应。有些情况下，选址应避开竞争对手，但有些情况下，选址又需尽量靠近竞争对手，通过"聚焦效应"吸引更多的顾客。

国外一种观点认为，服务型企业成功的关键是"place-place-place"（选址，选址，还是选址）。选址的优势成为关系企业效益的关键因素，其原因主要体现在以下几个方面。

（1）服务型企业的特点是为客户提供及时而有效的服务，因此地址能否选择靠近服务对象的地段，就决定了客流的大小及能否留住更多的潜在客户。

（2）人群密度、消费水平等直接关乎企业的收入水平。地址能否选择在人群密度大以及人群消费水平与企业定位相符合的地段，将直接决定企业的盈利情况。

（3）在有些情况下，选址时应该避开竞争对手，但某些服务业，尤其是快餐店、超市等应建在同类竞争者附近，这样可以形成一种"聚焦效应"，即借助于同类服务业集中的优势，吸引大批的顾客。

（4）能否选择一个极具市场潜力并与自然环境和社会环境相协调的地段，决定了企业未来的发展潜力。

在众多的服务型企业中，没有哪一家不是优先抢占有利地段，占"地"为王的，像餐饮、银行、大型商场或是超市，无一不是以有利的地理位置和突出的地段优势来取胜的[13]。

引申案例

国际快餐连锁巨头麦当劳在 2006 年"世界品牌 500 强"排行榜上名列第 5，现已在全球 100 多个国家设立了超过 30 000 家餐厅，麦当劳在我国的发展也同样神速。有人说，麦当劳的成功是本土化策略带来的结果，但这只是其成功的一个方面，其最成功之处在于选址，它只选择在适合汉堡包生存的地方开店。正如麦当劳华东区总裁施文哲所说，麦当劳之所以开一家火一家，究其原因，第一是地点，第二是地点，第三还是地点。以至于业内一直流传这样一种说法："选铺跟着麦当劳，人流客流肯定好！"似乎麦当劳在哪里开店，哪里就是黄金地段。那么，麦当劳究竟是怎么做到的呢？

原来，麦当劳每开设一家分店都要事先进行深入的调查研究和论证，并逐步形成了一套科学化的选址程序，其对经营地址潜在商业价值的判断力，是保持麦当劳连锁店成功率高的重要原因。但麦当劳通常不会花巨资去开发新市场，而是去寻找适合自己的市场。用一个形象的比喻来说，麦当劳不会给每个人量体裁衣，麦当劳需要做的只是寻找能穿上自己衣服的人，并在这些人集中的地方开店。应该说，正因为麦当劳的选址坚持通过市场的全面咨询和对位置的评估标准来执行，才能够使开设的餐厅，无论是现在还是将来，都能健康稳定地成长发展。

麦当劳选址方面的优势主要体现在以下几个方面。

（1）所选地址都接近目标客户群。麦当劳的目标消费群是年轻人、儿童和家庭成员。因此，麦当劳在选址时也多考虑这些人经常出入的地方或繁华闹市人潮涌动之所。

（2）富有战略眼光。麦当劳布点的一大原则是 20 年不变，因此对每个目标地段都会经过 3～6 个月的考察，然后再做决策评估。麦当劳将城市未来的发展趋势纳入选址的考虑范畴。通常情况下，有发展前景的商街和商圈、新辟的学院区是其重点考虑的对象。

（3）讲究方便。麦当劳店几乎都开在一楼，这既有利于顾客寻找，也方便顾客就餐。同时，还能使来往的人透过落地玻璃橱窗，感受到麦当劳的餐饮文化氛围，从而吸引更多的人前来就餐。

（4）以大型商场为邻居。麦当劳擅长在知名度较高的大型商业设施周围开店，这在弥补大型商业设施餐饮功能不足的同时，也与其共同形成了对顾客更强的吸引力，增加了客源。一位专业人士分析认为，将绝大多数经营地址建在大型商业设施旁边，表现出来的必然性，便是麦当劳选址营销策略的规律特征。

6.2 影响选址决策的因素

服务型企业的选址是其战略决策中的一个非常重要的组成部分，它会对企业长期的经营成本、需求和收益产生重大影响。[7]

随着工作场所的全球化，选址问题也变得日益复杂。全球化发生的原因主要有：市场经济的发展；更便捷的国际通信；更快速、可靠的交通和运输；资本可以很容易地在国与国之间流动；各地区劳动力成本的差异。很多企业现在开始考虑在国外开设新办公室、零售店或者银行，选址决策已经超越了国界。事实上，目前很多大型企业选址决策的一系列工作往往是从选择国家开始的。一旦企业决定了最适合的国家，它将进而关注所选国家的某个地区。选址决策过程的最后一步就是在一个地区内选择一个特定的地点。[56]

综上所述可以发现，服务型企业选址通常涉及许多因素，与显性成本相关的因素，如运输成本、人工成本、实施成本、建设费用等。与隐性成本相关的因素，如国际间文化差异的考虑、法律、环境、地方政府的态度、房价、气候、学校、医院、再创造机会等。通过总结分析，我们可以把选址考虑的因素大致分为四类：经济因素、政治因素、社会因素、自然因素。其中经济因素占有最基础的地位。

6.2.1 经济因素

1．运输和市场条件

当设施由于特殊的原因不能接近原材料或目标市场时，交通便利的运输条件就显得非常重要。根据产品、零部件及原料的运输特点，企业选址应邻近铁路、港口或高速公路等运输条件较好的地区。[38]

现代企业中物流运输成本往往要超过制作成本，企业的运输成本通常在企业的成本费用中占有很大的比重。一个良好的交通运输设施对于降低物流成本是十分关键的，所以交通基础设施在选址中占有重要地位。如果存在铁路、公路、河海及航空运输等多种运输条件，应分析比较它们的运价、载重能力、运输均衡性等条件，注意缩短运输距离、减少运输环节中的装卸次数，并尽量靠近码头、公路、铁路等交通设施。

在做选址决策时，要追求单位产品的生产成本和运输成本最低，而不是一味追求接近消费者市场或接近原材料产地。但是，对于大多数服务企业而言，都是以顾客为导向，因此应尽可能地选择在接近消费市场交通便利的地方，比如商店、医院等。对于一些像药店、餐厅、邮局或美容店这样的服务组织而言，接近市场是最重要的选址因素。当产成品的运输成本很高或运输很困难（产品易碎、易腐烂）时，生产场地紧邻市场是非常有帮助的。另外，随着准时生产的流行，供应商希望紧邻市场选址以加快交货速度。

2．劳动生产率

在做选址决策时，一个地区较低的工资率可能会对管理者产生很大的吸引力。但是，一个公司在开设新的经营店时不能仅仅考虑工资率的影响，管理者还必须考虑生产率的影响。

不同国家的生产率存在很大的差别。管理者真正关心的应该是生产率和工资率的双重影响。例如，如果某公司在广州每天生产 60 件产品需支出 70 元，而在北京每天生产 20 件产品需支出 25 元，那么前者在劳动力成本上的支出相对较低：

$$每天的劳动力成本 \div 生产率（即每天的产量）= 单位产品的成本 \qquad (6-1)$$

情形 1：在广州的经营店

$$每天 70 元工资 \div 每天生产 60 件产品 = 70/60 = 1.17（元/产品）$$

情形 2：在北京的经营店

$$每天 25 元工资 \div 每天生产 20 件产品 = 25/20 = 1.25（元/产品）$$

如果雇员培训少、教育程度低，或者工作习惯差，那么即使工资低也不是一个好选择。同样地，如果雇员总是不能或者不愿意到达他们的工作地点，那么即使工资较低，对公司来讲也不是好事。

3．位置条件和费用

选址地区的地势、利用情况和地质条件，都会影响到建设投资。而地价是影响投资的一个重要因素，城市地价高，城郊地价低。

位置条件还应考虑协作是否方便。和人类一样，企业也需要"群居"，与世隔绝的企业是难以生存的。由于专业化分工，企业必然与周围其他企业发生密切的协作关系。大城市是企业群居的地方，但地价较高。因此，在进行选址决策时需要综合考虑各方面因素。

6.2.2　政治因素

政治因素主要是指一个国家的政局是否稳定，法制是否健全，税收是否合理及是否存在贸易禁运政策等。明确的是大多数企业不愿意在动乱的国家或地区投资，政治因素是无法量化的指标，主要还是应该依靠企业的主观评价。政局稳定才是企业得到发展的前提条件，尤其是在国外，如果选择了一个政局不稳的国家投资新建，那么就有风险了。通常还要考虑当地的政策法规，以及法律是否健全。如果税负不合理或太重，使企业财务负担过重，也不宜作为选址地点。另外，所在国汇率问题也是一个考虑因素，因为汇率不同，收益可能降低。

6.2.3　社会因素

企业在进行选址时考虑的社会因素主要包括居民的生活习惯、文化教育水平、宗教信仰和生活水平。不同国家和地区，不同民族的生活习惯会有很大差别。企业的产品一定要适合当地的需要，本国流行的款式，拿到国外就不一定流行了。同样，国外流行的产品，进口到国内未必能流行。内地畅销的汉族服饰拿到少数民族地区不一定能销出去，反之亦然。

在文化教育水平高的地方选址，不仅有利于招收受过良好教育和训练的员工，而且该地区的氛围也有利于吸引更多的优秀人才，这对一个企业的发展而言至关重要。企业在进行选址时必须考虑到企业的性质与当地的宗教信仰是否相矛盾。若企业生产的产品与当地宗教信仰不符，不仅会受到当地公众的谴责和抵制，还会造成产品原料来源和销路不畅，甚至招收员工都会存在问题。如果选址在经济不发达的地区，还要注意当地居民的开化程度。

服务设施选址地点的生活条件和生活水平决定了企业对职工的吸引力。住房、交通、饮食以及能耗水平较高的地区，对员工的吸引力自然也高，良好的生活条件对于稳定员工工作情绪、恢复脑力与体力都是非常重要的。但是，企业的成本也会相应提高。

6.2.4　自然因素

自然因素主要是指气候条件、土地条件和水资源状况。气候条件将直接影响到职工的健康和工作效率。根据美国制造业协会的资料，气温在 15℃～22℃，人们的工作效率最高。气温过高或过低，都会影响工作效率。通过空调来保持适宜的温度，不仅作用范围有限，而且耗费能源，增加成本。电影制作之所以集中在好莱坞，是因为该地终年温和而干燥，适合室外拍片活动。

土地条件主要指的是土地的面积、地形、地质、位置、地位等对于企业的选址有重要影响。不同国家和不同地区的地理位置不同。企业设施不同，对场地外形和面积大小的要求也不同。

水资源短缺，是世界性的问题。我国北方缺水，不仅影响了服务生产，而且影响了人民生活。生产和生活都离不开水，设施选址最好靠近水源，尤其是水质好、价格低的水源。一般而言，水可以以各种各样的形式存在。水可以在炎热的季节用于自然降温，水也可以用在加工作业时清洗废物。企业在选址时，同时要考虑当地环保的有关规定，并要安装治理污染的设施，这又会增加成本。

6.3　选址方案的评价方法

选址通常分为两个层次进行。首先是选定若干区域，对这些区域进行分析评价，然后在选定的区域内确定具体的位置。选址其实是一个严格的筛选过程，把最初的多个潜在目标地点"去粗取精"，直至最后挑选出最佳地段。

影响选址的因素是多方面的，步骤也较为繁琐，一般来说，服务型企业在选址时可以遵循以下步骤。服务选址定位的一般流程图如图 6-1 所示。

（1）确定选址任务，即明确目标。

（2）列出各种选址因素并收集相关数据。

（3）列出组织的选址要求，即将选址目标明确化。

（4）根据选址目标、要求以及收集的数据进行地址的预筛选，确定多个备选地址以供选择。

（5）确定选址评价方法以便对初步拟定的修造方案进行分析，所采用的方法取决于要考虑的因素是定性的还是定量的，有时要综合多种评价方法以确定最佳评价方案。

（6）根据评价方法进行评价，得出方案结论并形成报告，提交到企业最高决策层批准。

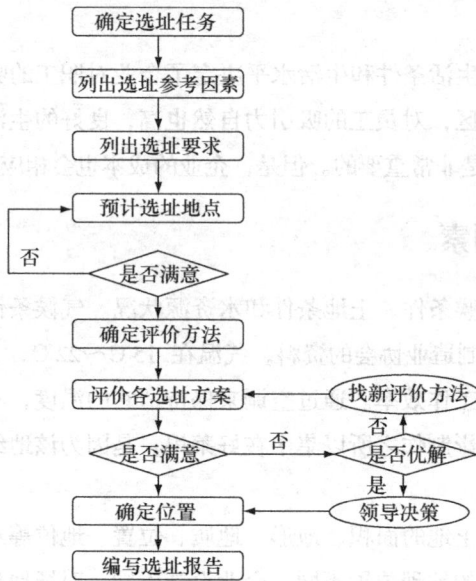

图 6-1　服务选址一般流程

目前企业通常用以下四种技术方法来解决选址问题。

6.3.1　选址评分模型

影响选址决策的因素很多，但是总有一些因素比另一些因素相对更重要，故在选址决策过程中会权衡孰重孰轻，从而使决策更接近客观现实。选址评分模型，由一系列主要的选址标准组成，每一个都被划分成几个等级，每一个等级都有一定的分数来反映其相对重要性。

选址评分模型作为一种决策技术，在现实中应用广泛。它的价值在于：对每个备选方案的各种相关因素进行综合评分，从而为评估提供合理的基础，有利于对备选地点进行比较和做出选择。评分模型的一个限制就是决策过程中会或多或少地融入决策者的主观因素，使得根据这种方法做出的评估和决策可能不够客观。评分模型的步骤：

（1）列出相关因素（如原材料、运输条件、法律政策、市场接近度等），称为关键成功因素；

（2）对每一个因素赋予一个权重，不同方案的相同因素的权重值一致，每个权重代表每个因素在公司目标中的相对重要性，各权重之和一般为1；

（3）给所有的相关因素确定一个统一的数值范围（如 1~100），在此标准范围内对各项因素相应打分；

（4）将每个因素的最后得分与其相应的权重相乘，再把各个因素的这个乘积数相加，得到各备选方案的总分；

（5）比较各个方案最后总得分，最高得分点即为选址地点。

【例题 6-1】　一家连锁便利店要新开一家分店，表 6-1 是几个备选点的信息。可见，这三个地点的总分差距不大，但是地点 2 的总分略高于其他两个地点的总分，如果没有其他情况，按照评分模型，将选择地点 2 作为分店的地址。[35]

表 6-1 选址备选方案信息

因素（1）	权重（2）	得分（0~100）			加权得分		
		地点1（3）	地点2（4）	地点3（5）	地点1（2）*（3）	地点2（2）*（4）	地点3（2）*（5）
交通条件	0.15	100	70	80	15	10.5	12
附近人口	0.05	80	80	100	4	4	5
租金	0.30	50	90	70	15	27	21
面积	0.05	40	80	60	2	4	3
社区繁华	0.20	90	60	80	8	12	16
已有超市	0.15	80	90	60	12	13.5	9
停车场	0.10	50	80	100	5	8	10
合计	1.00				71	79	76

【例题 6-2】 某公司欲在亚洲设立自行车制造厂，初步选定了将中国大陆、中国台湾、泰国、印度尼西亚作为备选目标，如表 6-2 所示。

表 6-2 选址方案

主要因素	权重	中国大陆		中国台湾		泰国		印度尼西亚	
		评分	总分	评分	总分	评分	总分	评分	总分
政治稳定性	0.107	4.9	0.52	3.8	0.41	3.2	0.34	2.5	0.27
政策法规	0.089	3.5	0.31	4.5	0.40	3.5	0.31	3	0.27
政策优惠	0.089	5	0.45	4	0.36	4.5	0.40	4.5	0.40
市场潜力	0.143	5	0.71	3	0.43	2	0.29	1.5	0.21
靠近目标市场	0.125	5	0.63	4	0.50	4	0.50	3	0.38
劳动力价格	0.071	4.5	0.32	3	0.21	4	0.29	5	0.36
劳动力素质	0.089	3.5	0.31	4.5	0.40	3.5	0.31	3.5	0.31
基础设施	0.125	4	0.50	5	0.63	3.5	0.44	3	0.38
原材料供应	0.089	4	0.36	4	0.36	3	0.27	2.5	0.22
环保要求	0.071	3.5	0.25	5	0.36	4	0.29	3.5	0.25
	1		4.36		4.05		3.43		3.04

6.3.2 重心法

重心法（center-of-gravity method）是一种用来为配送中心选址，从而使配送成本最小化的数学方法。它是一种定量技术，可用来确定准备交付有形商品到其他服务设施的最佳地址。这类服务设施选址的目的就是达到运营与配送的联合成本最小化。用这种方法为配送中心寻找最优地点时，考虑了市场的位置、运输成本以及运往这些市场的商品量。重心法适用于诸如超市与百货店等传统型的零售业务。对这类服务而言，选址决策通常取决于人口密度和不同服务区域的人均销售额。

重心法的第一步是将各个候选地点放在同一个坐标系中。坐标系的原点位置及其刻度可以任意设定，只要可以表现出各个地点的相对距离即可。在一张普通地图上画上网格，就可以很容易地实现。重心是由下列公式确定的：

$$重心的\ x\ 坐标=\frac{\sum_i d_{ix}Q_i}{\sum_i Q_i} \tag{6-2}$$

$$重心的\ y\ 坐标=\frac{\sum_i d_{iy}Q_i}{\sum_i Q_i} \tag{6-3}$$

式中：

d_{ix}=候选点 i 的 x 轴坐标值

d_{iy}=候选点 i 的 y 轴坐标值

Q_i=运往地点 i 或从 i 运出的商品数量

既然每月运送的集装箱数量会影响成本，那么我们不能仅仅把距离当做首要的评判标准。重心法假设成本与距离、货运量成正比。理想的选址使仓库与销售点之间的加权距离最小，这里的权重是指该路线所承载的集装箱数量。

6.3.3　线性规划法

线性规划法是辅助人们进行科学管理的一种数学方法，研究线性约束条件下线性目标函数极值问题的数学理论和方法。为合理地利用有限的人力、物力、财力等资源做出的最优决策，提供科学的依据。

对于物流问题，最为广泛使用的线性规划形式是网络优化。运输法作为网络最优化方法，其目标是在给定的供给、需求和能力的约束条件下，使生产、输入、输出运输的可变成本最小化。对于复合设施的选址问题，如对于一个公司设有多个工厂、多个分销中心的选址问题，可以用线性规划——运输法来求解，使得所有设施的总费用最小。

线性规划法可以帮助企业找到成本最小、利润最大的选址方案。这种方法适用于这样的情况，从多个（n 个）地点出发，运输货物到达多个（m 个）不同的目的地。

线性规划法步骤如图 6-2 所示。

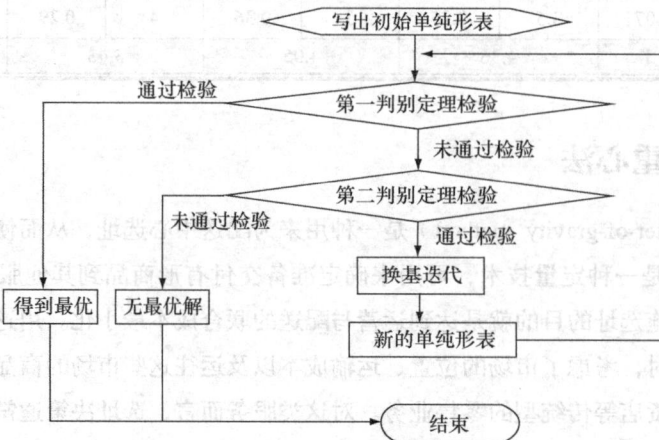

图 6-2　线性规划法步骤

（1）建立目标函数；

（2）建立约束方程；

（3）求解；

运用求解结果以及已知的运输成本，计算总成本，并在各备选方案中进行比较，选择使总成本最小的方案。运输法的数学模型如下。

目标函数为：

$$Z = \min \sum_{i=1}^{m} \sum_{j=1}^{n} c_{ij} x_{ij} \qquad (6\text{-}4)$$

约束条件为：

$$\begin{cases} \sum\limits_{i=1}^{m} x_{ij} = b_j \\ \sum\limits_{j=1}^{n} x_{ij} = a_i \\ x_{ij} \geq 0 \end{cases} \qquad (6\text{-}5)$$

式中：

m——工厂数；

n——销售点数；

a_i——工厂 i 的生产能力，$i = 1, 2 \ldots, m$；

b_j——销售点 j 的需求，$j = 1, 2 \ldots, n$；

c_{ij}——在工厂 i 生产的单位产品运到销售点 j 的生产运输费用；

x_{ij}——从工厂 i 运到销售点 j 的产品数量。

【例题 6-3】 某百货公司有 2 个总仓库，并为它的 4 个主要分公司仓库供货。管理层想要扩大存量，增建一个总仓库，现有 2 个仓库地址待选，请用线性规划法，选择一个地址，确定为这些分公司仓库供货的月成本最小的运货方案。总仓库供货量、分公司仓库的需求量以及单位运输成本如表 6-3 和表 6-4 所示。

表 6-3 百货公司总仓库供货量及分公司仓库需求量数据表

总仓库地址	供货量	分公司仓库位置	需求量
A 地	16	仓库 1	10
B 地	7	仓库 2	12
I 地	14	仓库 3	15
II 地	11	仓库 4	9

表 6-4 单位产品运输成本

始发地	至仓库 1	至仓库 2	至仓库 3	至仓库 4
A 地	25	30	35	55
B 地	60	30	25	25
I 地	35	40	80	95
II 地	35	40	66	70

解：选择 I 地时，

$$目标函数：\min Z_I = \sum C_{ij}X_{ij} \tag{6-6}$$

式中：

Z_I——总成本；

C_{ij}——i 总仓库到 j 仓库的单位运输成本；

X_{ij}——i 总仓库到 j 仓库的运输数量。

约束方程：

$$\begin{cases} X_{11}+X_{12}+X_{13}+X_{14}=16 \\ X_{21}+X_{22}+X_{23}+X_{24}=7 \\ X_{31}+X_{32}+X_{33}+X_{34}=14 \\ X_{11}+X_{21}+X_{31}=10 \\ X_{12}+X_{22}+X_{32}=12 \\ X_{13}+X_{23}+X_{33}=15 \\ X_{14}+X_{24}+X_{34}=9 \end{cases} \tag{6-7}$$

同理，可求出选择 II 地时，

$$目标函数：\min Z_{II} = \sum C_{ij}X_{ij} \tag{6-8}$$

比较 $\min Z_I$ 和 $\min Z_{II}$ 的大小，选择较小值，即为所选地址。

【例题 6-4】 某公司有三个工厂：A、B、C 在三个城市；有两个仓库 P、Q，位于不同城市。每个仓库月需供应市场 2 100 吨产品。为更好地服务顾客，公司决定再设一新仓库。经调查确定 X 和 Y 两个点可建仓库。根据以下资料请选择其一。

工厂	生产能力 （吨/月）	到各仓库单位运费（元）			
		P	Q	X	Y
A	2 400	15	27	48	51
B	2 400	27	12	24	27
C	1 800	45	24	9	15

6.3.4　量本利定址法

量本利定址分析法，即产量—成本—利润定址分析法，该方法是一种定量的分析方法，可以用来评价不同的选址方案，如图 6-3 所示。任何选址方案都有一定的固定成本和变动成本，表示不同的选址方案的成本和收入随产量变化的情况。

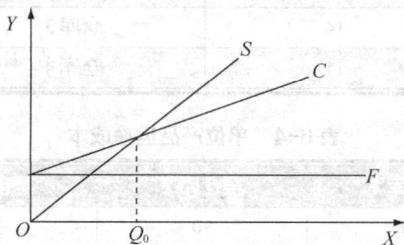

图 6-3　量本利分析法

量本利定址分析法的主要步骤如下：

（1）确定每一备选点的固定成本和变动成本。

（2）在同一张图表上绘出各地点的总成本线。

（3）确定在某一项预定的产量水平上，哪一地点的总成本最少或哪一地点的利润最高。

基本假设如下：

（1）产量在一定范围内，固定成本不变。

（2）可变成本在一定范围内与产量成正比。

（3）只有一种产品。

数学模型为：

$$C=F+C_V \times Q \qquad (6-9)$$

式中：

C—总成本；

F—固定成本；

C_V—单位变动成本；

Q—产量。

图 6.3 中 S 为销售收入，且

$$S=w \times Q \qquad (6-10)$$

w 为单价，显然有下列关系成立

$$Q_0=\frac{F}{W-C_V} \qquad (6-11)$$

Q_0 即为盈亏平衡点，即在该点收入等于总成本，企业不盈利也不亏损。

【例题 6-5】 一家连锁店拟在番禺、海珠、白云三个中选择建一个分店。经考察，3 个地点的年固定成本分别为 250 000 元、100 000 元和 150 000 元，单位产品的变动成本分别为 11 元、30 元和 20 元，预计产品年产量 8 000 个，售价 60 元。请选择最佳的地点，并求出预期利润是多少？

解：根据所给信息可以绘制不同地址的总成本线，如图 6-4 所示。可以看出 3 个候选地址总成本最低的区间不同，海珠的总成本最低区间在[0,5 000]，白云的总成本最低成本在[5 000,11 000]，番禺的总成本最低区间在 11 000 以上。按年产量 8 000 个的计划，白云为最佳选择。如果列式也可以得出同样的结果。

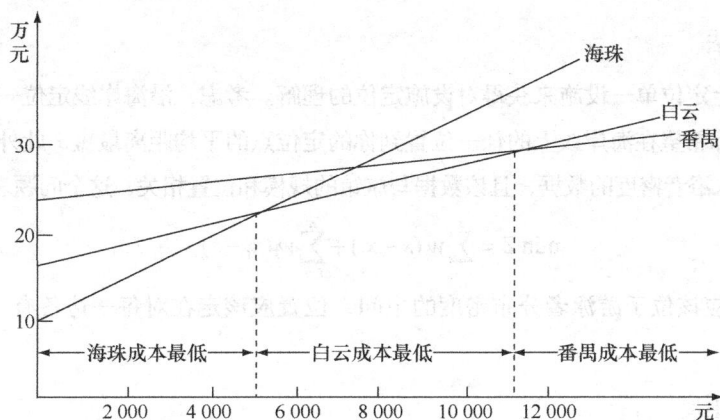

图 6-4　量本利分析选址

如果在番禺建立分店：

$$总成本=（250\,000+11×8\,000）元=338\,000$$

如果在海珠建立分店：

$$总成本=（100\,000+30×8\,000）=340\,000（元）$$

如果在白云建立分店：

$$总成本=（150\,000+20×8\,000）=310\,000（元）$$

可见白云的总成本最低。

$$预期利润=总收入-总成本=(60×8\,000-310\,000)元=170\,000（元）$$

6.4 服务业选址策略

6.4.1 服务业设施定位技术

服务企业什么时候需要选址？1）劳动生产率、汇率、成本或当地投资环境改变；2）人口和需求的变化；3）需求超过了目前工厂的生产能力。如图6-5所示。

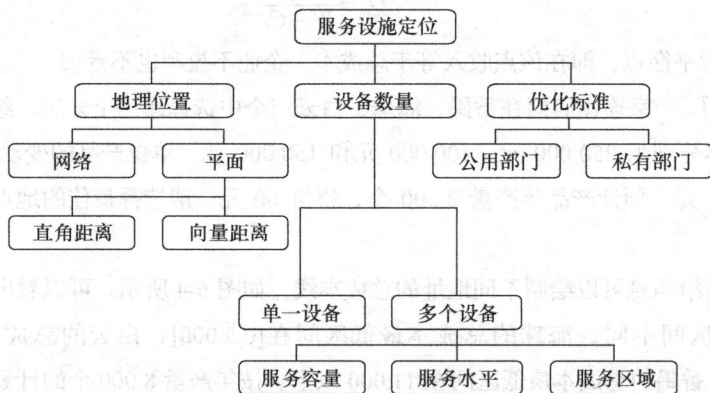

图6-5 服务业选址

1. 直线法

从一条线上定位单一设施来获得对设施定位的理解。考虑，沿海岸线定位一处海岸特许使用场地，假设你希望在海岸线上的任一位置到你的定位点的平均距离最短，此外，假设你拥有表明沙滩上要入浴者密度的数据，且该数据与旅馆的规模和位置相关，这个问题表示为：

$$\min Z = \sum_{i=0}^{s} w_i(s-x_i) + \sum_{i=s}^{n} w_i(x_i-s) \qquad （6-12）$$

最佳位置应该位于游泳者分布密度的中间，位置应该定在对每一边各有 50%的潜在需求处。

2. 直角距离

可直接用中值法，在 x 方向上，x_s 位于 w_i 数值的中间，在 y 方向上，y_s 位于 w_i 数值的中间。

$$Z = \sum_{i=1}^{n} w_i \left\{ |x_i - x_s| + |y_i - y_s| \right\} \tag{6-13}$$

3. 欧几里得距离

欧几里得制，联邦快递选择孟菲斯作为航空包裹分配中心的算法就是使用的欧几里得制。

$$\min Z = \sum_{i=1}^{n} w_i \left[|x_i - x_s|^2 + |y_i - y_s|^2 \right]^{1/2} \tag{6-14}$$

4. 重心法

在选址地区确定以后，确定某个具体单个设施地点的一种方法。采用重心法需要考虑的因素：现有设施间（如零售商、供应商等）的距离、运输的物流量；采用的运输方式与运输价格。

$$C_x = \frac{\sum d_{ix} V_i}{\sum V_i} \qquad C_y = \frac{\sum d_{iy} V_i}{\sum V_i} \tag{6-15}$$

【例题 6-6】 华润公司是一家连锁公司，拥有四家大型商场。这家公司的商场分别坐落在清远、惠州、河源及珠海。这些商场目前都由惠州的一家仓库供货，这家仓库已经老旧且无法满足公司的需求。每家商场的需求数据如下表所示。

商场位置	每月的集装箱数
清远	2000
惠州	1000
河源	1000
珠海	2000

华润公司已经决定寻找一个"中心"地点来建立一个新的仓库。图 6-6 显示了其现有的商场地点。例如，地点 1 是清远，从而可以得到：

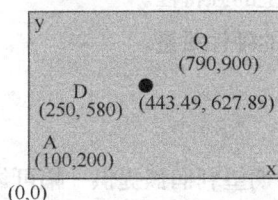

图 6-6　重心法选址考虑因素

$d_{1x}=30$

$d_{1y}=120$

$Q_1=2000$

利用公式 6-15 以及图 6-7 中每个城市的数据，可以得到以下结果：

重心点的横坐标

$$= \frac{30 \times 2000 + 90 \times 1000 + 130 \times 1000 + 60 \times 2000}{2000 + 1000 + 1000 + 2000} = 400000/6000 = 66.7$$

重心点的竖坐标

$$=\frac{120\times2000+110\times1000+130\times1000+40\times2000}{2000+1000+1000+2000}=560000/6000=93.3$$

（66.7，93.3）这个坐标在图 6-7 中以灰色圆点显示。如果在这张图上对应一幅中国地图，对应这个位置就在广州附近。因此，公司可能会考虑广州或者广州附近的某个区域作为合适的选址。

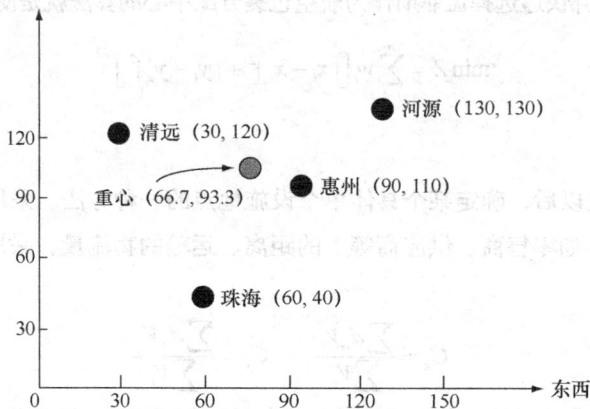

图 6-7　重心法选址

5．引力模型

服务行业选址的重点通常都是利润最大化。随着选址的不同，服务企业发现，选址对于利润的影响远大于成本。因此，对于服务业企业选址的重点取决于其业务量及营业收入。服务业企业的业务量及营业收入主要有以下几个因素。

（1）商圈内的顾客购买力。

（2）服务和企业形象与商圈内人口统计特征的一致性。

（3）区域竞争。

（4）竞争强度。

（5）企业与其竞争对手在选址上的独特性。

（6）企业设施与相邻商业单位的硬件质量。

（7）企业的运作策略。

（8）企业管理的质量。

对这些因素的分析将为我们的期望利润额提供一幅可靠的远景图。这些用在服务部门的技术包括相关分析、交通流量统计、人口统计分析、购买力分析、因素评分法、重心法及地理信息系统。表 6-5 总结了服务业的选址策略。

表 6-5　服务业选址策略

服务业/零售业/专业服务选址
关注收益
业务量/营业收入
商圈、购买力
竞争对手、广告/价格

服务业/零售业/专业服务选址
硬件质量
停车场/交通、安全/照明
外观/形象
成本因素
租金
管理水平
经营方针（工时、工资率）
技术
决定不同变量重要性的回归模型
因素评分法
交通流量统计
商圈内的人口调查
购买力分析
重心法
地理信息系统
假设
选址是收入的主要决定因素
高顾客接触率很关键
在给定区域内，成本相对不变，因此，收益函数非常关键

$$A_{ij} = \frac{S_i}{T_{ij}^{\lambda}} \tag{6-16}$$

$A_{ij} \rightarrow$ 设施 j 对 i 地区消费者的吸引力

$S_j \rightarrow$ 设施 j 的大小

$T_{ij} \rightarrow$ 为 i 地区消费者到设施 j 的时间

$\lambda \rightarrow$ 经营估计参数，反映各种购货顾客行走时间的效用

$$P_{ij} = \frac{A_{ij}}{\sum_{j=1}^{n} A_{ij}} \tag{6-17}$$

$P_{ij} \rightarrow$ 来自 i 统计地区的消费者到 j 商店的概率

$$E_{jk} = \sum_{i=1}^{m} (P_{ij} \times C_i \times B_{ik}) \tag{6-18}$$

$E_{jk} \rightarrow$ 在某一商店 j 所有消费者每年在第 k 个商品上所有的消费支出总和

$P_{ij} \rightarrow$ 地区 i 的顾客到商店 j 的概率

$C_i \rightarrow$ i 地区的消费者数量

$B_{ik} \rightarrow$ i 地区的消费者消费 k 产品的平均总预算值

$m \rightarrow$ 统计地区数量

$$M_{jk} = \frac{E_{jk}}{\sum_{i=1}^{m} C_i B_{ik}}$$

(6-19)

$M_{jk} \rightarrow$　　　　　　　　商店 j 的 k 产品的销售份额

6.4.2　打破常规

在确定服务选址定位之前，可以关注一些打破常规的定位方式。在以下的讨论中，我们会提及竞争群落的营销观念。这种观念应用于商店购物中，还用于在城镇零售中取得成功的、针对同类产品的饱和营销策略。营销中介这一概念用来拓展服务市场超出了地理的限制。

1．竞争群落

"竞争群落"是对消费者在众多竞争对手之间选择时所表现出来的消费行为的反应。当消费者购买一些比如像旧汽车这样的商品时，他们往往喜欢进行比较。为了便利，他们更乐意在众多竞争者集中的地区进行搜寻。

通过一些汽车旅馆的观察发现，定位于众多竞争者集中地区的旅馆比在相对孤立地区定位的旅馆有更高的客房入住率。对部分服务业而言，在竞争者附近场所定位以获得非常利润的策略看起来有些让人惊奇。进一步来说，一些汽车旅馆定位于洲际高速公路交口处，这是因为他们的市场人群是商人和来往乘车的那些人，而不是当地居民。

2．饱和营销

Z 是一家以其独特的三明治、面包和月形面包出名的咖啡店，它采纳了曾在欧洲广为流行的饱和营销策略。该策略的主导思想是，在城市和其他交通流动大的地区集中定位许多相同的公司或商店。该公司单在波士顿的闹市区就开设了 20 多家快餐店，其中许多店铺面积不足 9.2 平方米。尽管现代同类产品营销的缺点已有论述，但它具有降低广告费用、便于监督以及便于顾客识别等优势，特别当这些优点集中在一起时，将会提高竞争能力，远远比那些缺点更有价值。这种策略在一些人口密集区或闹市区的定位中会发挥出更大作用，这种定位的商店更能在有限的时间内将顾客"拉"去购物或吃饭。

在荷兰的赫尔辛基，当你漫步街头时会注意到，几乎在闹市区的街头巷尾都有某一相同公司的冰激凌贩卖车。对于路人来说，看到这种贩卖车的第一眼，心里就有了消费的念头，当下一次见到时，消费几乎就无可避免了。

3．营销中介

服务的生产和消费同时发生，从而导致从有形产品生产所开发出来的"分销渠道"的概念必须加以扩充。因为服务是无形的，而且不能存储或运输，服务的地理区域受到限制。然而，服务的分销渠道可以利用存在于生产商和消费者之间的不同组织中介来扩展。

例如，一个开展银行信用卡业务的零售商就是信用卡的分销中介。美洲银行的加利福尼亚分行并不限制其 VISA 卡在全球的使用。一个健康维护组织通过增加迅速服务的适用性和方便性而起到了从业者和病人之间的中介作用，在病人和开业医生之间起到一个媒介的作用。由雇主和工会共同签署的集体保险就是保险行业利用中介开展分销服务的实例。

6.4.3 互联网对服务选址的冲击

随着 20 世纪 90 年代中期互联网的引入，电子商务的潜在优势变成了一个现实，顾客可以在家庭办公桌上购物。网站变成了纯粹的电子商务公司的虚拟场所，或者现存企业的可选的配送渠道，被称为"点击"零售商。市场范围的界限通常被定义为顾客为去该场所愿意行进的路程数，然而在互联网这一虚拟世界并不存在身体的移动。但是，选址依然是必须运送产品的电子商务零售商关注的问题。电子化服务的互联网供应商，比如中介，很少依赖于真正的办公室。

1．前台后台办公的分离

对于很多服务来说，前台和后台办公并不需要共同定位（如干洗店、修鞋店、银行与 ATM 机）。如表 6-6 所示，把前台与后台办公分离的想法可以给企业带来战略的收益。例如，一家食品店决定实施建立一个为市场准备食物（熟肉和切好的蔬菜）的中央供应所，因而改变原来的订货装配为从商店提供货物，其结果为质量更一致、服务更便捷以及因取消厨房而增大了就餐面积。从内部员工和外部顾客角度观察定位决策，同样可以增强自我服务机会以及电子媒介与实际履行的互换。最后，还可以带来增加就业壁垒和实现规模经济的战略机会。

表 6-6　对前台和后台办公定位的思考

	前台办公室	后台办公室
外部顾客	是外出接近客户还是顾客来到办公地点？ 定位能否构成进入壁垒？ 电子界面是否可以替代顾客的行程？	完成的服务是对人还是对财产？ 有共同的定位需求吗？ 沟通是如何实现的？
内部员工	是否可获得劳动力？ 自我服务是否可实现？	规模经济是否可能？ 可否选择离岸外包？

2．地理信息系统

将一项已有的知识重新应用，进入商业领域。地理信息系统（GIS）可以辅助商业决策，解决各种各样常见的商业问题。这种系统曾经被局限于科学家和地图制造者的领域。然而现在，很多公司已经引入 ArcView，应用于商业领域的 GIS。环境系统研究所（Environmental Systems Research Institute，ESRI），一家位于加利福尼亚的 GIS 软件主要制造商，将 GIS 定义为："所谓地理信息系统是指计算机硬件、软件、地理数据与设计人员的有机结合，其目的在于有效收集、存储、更新、处理、分析和展示各种形式的地理参考资料"。

从功能上来讲，GIS 是一个空间数据库，它将地理信息如公路和水路分布、具体建筑结构（如办公楼和小区）与区域人口统计分布信息（人口、家庭收入和年龄）结合在一起。这些数据共同标注在待分析的地区地图上，通过直观展示，管理层可以对影响选址的不同因素一目了然。

这个系统存储在光盘里能够用于设计员工数据库、确定场所定位、分析需求和改进传递服务。它可以应用于所有商业领域，包括银行、医疗、房地产和管理。使用 GIS，公司可以更快速、更可靠地进行选址分析。由于 GIS 能够提供含有大量数据的图示，它使服务管理层对于有利可图的地区一览无余。[5]

比如，假定某个省的代理商想建立一个仓库，储存包括 18 个县的地区上门送餐服务的食品。大多数送餐业务的顾客年龄较大而且长期在家，因此代理商希望选择一个最方便的送餐地点，那里有最高的需求。对这个问题的一个解决方案是：使用 ArcView 去观察用于大量 55 岁以上人口的地区。依据这些信息，设立的仓库就能够更加方便地为所有县提供服务。

本章小结

对于服务业而言，选址决策对其长期发展战略具有重要影响。但是，选址并不是一件容易的事，它需要综合考虑经济、政治、社会、自然等各方面因素，同时采用科学的选址评价方案来进行细致的研究，在研究的结果上做出谨慎的决策。虽然服务业的选址决策通常需要考虑商圈内的购买力、竞争强调、广告和促销等常见的影响因素，但是服务型企业也可以打破常规，适当关注一些其他策略。随着互联网的兴起，对服务业选址也造成一定的冲击。

思考与练习

习题 1：阳光公司打算开设一个新的温泉浴场。在市郊有 3 个位置可以考虑。下表列出了每个位置要考虑的选址因素。该公司应该选择哪个位置开设温泉浴场？

因素	权重	番禺	海珠	天河
土地面积	0.30	60	70	80
土地成本	0.25	40	80	30
交通流量	0.20	50	80	60
邻近地区收入水平	0.15	50	70	40
城市规划法律	0.10	80	20	90

习题 2：某服务公司准备在三个地址中选择一个位置作为一个新的办事处。请用下表的数据，确定哪个位置最好。假设出色=10，非常好=8，一般=4，差=2，用评分模型法求解。

选址因素	地址 1	地址 2	地址 3	权重
A.生活质量	出色	好	一般	0.30
B.劳动关系	好	一般	出色	0.10
C. 政府支持	非常好	好	差	0.05
D.学校系统	一般	出色	好	0.15
E.顾客的距离	非常好	差	出色	0.10
F. 供应商的距离	差	好	非常好	0.10
G. 总收入	10 000	15 000	12 000	0.20

请登录下列网站，查阅相关资料。

（1）服务行业的设施选址问题十分重要，访问开商网（http://www.kesum.cn），了解餐饮业、百货店、购物中心等服务业选址的特点。

（2）服务选址是企业发展战略中的重要内容之一，访问中国企业战略咨询网（http://www.cescn.com），了解企业战略中对设施选址所提出的各种要求和各种不同的解决方案。

（3）零售业的选址定位对企业经营至关重要，访问中国零售企业网（http://www.leadshop.com.cn），了解零售业的选址方法。

第 7 章　服务设施布置

学习目标

1. 了解设施布置的概念，认识设施布置的战略意义。
2. 了解设施布置的类型，学会区分不同的布置类型。
3. 掌握设施布置的方法。
4. 掌握服务业设施布置的概念与特点。
5. 掌握服务设施布置的方法。

关键词

设施布置、服务业设施布置、服务设施布置方法

引导案例

从 1975 年第一间麦当劳"得来速"建立迄今，已有 40 年历史。这种模式通过三个窗口让消费者在汽车上完成全部购物过程：第一个窗口点餐，第二个窗口付款，第三个窗口取物。此种模式最大的优势是节省时间，所有餐厅把汽车进入到出去的驻留时间定在最多 3 分钟。麦当劳现正以"得来速"免下车服务来与肯德基进行差异化竞争。据官方统计，在中国的"得来速"餐厅已经超过 150 家。"得来速"的建立就属于设施布置问题，这种餐厅对工程要求较高，需要前期就与开发商捆绑定制，商定好如何规划布局后才能开始建设。增建"得来速"而减少进驻卖场会是麦当劳的一种发展趋势，因为这是肯德基的一个空白点。同时，"得来速"也是麦当劳增加自持地产的一个渠道。

资料来源：来源于网络，编者整理。

麦当劳在设施布置上的创新，从最初引入室内座位、到建立免下车点餐窗口、再到增加娱乐区。现在在布置策略上又有了新的突破，即对餐厅中的厨房进行改造，新的厨房系统可以由计算机控制生产过程。新的布置策略可以保证顾客买到的食物都是新鲜的，在改善食物味道的同时可以促进新产品的推广。[55]

7.1　设施布置及战略

设施布置，就是合理安排企业内部各功能单位及其相关的辅助设施的相对位置与面积，

以确保系统中工作流与信息流的畅通。相对位置指不同设施之间的位置关系，面积指各个设施的规模。设施布置目的是要将企业内的各种物质设施进行合理安排，使他们组合成一定的空间形式，从而有效地为企业的运作服务，以获得更好的经济效果。设施布置在设施位置选定之后进行，它要确定组成企业的各个部分的平面或立体位置，并相应地确定物料流程、运输方式和运输路线等。

7.1.1　设施布置概念

自从有了工业生产，就有了工厂设计，也就有了设施布置设计。设施布置是指在已确定的空间范围内，对所属工作单元进行合理的位置安排，以便经济高效地为企业的生产运作活动服务。[38]已确定的空间范围，可以是一个工厂，一个车间，一个超级市场，一所医院，一家餐厅或一栋写字楼等。工作单元主要是指需要占用空间的实体。

设施布置设计一直占有重要地位，历来是倍受重视的领域。以工厂布置为例，它的好坏直接影响整个系统的物流、信息流、生产能力、生产效率、生产成本以及生产安全。优劣不同的工厂布置，在施工费用上可能相差无几，但对生产运营的影响会有很大不同。优良的设施布置可以节省物料搬运费用，缩短生产周期，加快流动资金周转。因此，优良的设施布置是提高生产系统效益的重要源泉和手段，是改善生产系统整体功能、实现现代化管理和先进生产方式的前提和基础。

设施布置的目标是要将企业内的各种物质设施进行合理安排，使它们组合成一定的空间形式，从而有效地为企业的生产运作服务，以获得更好的经济效果。设施布置是在企业选址之后进行的，它要确定组成企业的各个部分的平面或立体位置，并相应地确定物料流程、运输方式和运输路线等。[20]具体地说，设施布置要考虑以下 4 个问题：[40]

（1）应包括哪些经济活动单元？这个问题取决于企业的产品、工艺设计要求、企业规划、企业的生产专业化水平与协作化水平等多种因素。反过来，经济活动单元的构成又在很大程度上影响生产率。

（2）每个单元需要多大空间？空间太小，可能会影响生产率，影响工作人员的有效操作，有时甚至容易引起安全事故。空间太大，是一种浪费，同样会影响生产率，并且使工作人员之间相互隔离，产生不必要的疏远感。

（3）每个单元空间的形状如何？每个单元的空间大小、形状如何以及应包含哪些单元，这几个问题实际上是相互关联的。例如，一个加工单元应包含几台机器，这几台机器应如何排列，因而占用多大空间，需要综合考虑。

（4）每个单元在设施范围内的位置？这个问题包括两个含义：单元的绝对位置与相对位置。如图 7-1 所示，由（a）改为（b），几个单元之间的相对位置未变，但绝对位置变了。如 A 与 C 对调，则相对位置也发生改变。相对位置的重要意义在于它关系到物料搬运路线是否合理，是否节省运费或时间，以及通信是否便利。

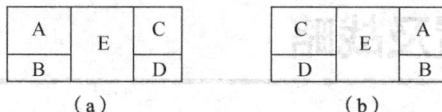

图 7-1　设施单元的相对位置与绝对位置

7.1.2　设施布置战略

设施布置与企业选址类似，是决定长期作业效率的决策。下面分别从设施布置决策的必要性和设施布置的战略意义两方面来讨论设施布置的战略地位。

1．设施布置的必要性

生产和服务的设施布置是生产运作管理工作中一个非常重要的问题，也可以说是一个非常经典的问题。早期工业工程师的一项主要工作，就是帮助企业解决设施设备的布置和优化的各种难题。今天，随着社会经济的快速发展，企业的生产经营水平也发生了翻天覆地的变化，但是设施布置问题依然是企业生产组织管理的一个主要工作。当然，设施布置工作已经从生产制造企业中扩展出来，超市、饭店、酒楼、银行、医院、学校、车站、机场、港口等各种社会组织，都要面临着科学地进行设施布置的要求。工作设施、操作场地一旦确定安排好，一般它的影响是持续永久的，如果投入生产运营后，再发现问题，想要重新设计、修改布置是非常困难的，成本支出也是非常惊人的。所以，为了保证投产后生产运营工作的顺利进行，取得良好的经营效果，在设施布局工作一开始，就必须科学运用各种手段，采用合适的模型和方法，做好一系列的规划和设计。

2．设施布置的战略意义

杰伊·海泽（Jay Heizer）和巴里·伦德尔（Barry Render）把布置策略归为运作管理的10项战略决策之一，其他九项分别是产品和服务设计、质量管理、流程策略、选址策略、人力资源、供应链管理、库存管理、调度和维护。[55]

设施布置是决定企业运营效率的关键因素之一。设施布置可以在许多方面为组织建立竞争优势，比如生产能力、流程、灵活性、成本以及工作生活的质量、客户接触、企业形象等，因此它可以为运营决策提供大量的建议。有效的布置可以帮助组织获得维持差异化、低成本和及时响应的策略。例如沃尔玛的店面布置、仓储技术、仓库布置都是其低成本战略的支撑。

无论在制造企业或是服务业中，设计设施布置必须做到以下几点：

（1）提高空间、设备和人员的利用率。

（2）改善信息、物流和人员的流动。

（3）提升员工的士气，保障安全的工作环境。

（4）促进消费者与客户的交互。

（5）柔性（不论当前的设施布置如何，它都需要改变）。

7.2　设施布置类型

设施布置包括为机器、办公室或服务中心安排最佳位置。有效的布置可以使物料、人员以及信息在区域内部或区域之间的流动更加畅通。为了达到这些目标，人们把布置问题分为许多类型。本节将重点介绍制造业应用较多的设施布置类型，包括工艺导向布置、产品导向布置、混合布置和固定位置布置四种类型。[36]

7.2.1　工艺导向布置

工艺导向布置，是指按照产品生产或服务的工艺流程，将相同机器设备、生产功能设置在同一生产工作单位的布局方式。工艺导向布置能同时处理多种产品或服务，每项操作都由适宜的机器完成，是一种支持产品差异化战略的传统方法。在制造不同规格的产品或者面对具有不同需求的顾客、病人或客户时，这种布置方法最为有效。

在这样的生产作业单元中，集中了同类型的机器设备和同工种的工人，所有被加工的零部件，根据预先设定好的工艺流程，顺序从一个工作地加工完成后，统一转移到下一个工作地。每个工作单位只完成产品生产过程的部分加工任务。在这里，工艺方法是相同的，而加工对象是不同的。

在服务业中，超级市场、迪斯尼游乐场、图书馆、医院等都是采用工艺导向布置的典型例子。图 7-2 描述了医院里两个病人 A 和 B 在一家紧急诊所的诊治过程。每个病人的诊治需求不同，因此他们会按照自己所需的流程进行诊治，依次通过挂号室、化验室、手术室、放射科、药房、护理病床等处。在整个诊治过程中，工作人员会围绕这一流程来组织设备、技术和监护。[56]

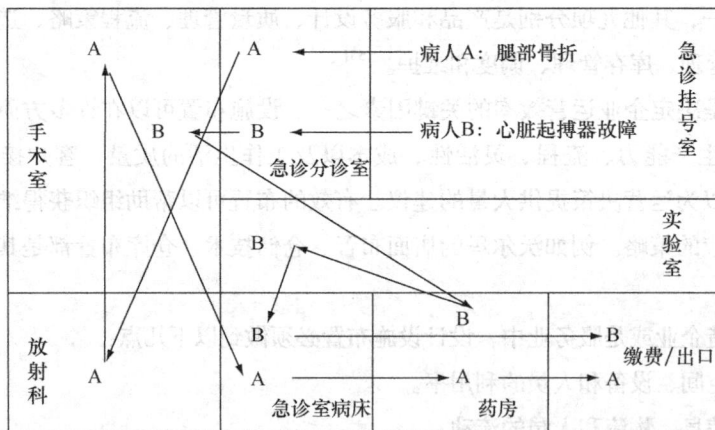

图 7-2　急诊室的工艺布置

工艺导向布置的主要优点如下：

（1）设备和劳动力配置灵活，对产品品种变化的适应能力强。

（2）适合于小批量以及不同型号或形状的多品种生产。

（3）设备是按照功能集中放置的，便于设备的管理和维护。

工艺导向布置的主要缺点如下：

（1）物流复杂、调度困难、运输线路长、工件等待时间长、生产成本高。

（2）由于生产工艺的不平衡，在制品库存量大，增加资本投资。

（3）对工人技术要求高，培训及经验要求高。

7.2.2　产品导向布置

产品导向布置，也称装配线布局，是指按照生产的产品特点，将不同机器设备、生产功能设置在同一生产工作单位的布局方式，如图 7-3 所示。又称为产品对象专业化原则布局，产品布局，生产线布局。在这种设施布置中，集中了为生产某种产品所需要的各种设备和各工种的工人，对同类产品进行不同的工艺加工，基本上能独立完成某几种产品的全部或大部分工艺过程，所以，这种车间也可以叫做封闭式车间。在这里，加工对象是一定的，而加工工艺方法则是多样的，适用于大批量、少品种的生产。[40]

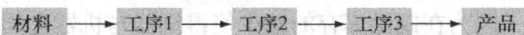

材料 ⟶ 工序1 ⟶ 工序2 ⟶ 工序3 ⟶ 产品

图 7-3　以产品为中心布置设施

产品导向布置的主要优点如下：

（1）有利于缩短产品加工路线，节约运输能力，减少仓库等库存成本。

（2）有利于减少产品的生产时间，缩短生产周期，减少在制品库存。

（3）减少车间之间的联系，简化生产组织结构，使培训和监督更加容易，有利于建立健全生产责任制。

（4）每个工人只负责有限的工作台位，操作简单，易于管理。

（5）大批量、标准化的产品通常会使单位产品的变动成本降低。

产品导向布置的缺点如下：

（1）由于建立生产线需要大量投资，所以产量要求较高。

（2）生产过程中的任何一处出现故障，都可能使整个生产陷入瘫痪。

（3）不利于对工艺进行专业化管理。

（4）处理多品种产品或调整生产率缺乏灵活性，对品种变化适应性差。

（5）不利于工人技术熟练程度的提高。

7.2.3　混合布置

前面所介绍的工艺导向布置和产品导向布置各自有优缺点。为了综合应用这种布置类型，则出现了另一种布局方式即混合布置。

混合布置是一种常用的设施布置方法。这种布置方法的主要目的是，在产品产量不足以大到使用生产线的情况下，也尽量根据产品的一定批量、工艺相似性来使产品生产有一定顺序，物流流向有一定秩序，以达到减少在制品库存、缩短生产周期的目的。

混合布置把通常分散在不同部门的工人和机器组织成一个小组，使他们可以集中生产一种或一组相关产品。一人多机就是一种常用的混合布置方法，可以使操作人员负责一条小生产线，保持满工作量，如图 7-4 所示。

混合布置的优点如下：[56]

（1）减少了在制品库存，因为工作单元的建立提供了机器间的单件流生产方式。

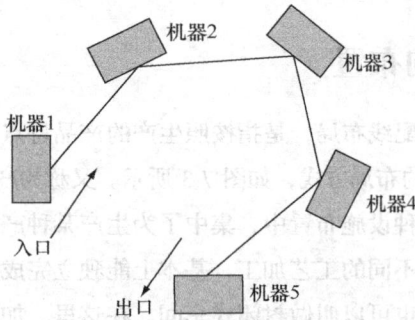

图 7-4　一人多机模式

（2）所需面积更小，因为在制品库存的减少使得机器与机器之间不再需要那么多空间来容纳在制品。

（3）减少了原材料和产成品库存，因为在制品的减少使得物料在工作单元中移动的速度更快了。

（4）减少了直接劳动成本，因为员工之间的沟通得到改善，物料流动更加快速，并且作业调度也得到了改进。

（5）强调员工参与组织管理和产品生产。员工对产品质量负有更多的责任，因为产品质量与员工和工作单元直接相关。

（6）提高了设备和机器的使用率，因为有了更完善的调度计划和更快的物料流动。

（7）减少了在机器和设备上的投资，因为较高的利用率减少了机器、设备和工具的数量。

7.2.4　固定位置布置

固定位置布置也称定位布置，是指由于加工对象的体积或者质量太大等原因不易移动，从而采用移动生产设备到加工部位，工作人员移动式操作的布局方式。船舶、高速公路、桥梁和房屋等项目就是采用这种布局方式，如图 7-5 所示。

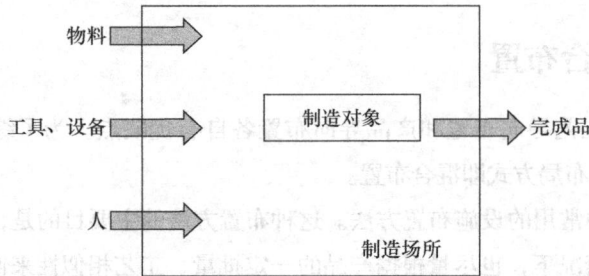

图 7-5　固定位置布置

在固定位置布置中，项目保持在一个地方，工作人员和设备也在同一个工作区域内。在很多固定位置布置项目中，常常会遇到很多难题。首先，在项目建设过程中，不同阶段需要不同材料，随着时间的推移，不同材料的安排就变得很棘手；其次，材料所需的空间是不断变化的，但是在几乎所有地方，空间都是有限的。由于与固定位置布置相关的问题很难在场地内部解决，一种替代的策略就是将尽可能多的工作在场外进行。例如，英格尔造船公司一直在努力提高造船的效率，他们在制造相似的船体部件或在完成一些相似船体的相同部件订单时，已经逐步转向以产品为导向的生产。

7.3 设施布置方法

设施布置主要有工艺导向布局、产品导向布局和成组技术布局。工艺导向布局适合于处理小批量、顾客化程度高的生产与服务。产品导向布局适合于大批量的、高标准化的产品的生产和服务。成组技术布局则是将不同的机器分成单元来生产具有相似形状和工艺要求的产品。

7.3.1 基于工艺导向的布置方法

工艺导向布置是最常用的一种布局方法，它的基本思想就是对具有类似工艺流程的工作部门进行布局，使其相对位置达到最优，如表 7-1 所示。通常用到的方法有物料运量图法、作业相关图法、线性规划法和计算机辅助布置法。

表 7-1 工艺形式的优劣

工艺形式	优劣	适用对象及管理目标
工艺对象专业化	工艺柔性大，品种适应性强，但生产均衡性较差	多品种、小批量产品的生产，设计上避免加工路线颠倒、重复、迂回，尽量提高均衡性
产品对象专业化	规模潜力大，工艺柔性小，生产规模要求高	少品种、大批量产品的生产，设计上需要避免出现工序瓶颈，生产上追求连续性
混合形式	工艺柔性较大，规模潜力大，设备利用率较高	较多品种、较大批量产品的生产，设计上需要避免两种工艺各自的劣处及产出能力的差异

1. 物料运量图法

物料运量图法就是根据生产过程各单位和部门之间的物流量大小，确定各作业部门之间的相对位置的布局方法。它的宗旨就是把相互间物流量大的部门尽量靠近布置。具体步骤如下：

（1）根据各单位间的物流量，初步布置各生产单位的位置。

（2）统计各单位间的物料运输量，用运量图表示各单位间的运输量。

（3）把相互间物流量大的单位尽量靠近布置。

【例题 7-1】 某制造企业的生产单位主要由 5 个车间组成。

第一步，初步对车间的位置进行安排，如图 7-6 所示。

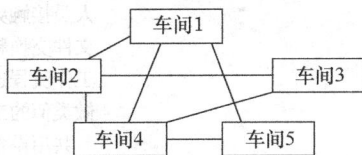

图 7-6 初步布置各生产单位位置

第二步，统计4个车间物料流量，见表7-2。

表7-2　各车间之间的物料运输量

	车间1	车间2	车间3	车间4	车间5	总计
车间1		6		1	2	9
车间2			5	1		6
车间3		3		4		7
车间4			5		1	6
车间5				1		1
总计		9	10	7	3	

第三步，使相互间物流量大的单位尽量靠近布置，如图7-7所示。

图7-7　各生产单位位置最终结果

2．作业相关图法

作业相关图法是通过图解，判明组织各组成部分之间的关系，然后根据关系的密切程度加以布置，从而得出较优的总平面布置方案。步骤如下：

第一步，将关系密切程度划分为A、E、I、O、U、X 6个等级，见表7-3。

表7-3　关系密切程度表

代号	密切程度	分值
A	绝对重要	6
E	特别重要	5
I	重要	4
O	一般	3
U	不重要	2
X	不予考虑	1

第二步，列出导致不同程度关系的原因，见表7-4。

表7-4　关系密切原因表

代号	关系密切原因
1	使用共同的原始记录
2	共用人员
3	共用场地
4	人员接触频繁
5	文件交换频繁
6	工作流程连续
7	做类似的工作
8	共用设备
9	其他

第三步，使用这两种资料，将待布置的部门一一确定出相互关系，根据相互关系重要程度，按重要等级高的部门相邻布置的原则，安排出最合理的布置方案。

【例题 7-2】 一家快餐店想布置其生产与服务设施。该快餐店共分成 6 个部门，计划布置在一个 2×3 的区域内。已知这 6 个部门的作业关系密切程度，若只考虑关系密切程度表中的 A 和 X，则关系密切程度是，A：1-2、1-3、2-6、3-5、4-6、5-6；X：1-4、3-6、3-4。请为该快餐店做出合理布置。

解：

第一步，根据列表编制主联系簇。原则是从关系"A"出现最多的部门开始，因为已给出关系密切程度，部门 6 出现 3 次，首先确定部门 6，然后将部门 6 的关系密切程度为 A 的一一联系在一起，如图 7-8 所示。

第二步，考虑其他"A"关系部门，如能加在主关系簇上就尽量加上去，否则画不出分离的子联系簇。本例中，所有的部门都能加到主联系簇上去，如图 7-9 所示。

第三步，画出"X"关系联系图，如图 7-10 所示。

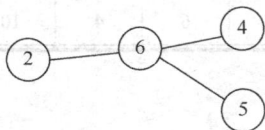

| 图 7-8 主联系簇示意图 | 图 7-9 各部门主联系簇示意图 | 图 7-10 "X"关系联系图 |

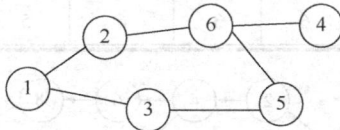

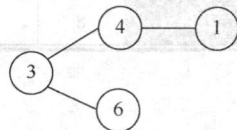

第四步，根据联系簇图和可供使用的区域，用实验法布置所有部门，如表 7-5 所示。

表 7-5 快餐店各部门布局示意图

1	2	6
3	5	4

7.3.2 基于产品导向的布置方法

产品导向布置不同于工艺导向布置，不存在设备或活动单元的相对位置的布局，一切都由其工艺流程决定，其重点是生产线或流水线的平衡问题。在制造业中，生产线或流水线分为加工线和装配线。加工线的平衡常常由专用设备决定，而装配线的平衡则用分解再组合的方式确定。

装配线平衡的步骤如下：

（1）计算节拍：

$$r = \frac{F_e}{N} \tag{7-1}$$

式中，r 表示节拍；F_e 表示计划期的有效工作时间；N 表示计划期的计划产量。

（2）计算最小工作地数：

$$S_{min} = \left\lceil \frac{\sum t_i}{r} \right\rceil \tag{7-2}$$

125

式中 S_{min} 表示最小工作地数；t_i 表示第 i 工序作业时间。

（3）组织工作地。组织工作地的原则：第一，保持工序的先后顺序；第二，工作地综合作业时间小于节拍，尽可能接近节拍；第三，工作地数目尽可能少，但是不能少于最小工作地数目。

（4）计算装配线效率：

$$F = \frac{\sum_{i=1}^{s} T_{ei}}{S \cdot r} \times 100\% \tag{7-3}$$

式中 F 表示装配线效率；S 表示工作地数；T_{ei} 表示第 i 道工作地实际的作业时间。

【例题 7-3】 一装配线由 10 道工序组成，各工序的工时定额和作业的先后次序如表 7-6，图 7-11 所示。如果计划期的有效工作时间为 2 500 小时，计划期的计划产量是 10 000 件，试进行装配线的平衡。

表 7-6 各工序的工时定额

工序编号	1	2	3	4	5	6	7	8	9	10
工时	8	5	6	3	6	5	12	6	4	10

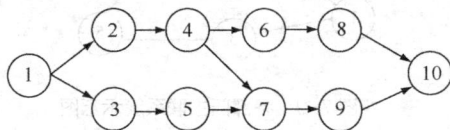

图 7-11 装配线工序关系图

解：（1）计算节拍：

$$r = \frac{F_e}{N} = \frac{2\,500 \times 60}{10\,000} = 15$$

（2）计算最小工作地数：

$$S_{min} = \left\lceil \frac{\sum t_i}{r} \right\rceil = \left\lceil \frac{8+5+6+3+6+5+12+6+4+10}{15} \right\rceil = 4.3$$

（3）组织工作地，如图 7-12 所示。

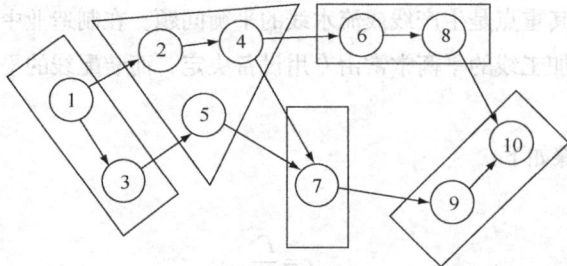

图 7-12 装配线工作地分配图

（4）计算装配线效率：

$$F = \frac{\sum_{i=1}^{s} T_{ei}}{S \cdot r} \times 100\% = \frac{14+14+12+11+14}{5 \times 15} \times 100\%$$
$$= 87\%$$

7.3.3 设施布置分类模型

计算机辅助设施布置方法自从出现以来，就一直是人们研究的重点，发展非常迅速。设施布置分类模型如表 7-7 所示，设施布置的分类算法如表 7-8 所示。

表 7-7 设施布置分类模型

一类	理想的块状布置模型	（1）二次分派模型 （2）二次集合覆盖模型 （3）线性整数规划模型 （4）混合整数规划模型 （5）图论模型
二类	扩展模型	（1）动态布置模型 （2）随机布置模型 （3）多准则/多目标、鲁棒性及柔性布置模型
三类	特定情形模型	（1）流线、行列及环行布置模型 （2）机器布置模型 （3）单元布置模型

表 7-8 设施布置分类算法

算法	最优	分支定界法	
		割平面法	
	次优	传统启发算法	新建法
			改进法
			混合法
			图论法
		人工智能	模拟退火法
			禁忌搜索
			遗传算法

7.4 服务业设施布置

服务设施布置是指根据服务提供的特性和要求，在时间、成本、技术允许的前提下，确定完成某项服务功能所需的各功能要素（包括工作站、员工、设备、工具、顾客等）在服务场景空间内的具体位置和数量分配，并明确不同位置间的相对关系。

7.4.1 概念和原则

1. 服务设施布置的概念

服务设施的布置是否合理，能否最大限度地为顾客提供方便，已经成为服务企业现代营销思想的核心所在。

在进行服务设施布置时，需要考虑一系列影响因素，针对不同行业的特征，进行差异化设计，如表 7-9 所示。这些因素可以概括为 OPQRST。[7]

O—企业目标。指服务设施布置要考虑企业目标的多样性、企业今后的发展。

P—人员和服务的素质和数量。

Q—数量要求。服务设施的配置会受到服务提供数量的影响。

R—日常工作。指服务设施配置时要考虑服务流程、物资供给、信息传递以及客户参与等日常工作的内容。

S—空间与服务。指既要考虑可供使用的面积、体积、空间形状，也要考虑所提供的服务类型和服务地点。不同服务类型对服务设施布置有不同的要求，如表所示的几种不同服务类型所需解决的主要问题是不同的。

T—时间。指服务设施的布局应考虑在一段时间后对原有布局进行改变的难易程度，以及增加服务场所空间所需的时间。

表 7-9　服务设施布置策略的方案

服务类型	自助餐	保险公司	医院	零售商店	运输公司
需要解决的问题	各个供餐点之间的平衡	对需要频繁接触的员工岗位进行妥善安排	为各类病人提供所需的不同服务	努力将顾客普遍需求与即兴购买的商品陈列在出口处	降低储存和物资处理的成本

2．服务设施布置的原则

服务设施布置与制造业设施布置有所不同，主要是由于顾客参与服务过程、出现在服务场景中，并与员工发生互动作用。因此，服务企业在进行服务设施布置时，除了考虑效率和成本外，必须考虑顾客的感受以及员工与顾客之间的互动要求。在服务设施配置时要遵循以下几点原则：

（1）人员、材料和文件的移动距离应最短。

（2）既要充分利用空间，也要考虑日后扩张发展的需要。

（3）考虑重新调整以及服务发展的适应性。整个服务设施配置要根据产品、服务以及需求规模的变化进行调整。

（4）为员工提供满意的物质条件，以提高员工服务质量。

（5）为顾客提供舒适的室内环境。

7.4.2　服务设施布置方法

本章第三节对传统的设施布置方法已有介绍，但前面介绍的方法主要应用于制造业，当然，在服务业中也可用到。在服务业中，服务设施布置的方法分为产品导向布局和过程导向布局。

1．产品导向布置

在服务业中，产品布局是以固定步骤向大批消费者逐一提供标准化服务的场所设施布局方式，如学生食堂的供餐点、大型超市的结算点等。产品导向布局方法要求顾客在服务点按序流动，每一个服务点上花费的时间相似，以避免出现瓶颈现象。这类布局的核心是找到理想的平衡点，尽可能减少各工作点的闲置时间。理想的产品线平衡工作流程是每道服务工序所花费的时间均等，从而使顾客在各服务部门顺畅流通。瓶颈是流水线上经常遇到的问题，每个顾客花费时间最多的工作成为瓶颈并会限制整条服务线的能力。解决瓶颈的方法包括：为该项工作增加人员；提供帮助以减少作业时间；重组任务以形成新的不同作业分配平衡的生产线。

2．过程导向布局

过程布局是一种对相似的过程、功能进行合理安排的设施布局方法，它将功能相似的服务设施布置在一起，形成不同的功能区，并通过优化各功能区的相对位置使各功能区之间的总流量实现最小化。过程导向布局经常用于两种情况，一种是某个区域的功能区布局，如大学校区规划、开发区规划等；另一种是室内的功能区布局，如餐馆、医院、办公室、商场等。以医院为例，源源不断的病人需求各不相同，但每个病人都要经过一套固定程序完成看病服务，如挂号、就诊、化验、取药、打针等。医院应将挂号、取药、收费等部门尽量布局在一个区域，将各科室（如外科、内科、妇产科等）布局在一个区域，将化验室和各种检查室（如CT室、X光透视室等）布局在一个区域。这样布局的目的是为了使病人在看病过程中走动的距离最小。

在过程导向布局中，顾客可以根据自身需求确定服务活动的次序。过程导向布局允许不同的功能区在同一时间内对需求各异的各种服务内容进行处理，因此可以部分满足顾客的特定要求以实现顾客化服务。大多数服务企业都采用过程导向布局方法，这种布局方法对咨询公司、保险公司、医院诊所等服务部门最为有效。[7]

过程导向布局的设计包含以下4个步骤：

（1）收集功能区之间的流量数据。流量数据主要是指人员流量数据，它是服务设施布置设计的依据。两个功能区之间每日人员的移动总距离等于两个功能区之间的流动人次和两功能区之间距离的乘积，即：

$$人员移动总距离/日=流动人次/日×两功能区之间的距离 \tag{7-4}$$

（2）设计、修正功能区之间的最优位置关系图。基于流量数据，设计各个功能区的最优位置关系，使总流量达到最小。设计以后，要根据服务设施的面积和结构，修正功能区之间的位置关系，使最优位置关系与服务设施的结构特点相符。

（3）形成初始布局。将修正后的位置关系图放在实际服务设施当中，形成初始布局图。

（4）确定最终布局。综合考虑其他因素（如服务流程、安全卫生、店面形象等）对功能区具体位置的影响，对初始布局进行调整，得到最终布局图。

7.4.3 服务部门设施布置

1．办公场所布置

办公场所布置是指对员工、员工使用的设备以及办公空间进行分组，以提供舒适、安全以及信息畅通的办公环境。办公场所布置的目的是解决信息的传递和交流问题，包括人的交流和文件的交流。所以办公室布置的主要特点在于重视信息传递的畅通无阻。

办公信息交流包括如下几种模式：面对面交流；电话或网上交流；邮件、文件交流；小组讨论或开会交流；对讲机交流。若所有工作通过电话等通信设备完成，则办公场所配置就很简单。然而尽管信息的流通正在日益电子化，但对办公场所布置的分析仍然是以任务为导向的。书信文件、合同、法律文件、保密的病历、手稿、美术和设计仍然在很多办公室中扮演这种角色。因此管理人员要同时考虑电子和传统的沟通模式、各自独立的需求，以及其他会影响员工效率的因素。我们可以通过绘制业务流程图，作为布置的依据。

办公场所的布置取决于整个办公室的面积、形状、工作的流程以及员工间的关系。办公室的布置应该致力于使单个员工和整体的效率都实现最大化。而不同的工作需要配置不同的工作环境、工作设施、空间以及不同的私密程度。在进行办公场所布置时需要考虑的因素如下：[7]

（1）考虑团队内部员工之间以及不同团队之间发生的频繁交流；

（2）办公室走廊要专门设计，以方便员工进出，同时避免穿越他人办公区；

（3）公用设备应放置在方便使用的地方，同时为文具、易耗品的存放留出场地；

（4）办公室应设置接待区，要求既舒适又能提供方便；

（5）最有效的利用办公室面积，合理布置工作人员的座位；

（6）办公室还应该配备一个计算机信息交流中心。

2．仓库布置

仓库布置的目的是寻求物料搬运成本和存储空间成本之间的最优平衡。因此，管理人员的任务就是最大限度地利用仓库的全部"立体空间"，即在充分使用所有空间的同时，保持较低的物料搬运成本。

在仓库布置中，管理人员的目标就是要将搜索和搬运物料过程中消耗的资源数量，加上物料本身的变质或损坏数量降至最低。实现仓库布置最优的关键是库存物品的种类以及提取物品的数量。物品种类少，存放密度就可以更大，反之存放密度就小。

3．零售业布置

零售业布置的目标是使店铺的每平方米净收益达到最大。基于这样一种想法，即产品对消费者的曝光度将直接影响其销售额与利润。因此，绝大多数零售店的运营经理会尽最大努力把商品摆放在顾客容易看到的位置。研究表明，曝光度越高，销售额就越高，投资回报率也越高。以下五点有助于零售业的整体布置：[56]

（1）将具有高度吸引力的商品摆在商店外围；

（2）在显眼的位置摆放具有高冲动性、高利润的商品，比如家居用品、化妆品和洗发水等；

（3）将一些"热门商品"（能够影响消费者购物路线的商品）摆在走道的两侧，并且要分散放置，以便增加其他商品的曝光度；

（4）充分利用过道末尾的位置，因为这些位置有很高的曝光率；

（5）精心选择商店入口处放置的商品，既要突出本商店的主要商品，也要传达当日顾客的最优选择商品，这样做有两个作用，一是树立商店形象，二是凸显出对顾客的优惠。

卖场规划的主要工作是门店内部的布置，有些卖场是多层的，如图 7-13 所示的家乐福布置，门店上下两层，进入卖场后先是随扶梯上二楼，然后才能下一楼交款，不能直接在一层购物，这样的目的在于让顾客在卖场内逗留更长的时间，以便有更多的机会向顾客展示商品。卖场的设计正是本着这一目的，让顾客在门店内滞留时间最大化。英国伦敦大学学院（UCL）著名城市设计专家艾伦·佩恩对宜家商场的研究发现，宜家利用巧妙的室内设计"困"住了顾客，使其尽可能多地购物。调查显示，顾客在宜家商场逗留的时间平均达 3 小时，最长甚至达 8 小时。宜家与其他商店摆设商品的逻辑不同，你不能再回到原处购买。佩恩说，"很多顾客知道他们不会再走回去购买自己看上的东西，所以干脆在路过的时候直接放入购物车。""顾客一般会随着宜家摆设的家具线路走，当顾客走过货架时，会随手拿起任何吸引住他们的商品"，"你会觉得这些东西很便宜，然后不由自主地就买下来了。"

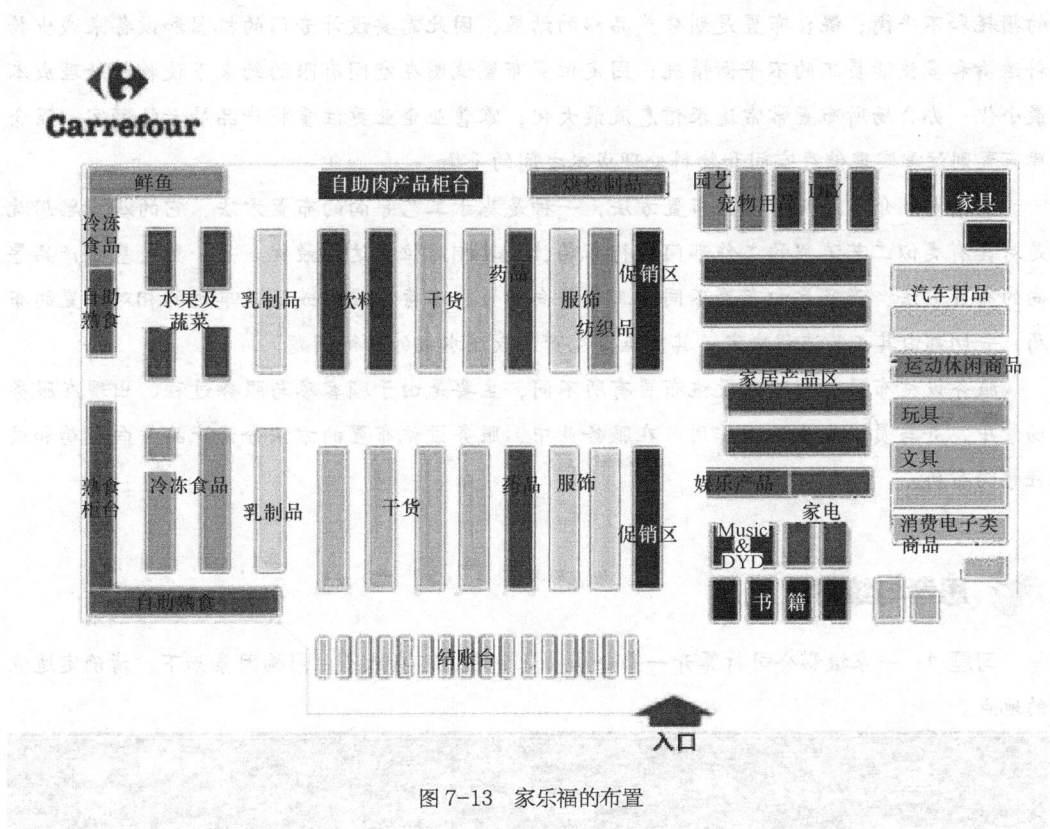

图 7-13　家乐福的布置

超市的规划设置是将高购买率、最吸引顾客的商品或区域放在门店的最深处或主要通道上，以便吸引顾客完整地将自己的门店光顾一遍。一般在家乐福二楼的主要是一些非食品的商品。如家电、家居用品、日常用品和卫生洗涤用品等。在一楼的是食品类。而熟食、生鲜、速冻等最吸引顾客的区域设置在门店的最内部。果蔬区被认为是高利润部门，通常的布局是安排在肉食品的旁边。同时由于奶制品和冷冻品具有易融化、易腐败的特点，所以它被安排在顾客购买流程的最后，临近出口处。而面包等烘焙制品，销量大，毛利高，大多被安排在第一货架和靠近入口的地方。还有一项规划设置的要求是要面向"防盗防损"的，一些丢失率较高的商品会专门安排在一些特定角落，如口香糖在收银台前，化妆品则在门店内醒目的地方。

本章小结

设施布置是指在已确定的空间范围内，对所属工作单元进行合理的位置安排，以便经济高效地为企业的生产运作活动服务。设施布置与企业选址类似，是决定长期作业效率的决策。

本章前后介绍了七种布置类型，分别是工艺导向布置、产品导向布置、混合布置、固定位置布置、办公场所布置、仓库布置和零售业布置。人们开发了多种技术用于解决这些布置问题。工艺布置力求将运输距离与运输次数的乘积降至最低；产品布置专注于降低装配线上的损耗和不平衡；混合布置是划分产品族的结果，因此需要设计专门的机器和设备来减少物料运输和多技能员工的不平衡情况；固定位置布置试图在空间有限的约束下使物料处理成本最小化；办公场所布置常常追求信息流最大化；零售业企业更注重将产品展示给顾客；而仓库布置则注重实现储存空间和物料处理成本之间的平衡。

本章重点介绍了两种设施布置方法，一种是基于工艺导向的布置方法，它的基本思想就是对具有类似工艺流程的工作部门进行布局，使其相对位置达到最优。另一种是基于产品导向的布置方法，产品导向布置不同于工艺导向布置，不存在设备或活动单元的相对位置的布局，一切都由其工艺流程决定，其重点是生产线或流水线的平衡问题。

服务设施布置与制造业设施布置有所不同，主要是由于顾客参与服务过程、出现在服务场景中，并与员工发生互动作用。在服务业中，服务设施布置的方法分为产品导向布局和过程导向布局。

思考与练习

习题 1：一家摄影公司打算开一家分店，两个地点可以选择，影响因素如下，请确定适宜的地点。

因素	权重	得分		衡量值	
		地点A	地点B	地点A	地点B
临近已有摄影店	0.1	100	60		
交通繁华	0.05	80	80		
房屋租金	0.4	70	90		
面积大小	0.1	86	92		
店面布局	0.2	40	70		
运营成本	0.15	80	90		

习题2：设某车间有17种零件，使用8台设备，共有10个工作场地，相邻工作场地的距离大致相等，假设为 1 个单位距离，按照每一个零件的工序组成顺序，画出综合的工艺流程图。

上工序　下工序	1. 毛坯	2. 铣床	3. 车床	4. 钻床	5. 镗床	6. 磨床	7. 压床	8. 圆磨床	9. 锯床	10. 检验
1. 毛坯		2	8			1	4		2	
2. 铣床			1	2			1			1
3. 车床		2		5					1	3
4. 钻床		1			1		3	1		4
5. 镗床				1						
6. 磨床				1						1
7. 压床				1						7
8. 圆磨床										1
9. 锯床			2			1				
10. 检验										

第三篇

管理服务运营

第8章　服务能力管理

学习目标

1. 了解在短期和长期中必须制定的基本决策，产能如何影响经济和非经济的标准，产能在重点和非重点设施管理上的影响。

2. 可以识别和使用不同的产能评价方法，了解安全产能的重要性，对产能进行定量计算，在运营规划决策中使用产能评价措施。

3. 了解制定长期产能决策和产能扩大战略的方法。

4. 了解公司如何处理需求和产能之间的短期不平衡，学习调节产能和影响需求的策略，达到更好的资源利用和效率。

5. 确定同收益管理相关的实际问题，可以计算简单的超额预订策略。

关键词

产能评价、安全产能、产能定量计算、收益管理

引导案例

2006 年春节期间，我国香港迪斯尼乐园连续两日出现因游客爆满关门禁止游人入场的事件，近千名游客拥堵在乐园门外，此事引起游人强烈不满，为免吃"闭门羹"，一些内地游客在凌晨 4 时许就开始在乐园外排队等候，至上午 7 时许乐园门外已聚集了逾千名游客。据悉，为方便游客到访，我国香港迪斯尼乐园自 1 月 3 日起推出半年期的有效门票，游客可通过旅行社或网站提前订购门票，这种售票方式虽然方便了游客购票，却令乐园难以统筹未来单日内到访的游客数，特别是在旅游旺季乐园达到接待人数上限时，会造成晚到的游客无法入场。我国香港迪斯尼乐园副总裁安明智在新闻发布会上道歉到：今年春节遇到了"前所未有的极大需求"，到访人数是去年国庆黄金周的两倍，因此导致票务统筹和入场管理失误。迪斯尼乐园方面则采取了暂时停止网上售票、退还游客票款及延长乐园开放时间等补救措施。

资料来源：来源于网络，编者整理。

你是否有过一些同上述案例类似的经历？公司的产能可以给你带来愉悦和不快吗？除了门票的问题，迪斯尼还应该考虑哪些产能呢？产能是对生产或服务系统执行其预期功能的一种衡量。有充足的产能是满足顾客需要并提供高质量服务的关键。

8.1 理解服务能力

服务能力是指一个服务系统提供服务的能力程度，即系统的最大产出率。对于服务型企业来说，面对的难题即是如何衡量服务的产出，如图8-1所示。[18]

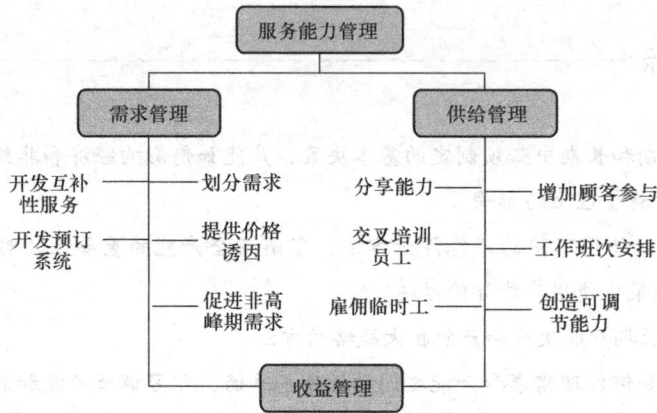

图 8-1 服务能力

8.1.1 产能与服务能力

一个音乐厅内应该容纳多少位听众呢？一家餐厅每天应该为多少位顾客提供服务呢？航空公司一天内运输多少乘客呢？这些都涉及到产能的问题。

产能（Capacity）指制造或服务资源在一段特定时间里完成其目的的生产能力，如设施、工艺、工作站或设备。也就是指在计划期内，企业参与生产的全部固定资产，在既定的技术条件下，所能生产的产品数量，或者能够处理的原材料数量。生产能力是反映企业所拥有的加工能力的一个技术参数，它也可以反映企业的生产规模。

服务业的产能简称服务能力，是指一个服务系统提供服务的能力程度，也被定义为系统的最大产出率。这个简单的定义隐含着一个难题，就是如何衡量服务的产出。我们知道，服务的两个基本特点是无形的及难以标准化，这是衡量服务产出的两个难点。另外一个难点在于服务型组织很少提供单一的、统一的服务。例如，医院的产出如何衡量？能否以占用的床位或病人的人数，或者医疗时间或护士护理时间来衡量？这些方法中没有一个可以准确地反映一个医院所提供的服务。服务业的服务能力与制造业的生产能力有许多相同的影响因素，但也有许多差异。服务能力对服务时间和服务场所的依赖性更大，复杂多变的服务需求以及服务设施的利用率在很大程度上影响着服务质量。

（1）服务时间。由于服务的不可储存性，服务业不同于制造业，必须在需要服务的那一刻及时提供。例如，某次航班已经满员，航空公司不可能再利用上次航班中空余座位的"存储"来满足现在顾客的需求。

（2）服务场所。在制造业中，产品可以从一个地方运送到另一地方来提供给顾客。而在大多数服务业中，服务能力必须存在于顾客周围，才能发生服务活动。

（3）需求多变性。服务需求多变性的原因主要有两点，一是服务业要面对大量个性化的客户需求；二是对服务的需求量受顾客行为的影响，而顾客的行为又受很多不确定因素的影响。服务需求的多变性使服务能力计划的难度增大，服务业部门需要在很短的时间内，做好合理可行的能力计划，以应付突然变化的需求。

8.1.2 规模经济与规模不经济

规模经济（economics of scale）又称"规模利益"（scale merit），指在一定科技水平下生产能力的扩大，使得长期平均成本下降，从而使经济效益得到提高。

规模不经济是来自规模经济概念的。规模经济一般界定在初始阶段，由于扩大生产规模而使经济效益得到提高，而当规模扩张到一定规模以后，继续扩大生产规模，反而会导致经济效益下降，这就是规模不经济。可见在生产规模的影响下，效益会有一个拐点出现，效益先是随着规模的扩大而上升，随后又会随着规模的扩大而下降。企业在追求更大的经营效益时，要考虑到规模过大所带来的规模不经济问题。所以，产能既能促进经济效益的提高，实现规模经济，也能导致经济效益的下降，产生规模不经济。

8.1.3 服务技能储备

服务技能或员工技能是员工提供服务所必需的技术和能力的统称，一般可以分为技术技能和处理人际关系以及协调、沟通和解决问题的应变技能。在一定的时间区间内，有形设施能力是相对固定的，并随着折旧而降低价值。而员工的知识和技能储备是灵活的，并随着技能增加而提高价值。因而提高知识技能储备水平，可以更有效地应对服务需求的波动。

8.2 产能度量与产能计划

产能是指生产单位所能承担负荷的上限。产能计划关注的核心问题有，需要何种产能？需要多大的产能？何时需要这种产能？产能是决定一个企业规模大小的主要因素之一，是影响营运成本的重要因素。

8.2.1 产能分类

企业或服务组织的服务能力在一定时期内保持相对稳定，但并不是永久不变的，客观上会随着服务运营技术、组织条件发展变化而变化。根据服务运营能力的用途不同，将企业的服务产能分为三类。[56]

（1）理论产能，有时也叫做设计产能，就是服务过程在理想操作条件下短期内每单位时间可以达到的最大产出量。这是服务系统在完全发挥的状态下的最大服务潜力。

（2）计划产能，是指企业在计划期内，依据现有的服务生产技术组织条件，充分考虑了已有的运作条件和各种可行措施后，实际能够达到的服务生产产能。这种能力才是作为服务运营计划基础的产能。

（3）有效产能，是组织长期运作中在一般操作条件下合理预期可维持的每单位时间的实际生产量。

上述三种产能各有不同用途，理论产能是根据先进的技术定额水平计算的，是企业编制长远规划的依据；计划产能是根据平均先进定额来核算的，只能表明目前的生产能力水平，因此只能作为编制中短期计划、确定生产计划指标的依据；有效产能是以计划产能为基础减去实际运作时的维护及损耗而确定的，可以作为短期的标准衡量值。

【例题 8-1】 假如理论产能是每天生产 2 200 辆卡车，而计划产能是每天生产 2 000 辆卡车，有效产能为每天生产 1 800 辆卡车。则生产效率为多少？产能利用率为多少？

解：生产效率=有效产能/计划产能=1 800/2 000=90%。

产能利用率=有效产能/理论产能=1 800/2 200=81.8%。

8.2.2 产能评价

1．产能评价的意义

分析企业生产服务计划可行性时，评价企业产能是一项十分重要的工作。它一方面要考察拟定生产服务计划能否实现，另一方面表明企业可以承担的任务量，产能是反映企业生产服务可能性的一项重要指标。特别是对需求多变且对服务时间和服务场所依赖性很大的服务业，服务能力柔性成为竞争的一个关键因素。由于服务业的需求多变，在制订服务运营计划以前，必须对本企业的服务能力进行有效度量。不同的组织，服务能力的度量方式也不同。目前还没有一种方法可以适用于所有企业的服务能力度量。

2．产能的计算

一个音乐厅内应该容纳多少位听众呢？一家餐厅每天应该为多少位顾客提供服务呢？航空公司一天内运输多少乘客呢？在计算这些产能时，需要区别对待。音乐厅的产能取决于座位数和音乐厅一天内的场次数；餐厅的产能取决于餐厅内的座位数、餐厅的营业时间、服务等待时间以及顾客的平均消费时间；航空公司的产能则取决于航空公司的飞机数量、飞机大小、每天航班数以及天气情况。

8.2.3 运用产能指标制订运营计划

确定未来的能力要求可能是一个错综复杂的过程，这个过程在很大程度上依赖于未来的需求情况。当对产品和服务需求的预测达到一定的精确度时，确定能力的要求就会变得相对简单一些。确定能力通常需要两个阶段，第一阶段利用传统的模型预测未来的需求，第二阶段利用这种预测来确定能力要求和每次增加能力所能增加的规模。不同企业的产能计划的决策方法各有不同，但一般来说，都需要以下四个步骤。[19]

（1）预测未来的能力需求。在进行生产能力计划时，首先要进行需求预测。对市场需求所做的预测必须转变为一种与生产能力直接比较的度量。因为在市场预测时，一般是对产品的需求进行预测，这样需要将预测结果转换成对生产能力的需求。由于生产服务能力需求的长期计划不仅与未来的市场需求有关，还与技术变化、竞争关系及生产率提高等多种因素相关，因此必须综合考虑。还应注意的是，所预测的时间段越长，预测的误差可能就越大。

（2）识别现有生产服务能力与未来需求之间的差距。相对于预测生产服务需求而言，现有产能可能过剩、也可能不足，两者之间常常存在差距。当预测需求与现有产能之间的差为正数时，就需要扩大产能，若为负数，则需要缩减产能。

（3）制订候选的产能计划方案。在识别了预测需求和现有产能的差距之后，就需要制定可行的扩展产能或缩减产能的备选方案。一般来说，至少应给出 3～5 个同等的候选方案。

（4）进行方案评选，做出最后决策。产能计划的最后一步是管理者对备选方案进行定量与定性的分析与评价。定量分析主要是从财务的角度，以所要进行的投资为基准，比较各种方案给企业带来的收益以及投资回收情况。比如净现值法、盈亏平衡分析法、投资回报率法等不同方法。定性分析主要考虑与企业的整体策略关系、与竞争策略关系、技术变化因素等。

8.3　产能与需求策略

（1）服务需求具有弹性。服务需求的波动程度很大。在受到外部环境和消费者习惯行为模式影响时，服务需求呈现规律性、周期性、季节性的变动，存在一定的因果关系，包括习惯的就餐时间、节假日消费和不同季节旅游景点顾客游览的冷热现象等。

（2）服务能力具有刚性。服务能力的波动程度很小。服务能力是组织的有形设施、知识和技能、资源使用等方面的配置所形成的一定水平组合，也构成影响或限制组织总体服务能力的制约因素，即为服务能力的刚性。

能力刚性与需求弹性之间存在一定的矛盾。因而需要寻求服务供需的平衡。服务供需平衡具有以下四种情况如图 8-2 所示，需求过剩、需求大于最佳的利用能力、供需平衡于最佳的利用能力、能力过剩。

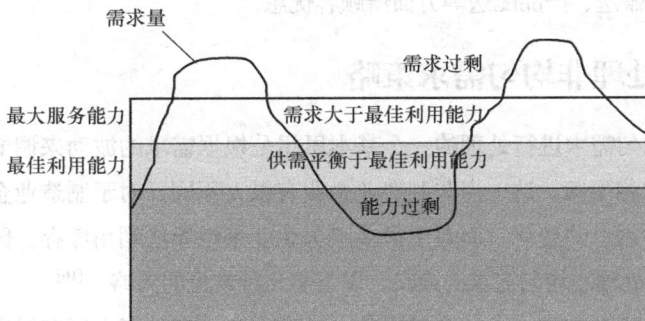

图 8-2　服务供需平衡的四种情况

8.3.1　影响需求类型的策略

服务型企业面临的市场需求往往波动很大，如果不能满足高峰期的最大需求，很可能会使企业利润损失或者企业信誉损失，而如果在需求低谷期不能获取足够的需求，可能会带来资源的浪费，因为人员、设施等企业资源在低谷时将被闲置。所以为了提高企业的经济效益，较为主动的一种服务运营策略是设法影响需求，也就是说，采取一定的措施降低高峰期的需求，或在能力过剩的时候提高需求水平。以下讨论影响和改变需求的几种主要策略。[15]

（1）固定时间表。固定时间表主要是为了控制需求过大对服务质量所带来的影响。例如航班、火车车次固定，即在固定的时间内对服务的顾客数量进行限制，防止服务无法满足需求。火车站限时进站是很好的例子，这样可以防止车站内人员过多，影响火车站的正常服务。

（2）使用预约系统。使用预约系统是服务行业管理需求常用的方法，这种方法相当于"存储"需求，相当于制造业中的"利用库存"或"延迟交货"策略。对顾客来说，当服务的选择范围小却具有较高价值的情况下，常用这种策略。例如，医疗保健、法律咨询、酒店、飞机等都是通过预约来提供服务的。预约系统对企业和顾客都有好处。对企业来说，可以有效平衡需求总量，预先安排服务能力，从而保证服务水平。对顾客来说，最大的好处在于服务时间能够得到保证，且节省时间。

（3）利用价格杠杆。为低峰时的需求提供优惠以促进需求，对高峰时的需求提高价格以减少需求。团购网站电影票的价格就是一个利用价格杠杆的例子，工作日的需求较低，所以通过降低团购价格来吸引更多消费者，而在周末，价格就相对提高。对刚刚上映的影片需求量较高，可以通过加收差价来降低需求。为使服务价格成为需求管理的有效工具，管理者必须知道产品需求曲线的形状和斜率，即在一个特定的时间点，价格每变化一个单位所引起需求的变化数量。为此，首先需要分析特定服务在不同时间段的需求曲线是否会发生明显变化。如果发生明显变化，则在不同时间段需要采取不同的价格策略。

（4）促销和宣传。有些情况下，服务企业可以通过促销和宣传手段来影响需求，使需求在某种程度上变得平滑。有时一条简单的信息就可能降低需求，例如，通过通告、广告和销售信息等告之顾客，公共交通、国家公园、博物馆、邮局等服务的高峰期，鼓励顾客错峰接受服务，以及由此带来的价格优惠和服务水准的提高。同样，也可以通过促销活动来提高需求，例如在价格、赠送、产品配送等方面给顾客优惠。

8.3.2　处理非均匀需求策略

服务业对非均匀需求进行处理的一个基本思想是根据需求的波动来调节服务能力，使之与不断变化的需求相平衡。这一点与制造业企业有很大不同，对于制造业企业来说，可以通过持有库存来应对需求的变化，而对于很多服务企业来说无法利用库存。因此，服务业需要有不同于制造业的处理非均匀需求的策略。以下是几种常见的策略。[16]

（1）改善人员班次安排。通过改善服务人员班次安排有可能大幅度提高服务能力，许多管理科学的技术可以用来优化服务人员的安排，例如医院护士的排班，航空公司飞行员的日程安排以及餐饮业服务人员的倒班。

（2）利用临时工作人员。利用临时工作人员是目前许多服务型企业应对需求波动的方法。据估计，服务业几乎 1/4 的员工是临时性的。在服务需求不断变化的情况下，雇佣临时工作人员可能是最合适的。

（3）利用外单位的设施和设备。为了提高服务能力，除了服务人员，设备也是一个重要的考虑因素。而需求的高峰期只是一段时期，为了满足高峰期而购置新设备显然不经济，在这种情况下，服务企业可以租用外单位的设施或设备。

（4）雇佣多技能员工。多技能员工掌握执行多项工作任务的技能，当一个服务企业出现服务瓶颈时，可以对多技能员工做出工作调整，并赋予他们相应的权力，从而提高需求高峰期的服务能力，例如美国西南航空公司。

（5）顾客自我服务。在一些服务提供过程中，让顾客参与进来，可以提高服务效率。例如，在餐饮业可以采用自助形式，服务人员只提供食物，具体的操作由顾客自行完成。一般来说，增加顾客的参与程度既能减少服务企业的人力成本，又能提高服务速度，从而提高服务能力。但是增加顾客的参与也存在一定风险，如果顾客操作不熟练，可能反而会减慢服务并导致能力的降低。

（6）采用自动化方法。自动化方法是指通过机器操作对顾客进行服务，为了更加方便地获得服务，顾客可以选择通过自动化机器进行操作，完成服务流程。例如 ATM 自助存取款机，大大提高了银行的服务能力。

8.3.3 服务系统利用率

服务生产率可以通过以下公式衡量：

（1）生产率为产出与投入比，即生产率=产出/投入。

（2）单项生产率为一种投入计算得出的生产率，称为单项生产率。

（3）综合生产率包括了所有的投入元素，即所有投入的变化对综合生产的影响。

（4）效率可以由一个过程获得的产出与投入之最大产出比得到，也可以由生产一定产出而需要的最小投入与实际投入之比得到。

提高服务生产率面临以下挑战，因为服务产出的难以测量性，因而需要解决如何识别服务要素、如何选择服务产出的表达元素、如何衡量顾客的作用及如何衡量服务质量的差异，如图 8-3 所示。[17]

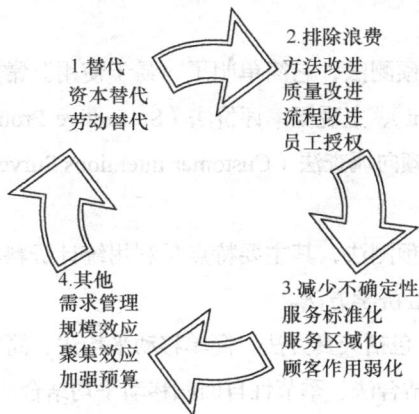

图 8-3　提高服务生产率的途径

8.4 预测和需求计划

预测就是估计未来需求发生的可能性以及发生的时间和数量，从而在此基础上制定企业的能力决策、人员安排决策等。从这个意义上来说，需求预测可称为企业一切决策的起点。

8.4.1 需求预测概念

需求预测是服务运营规划的基础，如果没有经过精心的需求预测，许多服务的提供将会变得混乱无序。例如，一家航空公司在需求高峰到来之前需要根据对需求的预测来决定是否要增加航班、增加多少；一个餐馆在春节期间会根据需求预测来考虑是否雇佣临时人员以及如何安排。不仅如此，需求预测提供了企业能够销售出去的服务量估计，这种估计既受服务需求也受组织潜在能力的制约。此外，可能的销售数量还必须建立在一个大约的价格基础上。从这个意义上来说，需求预测对于企业制定营销计划、收入计划和年度预算等都具有重要的意义。

8.4.2 需求预测分类

1．按预测时间的长短

（1）长期预测指 5 年或 5 年以上的需求前景预测。它是企业长期发展规划、产品开发研究计划、投资计划、生产能力扩充计划的依据。

（2）中期预测指对一个季度以上两年以下的需求前景的预测。它是制定年度生产计划、季度生产计划、销售计划、生产与库存预算、投资和现金预算的依据。

（3）短期预测指以日、周、旬、月为单位，对一个季度以下的需求前景的预测。它是调整生产能力、采购、安排生产作业计划等具体生产经营活动的依据。

2．按主客观因素所起的作用

（1）定性预测法

定性预测法也称为主观预测法，它简单明了，易于使用。常用的有，高级主管人员估计法（Jury of Executive Opinion）、主观概率评价法（Subjective Probability Assessment）、德尔菲法（Delphi Method）和顾客倾向调查法（Customer Intentions Survey）。

（2）定量预测法

定量预测法又称为统计预测法，其主要特点是利用统计资料和数学模型来进行预测。常用的有时间序列方法和计量经济学方法。

① 时间序列分析方法。包括天真方法、简单移动平均法、简单指数平滑法、霍特-温特指数平滑法、自回归移动平均结合法、季节性自回归移动平均结合法。

② 计量经济学方法。包括线性回归模型、对数回归模型、协整检验与误差修正模型、时变参数模型、向量自回归方法、近似理想需求系统模型。

（3）预测程序

预测是通过对客观事实历史和现状进行科学的调查和分析，由过去和现在去推测未来，由已知去推测未知，从而揭示客观事实未来发展的趋势和规律。预测的程序如图8-4所示。

Step1: 明确预测目标

Step2: 选择影响因素和预测方法

Step3: 收集信息、确定参数

Step4: 进行预测

Step5: 评价预测效果

图8-4 预测程序

8.4.3 需求预测方法

进行需求预测时的一个重要问题是选择合适的预测方法。到目前为止，所开发出来的进行市场需求预测的方法已经有很多种，一般来说，所有的预测技术方法可以归纳为以下四种，判断法、计数法、时间序列法和因果关系法。

（1）判断法即主观预测模型，是指管理者们根据经验、对市场的主观判断、直觉、个人的价值观、猜测以及专家意见来进行预测。

（2）计数法也称为统计预测法，就是统计将要购买或者打算购买的数量。人口普查就是对全部被调查人口进行的计数，概率样本是为了估计全部人口的某些特征而进行的部分计数。

（3）时间序列法用的是时间序列预测模型，是一种计量模型。这种方法的基本思想是"根据过去推测未来"，是建立在将来的数据集合是过去数集的一个函数的假设基础上。具体来说，这种方法观察过去一段时间已经发生的事情，然后根据一系列过去的数据来预测未来。

（4）因果关系法也是一种定量分析方法，如回归预测法。它的基本思想是"根据某些因素的变化来推测另一些因素的变化"，例如通过新建住宅、广告费用预算和竞争对手所提供的价格等因素来推测某种割草机的销售量。

1．主观预测模型

主观模型是指当缺少足够多的合适数据，无法利用时间序列模型和因果模型（如回归模型）做出定量预测时，依靠经验和逻辑推理进行判断的预测方法。主观模型法包括德尔菲法、部门主管集体讨论法、用户调查法和销售人员意见汇集法等。

（1）德尔菲法。是美国兰德公司于 20 世纪 40 年代开发的一种预测方法，是一种匿名的反复函询的专家征询意见法。它的基本程序是：明确问题、选聘专家、函询专家意见、将专家意见整理并反馈给专家，如此反复征询并整理专家意见，最后得到统一的专家意见。该方法坚持的三条原则：匿名性、反馈性和收敛性。其优点是简明直观；缺点是代价昂贵且非常耗时，在实践中一般用于长期预测。

（2）部门主管集体讨论法。该方法类似于头脑风暴法，部门主管在讨论会中畅所欲言，集思广益，各个参与者不对其他人的意见进行批判，最后整理所有意见与建议。

（3）用户调查法。主要是通过调查问卷等形式对服务接受者或潜在消费者进行消费偏好等特征的资料收集，并对资料进行分析，推断服务需求。用户调查法的可信度取决于问卷设计的合理性和调查对象填写的真实度。

（4）销售人员意见汇集法。该方法主要是根据在市场一线的销售人员对市场需求的预测意见，通过汇总整理，初步判断市场需求，并通过多次征询销售人员的意见进行推断的改进。

2．时间序列预测模型

时间序列模型是指，利用过去数据在时间上的稳定延续性，对未来的趋势做出预测的方法。一般来说，时间序列由 4 个因素组成：长期趋势、季节变动、周期变动和随机变动。

长期趋势是指数据随着时间的变化表现出的一种趋向；季节变动是指在一年里按照通常的频率围绕趋势上下有规律的波动；周期变动是指在较长时间里（一年以上）围绕趋势做有规律的上下波动；随机变动是指由很多不可控因素引起的、没有规律的上下波动。

使用时间序列模型的前提条件是：过去一段时间内连续 N 期的数据之间必须稳定关系，这样便可以找出数据的发展趋势，并进行预测。以下介绍几种常见的时间序列预测方法。

（1）N 期移动平均法

如果服务需求在一段时期内保持稳定，就可以利用 N 期移动平均数作为下一期的预测值。n 个月的移动平均数是由过去 n 个月的需求简单相加并除以 n 得到的。简单移动平均数（即下一期需求的估计）的公式是：

$$移动平均数=（前 n 期的需求总和）/n \qquad (8\text{-}1)$$

等式中，n 是期数。

【例题 8-2】一家百货商店 A 商品的需求预测

下表是运用 N 期移动平均法对该百货商店 A 商品的需求预测结果。

表 8-1 N期移动平均法预测

月份	A 商品的销售量（单位：万件）	4 期移动平均数	预测值
一月	136		
二月	128		
三月	167		
四月	145	(136+128+167+145)/4=144	
五月	150	(128+167+145+150)/4=147.5	144
六月	160	(167+145+150+160)/4=155.5	147.5
七月	136	(145+150+160+136)/4=147.75	155.5
八月	143		147.75

（2）加权移动平均法

虽然 n 期移动平均法可以消除数据中的波动，但由于计算均值时赋予所有新旧数据相同的权重（$1/n$），导致这种方法对变化反应较慢。在实际中，越新的数据越能表示出变化的情况，因此要对新的实测值赋予更大的权重。如果各期的统计数据呈一个总体的趋势，就可以利用权数来强调近期数据的重要作用。因为按其重要性更强调了近期的数据，这就使得移动平均法对变化反应更为灵敏。需要指出的是，由于没有公式可以决定加权系数，设定一个正确的加权系数需要有一定的经验。如果过于强调近期数据的重要性，预测值可能会反映出需求或销售量变化太大。求加权移动平均数用数学公式可以表达为：

$$加权移动平均数 = \Sigma(第i期的权数)(第i期的需求)/\Sigma权数 \tag{8-2}$$

【例题 8-3】 加权移动平均法对 A 商品的需求预测

由于近期统计数据的权重更大，假定预测月份为 T，赋予（T-1）月的权重为 4，（T-2）月的权重为 3，（T-3）月的权重为 2，（T-4）月的权重为 1。运用加权移动平均法对示例进行分析，得到表 8-2 中的预测结果。

表 8-2　加权移动平均法预测

月份	A 商品的销售量（单位：万件）	4 期移动平均数	预测值
一月	136		
二月	128		
三月	167		
四月	145	(136+128×2+167×3+145×4)/10=147.3	
五月	150	(128+167×2+145×3+150×4)/10=149.7	147.3
六月	160	(167+145×2+150×3+160×4)/10=154.7	149.7
七月	136	(145+150×2+160×3+136×4)/10=1469	154.7
八月	143		146.9

结果显示，加权移动平均法的预测值较 N 期移动平均法更为准确。

（3）简单指数平滑法

移动平均法虽然能消除数据中的大幅度变动，使估计值比较稳定，但增加的 n 值对统计数据中的真实变化反应不灵敏，并且不能很好地反映出变化趋势。简单指数平滑法强调近期数据的重要性，使得移动平均法对变化反应较为灵敏，如图 8-5 所示。简单指数平滑法旨在反映出预测的误差，纠正以前的平滑值。简单指数平滑法的基本公式如下：

$$下期预测值 = \alpha \times 本期实际值 + (1-\alpha)本期预测值 \tag{8-3}$$

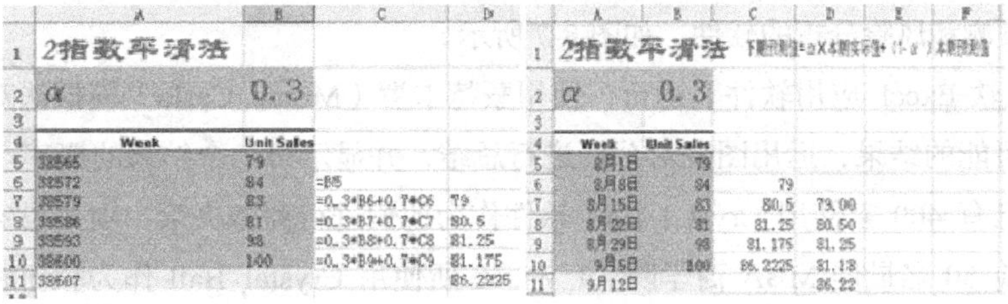

图 8-5　简单指数平滑法

公式中，α 是权数，也可称为平滑常数，取值在 0 和 1 之间。

【例题 8-4】 在内华达州，近五年来大众公司畅销的甲壳虫汽车销售额呈稳步上升趋势。2000 年时，销售经理预测 2001 年的销售量为 410 辆。假设 $\alpha=0.3$，试用指数平滑模型计算 2002～2006 年的预测值。

3．回归预测法

回归预测法是运用回归模型进行需求预测的一种方法，回归模型体现了被预测因素与决定它的影响因素之间的关系，如图 8-6 所示。其中，被预测因素称为因变量（Y），决定 Y 的各个变量称为自变量（X）。例如，雨伞销量的增加和雨天持续时间有关，因此可以根据未来一段时间内的天气预报来预测雨伞的销量。

当存在 n 个自变量时，因变量与自变量的关系可以写成：

$$Y=a_0+a_1X_1+a_2X_2+\dots+a_nX_n \tag{8-4}$$

其中，$a_0,a_1,a_2,\dots,a_n$ 是回归系数。

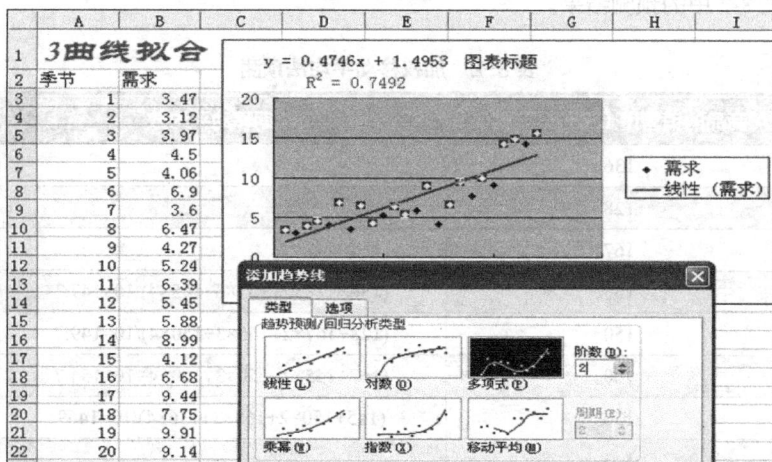

图 8-6　回归预测法

4．统计预测模型

统计预测模型由一组公式组成，它是回归模型的变形。这些公式之间相互关联，常数的取值类似于简单的回归模型。统计预测模型需要大量的数据并要运用复杂的分析方法。因此，一般适用于长期预测。

5．CB Predictor

Crystal Ball（简称 CB）是一个面向各类商务、科学和技术工程领域，用户界面友好，基于图表进行预测和风险分析的软件，如图 8-7 所示。

CB 在微软 Excel 应用软件上运行，使用蒙特卡罗（Monte Carlo）模拟法对某个特定状况预测所有可能的结果，运用图表对分析进行总结，并显示每一个结果的概率。全球 500 强大企业中早已有 400 家使用 Crystal Ball 软件作为他们进行商务决策，项目投资风险分析的工具；美国前 50 名最佳 MBA 商学院，已有 40 所使用 Crystal Ball 作为教研和商业性课题的工具。

图 8-7　CB 预测模型

（1）CB 的基本思想。首先建立一个概率模型或随机过程，使它的参数等于问题的解；然后通过对模型或过程的观察或抽样试验来计算所求随机参数的统计特征；最后给出所求解的近似值，解的精度可用估计值的标准误差来表示。

（2）利用 Crystal Ball 软件进行模拟的步骤。建立电子表格模型；规定关于概率变量的假设；规定预测单元，即相关的输出变量；设定重复次数；运行模拟；解释结果。

【例题 8-5】　费瑞迪报童问题

问题描述：每份报纸成本 1.5 美元，售价 2.5 美元，未出售报纸退款 0.5 美元。日销售额在 40～70 份之间，发生在 40～70 份之间的概率大致相等。求利润最大化下所售报纸的份额，如图 8-8 所示。

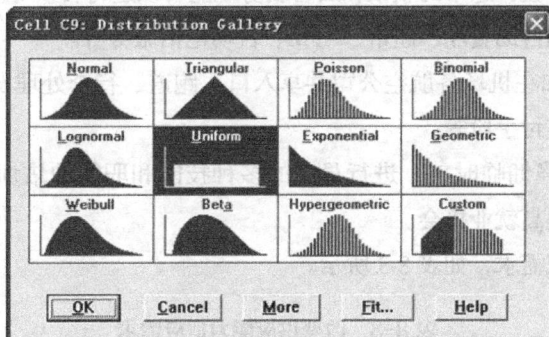

图 8-8　费瑞迪报童问题

8.5　收益管理

收益管理（Revenue Management）又称产出管理、价格弹性管理，是一种谋求收入最大化的新经营管理技术。它主要通过建立实时预测模型和对以市场细分为基础的需求行为进行分析，确定最佳的销售或服务价格。其核心是价格细分亦称价格歧视（price discrimination），就是根据客户不同的需求特征和价格弹性向客户执行不同的价格标准。这种价格细分采用了一种客户划分标准，这些标准是一些合理的原则和限制性条件。收益管理把科学的预测技术和优化技术与现代计算机技术完美地结合在一起，将市场细分、定价等营销理论深入应用到了非常细致的水平，形成了一套系统的管理理念和方法。[61]

收益管理的思想包括以下 7 个核心观念：

（1）在平衡供给和需求时主要考虑的是价格而不是成本。

（2）对市场进行精确的细分，并采用多种价格以满足每个细分市场的价格敏感性。

（3）用以市场为基础定价代替以成本为基础定价。

（4）为最有价值的旅客保留座位。

（5）根据所掌握的客观情况做出决策。

（6）开发产品价值链。

（7）持续地重新评估机会，科学地进行决策。

8.5.1 服务供需平衡策略

1．服务供应能力管理

（1）合理设计和充分利用现有服务设施。

（2）更新服务流程和布局。

（3）工作班次安排，通过需求预测来对供应能力提出要求，并据此合理计划班次。

（4）可调节的服务能力，如航空公司对可调式舱位进行分隔；餐馆可将餐桌座位合并与分解；旅店设计标准房、商务房、套房并可进行相应的合并、调配和升级；租车公司的各种车型之间可以调配和升级；超市的收银和后台服务职能可以进行转换等。

（5）自助服务，如自助餐厅、超市、ATM、自动电话服务等。

（6）分享能力，如在机场各航空公司共享入口、跑道、行李处理设备和地面服务人员、八达通和其他便利的支付手段等。

（7）交叉培训及雇佣临时工，进行员工的多种技能和职能的培训同时需要培养团队精神，可以减少成本并提高就业机会。

通过改变能力适应需求，如表 8-3 所示。

表 8-3　改变供应能力适应需求

需求太高	需求太低
改变能力	
增加时间、劳动、设施设备	进行保护创新
交叉培训员工	安排休假
雇佣兼职员工	安排培训
要求员工超时工作	解雇员工
租用或分享设施设备	

2．服务需求管理

（1）划分需求。首先，对服务的需求很少来自单一顾客群体，因而对不同顾客群应有所区分；其次，由于需求的波动性和季节性从而可进行群体需求划分；再次，实现快速平稳服务流程的前提是需求尽可能平稳；最后，调节需求的非价格工具可以通过规定需求时段和预约来解决。

（2）价格刺激。如周末和晚上的长途电话费率不同；白天举行的音乐会或电影院在下午六点前的场次票价可以打折；酒店淡季的价格相对较低；公共事业公司在需求高峰期的定价有溢价等。

（3）促进非高峰期需求。可以通过非价格手段如改变服务设施用途，增加常年旅客奖励里程数，抽奖消费服务或价格手段来实现。

（4）开发互补性服务。如在等待室里设置食品、咖啡和电视服务；在餐馆正餐前的酒吧提供饮料服务；在医务所等待室可以阅读杂志；在呼叫中心等待时间里播放音乐；在机场设置免费的互联网服务；在商店和快餐店里布置儿童游戏设施等。

（5）使用预订系统和超订。提前销售可以有效提供的服务；将多余的需求转移至同一设施的其他时段或同一组织的其他设施；减少顾客等待时间和保障服务的可供性；预约了但不履行和取消预约的顾客会延期服务；通过超订策略来避免不履行和取消预约所导致的损失。

（6）通过改变需求适应供应能力，如表 8-4 所示。

表 8-4 改变需求适应供应能力

需求太高	需求太低
改变需求	
使用标记通告繁忙日期与时间	在当前细分市场使用广告增加业务
在非高峰时期刺激顾客需求	调整服务提供以吸引新的细分市场
关注忠诚顾客或"常客"	打折或提供优惠价格
服务价格不打折	改变运营时间
	把服务送达给顾客

8.5.2 平衡服务产能的基础经济学

1．收益管理的内涵

收益管理的现代概念是美国航空公司的鲍勃·克兰德尔（Bob Crandell）在 20 世纪 80 年代期间分析航空业放松管制时提出来的。收益管理的思路如下：

（1）收益管理是一种复杂的供求管理手段，其基本手段是对价格的定制化和个性化管理，即相同的产品对不同的顾客规定不同的价格。

（2）在实际运用中，企业对不同的需求水平制定不同的价格，即根据不同细分市场对不同时段的价格敏感性不断调整价格，向最适合的顾客分配最佳类型的能力，以达到服务企业收入和盈利最大化的目的。

（3）收益管理的实质是充分利用企业产能，获取充足的顾客，不给愿意支付更高价格的顾客创造消费者剩余，通过平衡服务需求和服务能力，使企业的收益达到最大化。

评价收益管理的有效方法是特定时期实际回报与潜在回报的价值比，即

$$收益=实际回报/潜在回报 \qquad (8-5)$$

其中，实际回报=实际使用能力×实际平均价格；潜在回报=全部能力×最高价格。上式表明，收益是价格和实际使用能力的函数，运用收益管理，服务运营管理者能够通过同步控制产能（在一定价位上限制可用产能的数量）和需求（通过价格变动）实现收益最大化和产能利用率最大化。

2．收益管理的适用范围

要想最大程度地利用收益管理，一项服务应该具有以下特征：

（1）可以进一步细分市场。成功实施收益管理的一个主要问题就是企业要具有细分市场的能力。合理的细分市场可以只让企业的一部分顾客享受到减价优惠。对于使用收益管理的企业来说，开发出各种价格敏感性的服务至关重要。

（2）固定成本高而可变成本低。固定成本高而可变成本低的服务企业，只要售价能够超过可变成本，就可提供相当大的折扣。符合这种成本结构的服务企业，其利润与销售量直接相关。换句话说，销售量越大，利润额越高。

（3）产品不可贮存。许多种服务都可以应用收益管理，其根本原因是现有产能不可贮存。正因为产能不可贮存，服务运营管理者就必须尽可能提高产能的利用率，有时甚至需要提供极大的折扣来吸引顾客——只要打折后的价格高于可变成本即可。

（4）可以预售。某些服务企业可以通过预订方式售出自己的服务能力，如酒店、餐厅等。因此，管理者需要决策是接受提前打折预订还是等待出高价的顾客购买。某些需求的变化是可以预测的，因此管理者可以根据预期的预订累计量曲线确定可接受的范围，若需求高于预期，则停止折扣，以标准价格预订；若预订量低于可接受范围，则接受折扣价预订。

（5）波动需求。通过需求预测，收益管理可以使管理者在低需求期提高服务能力的使用率，在高需求期增加收入。通过控制折扣价的可获性，管理者可以将限制性服务的总收入最大化。

（6）低边际销售成本和高边际能力改变成本。销售额外的单元库存的成本必须要低，例如，为一位飞机乘客提供零食的费用可以忽略；而提高生产能力的设施投资的边际成本很高。

8.5.3 超额预订策略与分析

1．超额预订策略的含义

在收益管理的实际运用中，会遇到一些实际问题。例如，经常有些顾客先预订了航空公司机票、酒店客房或出租汽车，但最终并没有购买或取消了预订。一旦发生这种情况，服务公司就会出现产能剩余，而且无法在短期内再销售出去。所以，很多服务企业开始设立含有违约责任的新程序，目的就是减少违约数量。另一种尽量降低无效预订负面影响的方法是公司进行超额预订。

超额预订策略是收益管理的三种基本策略之一，是指服务企业接受的服务预订要求超出服务供应能力的收益管理策略。例如，某酒店有 200 套客房，根据以往出现的顾客违约的历史数据，酒店往往会接受 230 名预订者。

超额预订策略的目的是确定能使企业收益达到最大化的超额预订数。若超额预订数太少，仍会造成供应能力浪费；若超额预订数太多，则有可能造成顾客无法获得预约服务。因此，需要解决的问题就是最优超额预订数的确定。

2．最优超额预定数的计算方法

（1）最小成本法。寻找使闲置成本和补偿成本之和的期望值最小的超额预订数，此时的超额预订数就是最优超额预订数。其中，闲置成本是指顾客未履约而造成的损失；补偿成本是指向未能获得预约服务的顾客提供补偿的成本。

（2）临界点边际分析法。逐渐增加超额预订数，直到最后一个单位预订的预期收入恰好大于预期损失，即 E（最后一个单位预订的收益）≥E（最后一个单位预订的损失），此时的超额预订数就是最优超额预订数。

E（最后一个单位预订的收益）=P（收益）*（单位收益）；E（最后一个单位预订的损失）=P（损失）*（单位损失），因此得到如下公式：

$$P（d{\geq}x）*Q{\geq}P（d{<}x）*R \tag{8-6}$$

其中，Q 是由于顾客未履约而造成的损失；R 是指顾客无法获得预约服务而带来的补偿成本；P 是指基于以往数据得到的未履约的概率；d 是未履约人数；x 是超额预订数。经过对以上公式的变换整理得 P（d<x）≤Q/（Q+R）。可以用累积概率 P（d<x）来确定最佳的超额预订数量，即当不履约人数小于超额预定数时的累积概率正好小于比值 Q/（Q+R）时，由该概率确定的预订人数就是最优超额预订数。

【例题 8-6】 酒店最优超额预订数的确定

海洋酒店在旅游高峰期时经常会面临确定最优超额预订数的决策问题。该酒店每间标准间的价格是 600 元/天，若出现顾客不履约，单位闲置成本为 600 元；若超额预订数过多，酒店需要支付顾客 800 元/人，即单位补偿成本为 800 元。

酒店管理者面临的问题是：每天接受多少顾客超额预订能使收益达到最大化。根据以往的顾客未履约数据（表 8-5），下面应用最小成本法和临界点边际分析法进行计算求解。

表 8-5　酒店以往的顾客未履约数据

未履约人数（d）	概率[P(d)]	超额预订（x）	累积概率[P(d<x)]
0	0.05	0	0
1	0.10	1	0.05
2	0.20	2	0.15
3	0.15	3	0.35
4	0.15	4	0.50
5	0.10	5	0.65
6	0.05	6	0.75
7	0.05	7	0.80
8	0.05	8	0.85
9	0.05	9	0.90
10	0.05	10	0.95

（3）最小成本法。表 8-6 是根据表 8-5 数据得到的预期总成本的计算结果。表中对角线上的数据全是零，是因为超额预订人数与未履约人数相等，这是最理想的情况。最后一行是采

用各个超额预订数情况下的总成本期望值。从表格计算结果可以看出，预定数为 3 时总成本最低，因此最优超额预订数位 3。

（4）边际分析法。在本例中，Q 等于 600，R 等于 800，代入公式求得 $Q/(Q+R)=0.43$，由表 8-6 查出小于或等于 0.43 的累积概率值是 0.35，对应的超额预订数是 3，因此最优超额预订人数为 3。

表 8-6 酒店超额预订的预期总成本计算

未履约顾客数	概率	超额预订顾客数										
		0	1	2	3	4	5	6	7	8	9	10
0	0.05	0	800	1 600	2 400	3 200	4 000	4 800	5 600	6 400	7 200	8 000
1	0.10	600	0	800	1 600	2 400	3 200	4 000	4 800	5 600	6 400	7 200
2	0.20	1 200	600	0	800	1 600	2 400	3 200	4 000	4 800	5 600	6 400
3	0.15	1 800	1 200	600	0	800	1 600	2 400	3 200	4 000	4 800	5 600
4	0.15	2 400	1 800	1 200	600	0	800	1 600	2 400	3 200	4 000	4 800
5	0.10	3 000	2 400	1 800	1 200	600	0	800	1 600	2 400	3 200	4 000
6	0.05	3 600	3 000	2 400	1 800	1 200	600	0	800	1 600	2 400	3 200
7	0.05	4 200	3 600	3 000	2 400	1 800	1 200	600	0	800	1 600	2 400
8	0.05	4 800	4 200	3 600	3 000	2 400	1 800	1 200	600	0	800	1 600
9	0.05	5 400	4 800	4 200	3 600	3 000	2 400	1 800	1 200	600	0	800
10	0.05	6 000	5 400	4 800	4 200	3 600	3 000	2 400	1 800	1200	600	0
预期总成本		2 430	1 900	1 510	1 400	1 500	1 810	2 260	2 780	3 370	4 030	4 760

8.6 排队管理

我们的时间都耗费在哪里？比如，美国人一生平均要花费 6 个月等红灯、8 个月处理垃圾信件、一年寻找错放的物品、两年回电不成功、四年做家务、五年排队。在现实生活中等待是不可避免的，这源于需求到达速度和服务能力的变动。服务的生产与消费同时进行，很难解决需求的波动性问题。顾客的特点又是随机到达，并且要求立即得到服务。若在顾客到达时，所有的服务都已经被占用，那么顾客就需排队等待。对服务业而言，高的设施利用率是以顾客等待为代价的。

我们需要在服务能力成本和顾客等待成本中找到均衡点，使总成本最低，如图 8-9 所示。

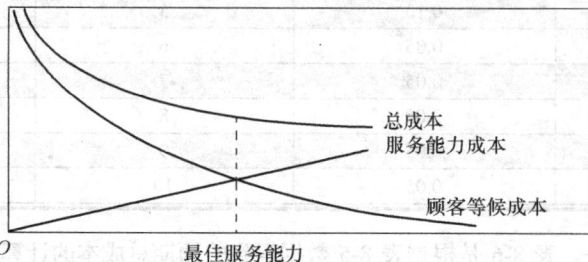

图 8-9 最佳服务能力

8.6.1 排队理论

当工艺中存在需求和服务率不确定性时，便不可避免地形成了排队。排队就是一个正在等待的队列。排队理论就是对等待队列的研究。

（1）排队系统中的要素，如图 8-10 所示，等候服务的客户；提供服务的服务者；等候队列（到达过程、排队结构和排队规则）。

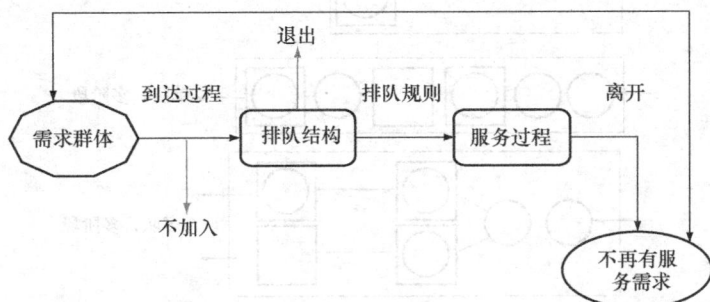

图 8-10 排队系统

研究排队现象有助于确定服务能力，控制队伍长度，发挥设施能力。其中等候队列又包括以下三个要素，到达过程，即输入过程中的到达率（单位时间内顾客到达的数量）一般呈现泊松分布模式，如图 8-12 所示，而到达间隔时间一般呈现指数分布模式，如图 8-11 所示。排队规则，包括先来先服务、优先服务、随机服务和成批服务等。排队结构，如服务台的数量、服务时间等。

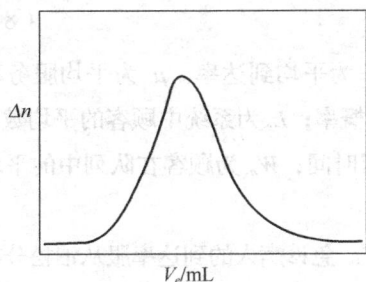

图 8-11 指数分布

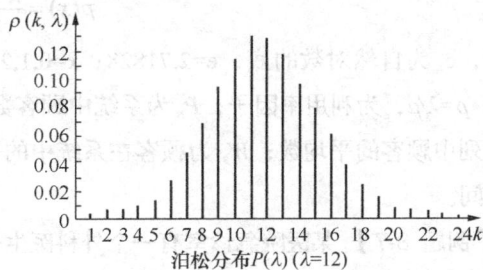

图 8-12 泊松分布

（2）根据排队形式和服务过程不同，服务系统可分为以下类型，如图 8-13 所示：

在多条排队结构中，到达的顾客必须决定要加入哪一条队伍。但是这个决定并不是不可撤消的，因为顾客可以再转移到另一条队伍的尾端。这种队伍转换行为称为移动。在单一排队结构中，到达的顾客排成一条蜿蜒曲折的队伍。一旦有一个服务台出现空闲，队首的第一位顾客就上前接受服务。这方式在银行大厅、邮局和游乐场中比较常见。领号的排队结构显示了一种不同的单一排队方式，即到达的顾客领取一个号码，表明他在队伍中的位置，这样就无须形成一条正式的队伍。顾客可以自由走动，与人聊天，坐在椅子上休息，或者寻找其他的消遣。但顾客必须随时留意自己的号码被叫到，否则就有可能错过接受服务的机会。

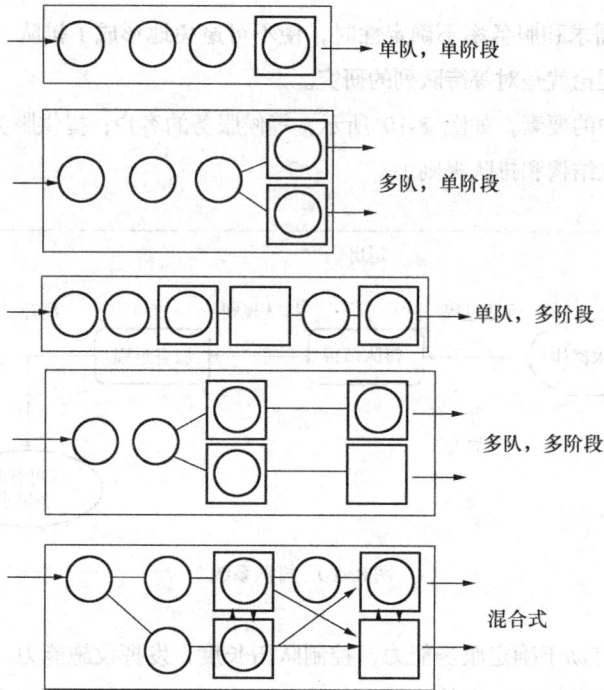

图 8-13　服务系统类型

最简单的随机服务系统是单队单阶段，按 FIFS 规则的等待制系统设到达率服从泊松分布，则单位时间随机到达 x 个顾客的概率为：

$$p(x) = \frac{\lambda^x e^{-\lambda}}{x!}　　　　　（8-7）$$

式中，e 为自然对数的底，e=2.71828；x=0,1,2,3,…；λ 为平均到达率。μ 为平均服务率，$\mu > \lambda$；$\rho = \lambda/\mu$，为利用率因子；P_n 为系统中顾客数为 n 的概率；L_s 为系统中顾客的平均数；L_q 为队列中顾客的平均数；W_s 为顾客在系统中的平均停留时间；W_q 为顾客在队列中的平均停留时间。

【例题 8-7】　某医院急诊室有一个外科医生全日工作。急诊病人的到达率服从泊松分布，外科医生的服务率服从负指数分布。问：该外科医生平均有多少时间在救护病人？急诊病人平均等多久才能得到治疗？

已知 $\lambda = 2.4$ 人/小时，$\mu = 3$ 人/小时

解：$\rho = \lambda/\mu = 2.4/3 = 80\%$

$$W_q = \frac{\lambda}{\mu(\mu-\lambda)} = \frac{2.4}{3(3-2.4)} = 1.33 \text{ 小时}$$

分析排队系统的首要原因是预测业绩并帮助管理者更好地分配资源。

（3）典型排队系统评价指标，服务设施闲置的时间百分比或概率；在系统内有某一特定数量顾客的概率；等待队列中的平均单位数 L_q；系统中平均单位数（等待+正接受服务）L；

一个单位在等待队列中花费的平均时间 W_q；一个单位在系统中花费的平均时间（等待+正接受服务）W；一个即将到达单位必须等待接受服务的概率。

8.6.2 利特尔法则

流程时间或生产周期，表示完成一项工艺一次周期所花的平均时间。流程时间不仅依赖执行任务所需时间，还依赖有多少实体处于在制品阶段。1961 年，利特尔博士提出一种简单的公式，解释流程时间、产率以及在制品之间的关系，

$$WIP=R*T \tag{8-8}$$

其中，等待队列中的平均单位数 L_q；系统中平均单位数（等待+正接受服务）L；一个单位在等待队列中花费的平均时间 W_q；一个单位在系统中花费的平均时间（等待+正接受服务）W。

定义 λ 为顾客至系统的平均到达率，那么运用利特尔法则产生一些关键关系如下。

$$L=\lambda \times W \tag{8-9}$$

$$Lq=\lambda \times Wq \tag{8-10}$$

【例题 8-8】 某投票装置，平均每小时可以处理 50 个人，每个人完成投票过程平均花费 10 分钟。计算该过程中投票者的平均数目。

本章小结

服务能力管理是全球获得市场份额的必要武器，可以使服务业企业在保持低成本和高质量水平的同时响应顾客需求的变化。

通过需求管理和供给管理两个方面全面认识能力管理在运营管理中的重要性。了解在短期和长期中必须制定的基本决策，产能如何影响经济和非经济的标准，产能在重点和非重点设施管理上的影响。学习调节产能和影响需求的策略，达到更好的资源利用和效率。

思考与练习

习题 1：在内华达州，近五年来大众公司畅销的甲壳虫汽车销售额呈稳步上升趋势。2000 年时，销售经理预测 2001 年的销售量为 410 辆。设 $\alpha=0.4$，试用指数平滑模型计算 2001～2006 年的预测值。

年份	销售量	预测值
2001	450	410
2002	495	
2003	518	
2004	563	
2005	584	
2006	?	

习题 2：多伦多大厦广场酒店保留有过去九年的客房登记情况。为了预测将来的入住情况，管理层需要确定顾客登记的数学趋势模型。这个评估结果将帮助酒店确立未来是否有扩建的必要。按照下面时间序列的数据，运用与时间相关的回归方程式，预测 2007 年的登记数。以千为单位，如下。

1997：17	1998：16	1999：16	2000：21	2001：20
2002：20	2003：23	2004：25	2005：24	

习题 3：银行信贷部平均花 6 天处理一项申请，同时内部审计发现在任何一个时间大约都有 100 项申请处于不同处理阶段，计算该部门的产率。

第9章 服务质量管理

1. 了解质量与质量管理的内涵。
2. 理解全面质量管理的概念，掌握全面质量管理的特点及其基本工作程序。
3. 识别服务质量的独特性，掌握服务质量差距分析模型，并掌握利用差距分析模型进行服务质量差距管理的策略。
4. 识别服务控制过程，掌握七种基本的质量过程控制工具。
5. 明确客户的质量预期，制定方法和过程来识别并达到质量要求。
6. 了解服务质量的改进方法。
7. 了解服务失误与顾客投诉的过程，掌握服务补救的管理过程。

☑ 关键词

质量管理、服务质量特性、服务质量差距模型、质量控制

☑ 引导案例

　　1995 年 4 月，杰里米·多罗森从星巴克购买到一台有毛病的卡普奇诺咖啡机。当他回去退换时，又买了一台送给朋友。但是，他没有得到应随机赠送的 2 磅咖啡，并且抱怨该公司员工态度粗鲁。不幸的是，那台作为礼物的机器也是坏的。于是他要求星巴克为其更换一台当时顶尖的咖啡机，比当时购买的机器要贵 2 000 美元。同时，他还威胁到，如果他的要求被拒绝，他会在《华尔街日报》刊登整版广告来揭发公司。公司当然拒绝了他的要求，于是整版攻击星巴克的广告出现在《华尔街日报》上，同时他还通过其 800 免费电话征求其他人的抱怨。当星巴克公司向他道歉并试图更换 2 台顶级咖啡机时，他表示这还不够，并向星巴克提出了更多的要求。他要求公司在《华尔街日报》上刊登整版广告向他道歉并感谢他的仁慈和慷慨。

　　事件发生后，专家们被请到星巴克来提建议，所有专家都提到顾客与星巴克员工的第一次接触对以后事件的发展进程尤为重要。一名专家确信星巴克公司应该在顾客来退换第一台机器时就给他 2 磅咖啡，并且应在 1 周后打追踪电话确认机器是否正常工作。另一名专家则建议把遇到问题的顾客列入 VIP，以便将来同这些顾客有生意往来时多加注意，提醒员工和管

理层要绝对小心和优先处理随后交易。另外还有人认为星巴克应该立即用贵 2 000 美元的机器来更换问题机器。专家认为，提出这类要求的顾客百分比非常小，所以值得用任何必要的做法来避免类似的潜在行为。

服务失误出现后，如果不及时补救或补救方式不恰当，会让损失不断升级！

资料来源：来源于网络，编者整理。

质量是质量管理的对象，要顺利展开质量管理工作，首先应该了解质量的内涵。质量的内容十分丰富，随着社会经济和科学技术的发展，也在不断地充实、完善和深化，同样，人们对质量这一概念的认识也经历了一个不断发展和深化的历史过程。

9.1 质量与质量管理

质量、价格、成本、交货期和服务，是决定市场竞争成败的几个关键因素，质量是赢得顾客的必要条件，是企业参与市场竞争的必备条件。如果企业产品和服务的质量达不到顾客的要求，则无法在市场上实现其价值，这就是一种低效的甚至无效的劳动。提高生产率是社会生产的永恒主题，而只有有了高质量，才可能有真正的高生产率。在市场中，经常会出现无序的价格竞争，要摆脱这种困境，就要立足于质量这一要素。本节将就质量和质量管理的概念及质量管理的战略地位展开阐述。

9.1.1 质量的内涵

按 ISO9000:2000 的定义，质量是"一组固有特性满足要求的程度"。定义中的"固有特性"是指事物本来就有的，它是通过产品、过程或体系设计和开发及其实现过程形成的属性。这些固有特性包括：

（1）物质特性——如机械的、电气的、化学的或生物的特性。

（2）感官特性——如嗅觉的、触觉的、味觉的、视觉的或听觉的特性。

（3）行为特性——如礼貌、诚实、正直等。

（4）时间特性——如准时性、可靠性和可用性等。

（5）人体功效性——如语言或生理特性。

（6）功能特性——如飞机的最高速度。

定义中的"满足要求"就是应满足明示的、通常隐含的或必须履行的需要和期望。只有全面满足这些要求，才能评定为好的、优秀的质量。

世界著名的质量管理专家朱兰则从用户的角度出发，认为"质量就是适用性"。产品和服务是提供给顾客的，顾客是产品生产和服务运作的驱动力，因此，从顾客的角度给质量下定义应该是最有力的。现代质量管理也认为，定义质量必须从顾客出发，因此朱兰博士的"适用性"成为目前对质量流行的权威定义之一。[22]

适用性是指产品或服务满足顾客要求的程度。企业的产品或服务是否使顾客满意？是否达到了顾客的期望？如果没有，则说明存在质量问题。这种问题不管是来自于产品本身的缺陷还是没有了解清楚顾客的需要，都将是企业的责任。为了把"适用性"这个相对比较抽象的概念具体化，美国质量管理专家戴维·戈文教授将适用性的概念具体化为 8 个方面的含义。

（1）性能——产品主要功能达到的技术水平，如计算机的运行速度、音响的音质等。

（2）附加功能——为了使顾客更加方便、舒适等所增加的产品功能，如电视的遥控器、电脑的无线鼠标等。

（3）可靠性——产品或服务完成规定功能的准确性和概率，如机床的精度稳定期限、快递将快件在规定时间内送达顾客手中的概率等。

（4）符合性——产品和服务符合产品说明书和服务规定的程度，如汽车百公里耗油是否不超过说明上写明的公升数、网络商店的实物商品是否与图片一致等。

（5）耐久性——产品或服务达到规定的使用寿命之概率，如电脑是否达到规定的无故障使用时间等。

（6）维护性——产品是否容易修理和维护。

（7）美学性——产品外观是否具有吸引力和艺术性。如电脑的外形是否美观、展厅的布置是否得体等。

（8）感受质量——产品是否使人产生美好的联想，如服装面料的手感、餐厅的环境等。

美国著名管理专家理查德·施恩博格认为，上述 8 个方面的质量涵义，偏重于制造业和产品，对于服务业而言，还应进一步补充下面5个方面的内容。

（1）价值——服务是否最大限度地满足了顾客的希望，使其觉得物有所值。

（2）响应速度——尤其对于服务业来说，时间是一个主要的质量性能和要求。有资料显示，超市出口处顾客等待时间超过 5 分钟，就会显得不耐烦，超市的服务质量将大打折扣。

（3）人性——这是服务质量中最难把握但却非常重要的质量要素。人性不仅仅是面对顾客的笑脸相迎，还包括对顾客的尊重、谦卑、信任、理解和体谅等，同时要求能与顾客进行有效的沟通。

（4）安全性——无任何风险、危险和疑虑。

（5）资格——具有必备的能力和知识提供一流的服务。如导游的服务质量，在很大程度上取决于导游人员的外语能力和知识素养。

综上所述，本书将采纳美国质量协会对质量的定义："与满足明确或隐含需求能力有关的产品或服务的特征与特性的总和。"

9.1.2 质量管理的内涵

质量管理就是为了实现组织的质量目标而进行的计划、组织、领导和控制活动。根据 ISO9000:2000 给出的定义，质量管理是指"在质量方面指挥和控制组织协调的活动"。这个定义指出了质量管理是各级管理者的职责，与组织内的全体成员都有关，但必须由最高管理者来领导。质量管理包括确定质量方针和目标、质量策划、质量控制、质量保证和质量改进。质量管理的概念框架如图 9-1 所示。[57]

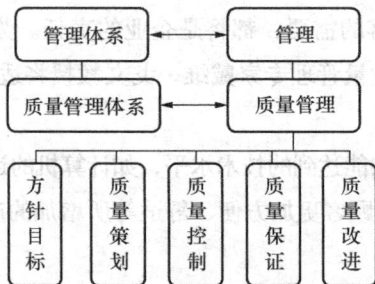

图 9-1　质量管理的概念框架

（1）建立质量方针目标就是要发挥管理者的领导作用，分析形势，明确要求，确定组织的方向。质量方针和质量目标确定了组织预期的结果，并帮助组织利用其资源达到这些结果。

（2）质量策划也称为质量计划，主要制定质量目标并规定必要的运行过程和相关资源，以实现质量目标；通过质量策划，将质量方针和目标具体化，并展开到组织的各个层次、职位和运行过程，设计达到质量要求、实现目标的途径。

（3）质量控制致力于满足质量要求；通过明确标准、测量绩效、纠正偏差的活动，保证组织及其过程按照质量策划的路径有效地运行，实现质量目标。

（4）质量保证是指为使人们确信某实体能满足质量要求，在质量体系内所开展的并按需要进行的有计划和有系统的全部活动。包括内部的组织、过程、资源和方法保证及外部的评定和认证活动，还需要将组织与市场、顾客及其他利益相关方联系起来，促进产品和价值的交换，促进质量的外部目标或市场价值的实现。

（5）质量改进主要是为了增强满足质量要求的能力；通过识别机会、分析原因、设计并实施方案、总结和标准化等一系列活动，实现过程改进或组织创新，为组织带来更大的收益。

对质量管理的定义可以从以下几个方面来理解。

（1）组织的质量管理是指导和控制组织的与质量有关的相互协调的活动。它是以质量管理体系为载体，通过建立质量方针和质量目标，并为实现规定的质量目标进行质量策划，实施质量控制和质量保证，开展质量改进等活动予以实现的。

（2）组织在整个生产和经营过程中，需要对诸如质量、计划、人事、设备等各个方面进行有序的管理。由于组织的基本任务是向市场提供能符合顾客和其他相关方要求的产品，围绕着产品质量形成的全过程实施质量管理是组织的各项管理的主线，因此质量管理是组织各项管理的重要内容，深入开展质量管理能推动组织其他的专业管理。

（3）质量管理涉及组织的各个方面，能否有效地实施质量管理关系到组织的兴衰。组织的最高管理者正式发布组织的总的质量宗旨和质量方向，在确立组织质量目标的基础上，运用管理的系统方法来建立质量管理体系，为实现质量方针和质量目标配备必要的人力和物力，开展各项相关的质量活动。所以，组织应采取激励措施激发全体员工积极参与，提高他们充分发挥才干的工作热情，确保质量策划、质量保证和质量改进活动顺利进行。

一个组织要搞好质量管理，应加强最高管理者的领导作用，落实各级管理者职责，并加强教育、激励全体职工积极参与。全面质量管理就是基于组织全员参与的一种质量管理形式。

9.1.3 质量管理的发展

质量是一个永恒的主题。人类社会从一开始就面临质量方面的问题，质量活动可以追溯到远古时代，并伴随着社会生产力的发展和文明的进步而变得日益重要。但是，现代意义上的质量管理活动则是从 20 世纪初开始的，并伴随着企业管理与实践的发展而不断完善，随着市场竞争的变化而发展起来。

根据解决质量问题的手段和方式不同，一般可以将现代质量管理分为三个阶段。第二次世界大战以前可以看作是第一阶段，人们通常称为质量检验阶段；第二阶段是从第二次世界大战开始到 20 世纪 50 年代的统计质量控制阶段；第三阶段是从 20 世纪 60 年代开始的全面质量管理阶段。

1．质量检验阶段

20 世纪初，随着资本主义生产力的快速发展，生产系统不断庞大，整个生产过程分工细化。许多美国企业出现了流水作业等先进生产方式，并根据泰勒的管理模式纷纷设立检验部门，使得检验和生产分离开来，将原始的"操作者的质量管理"发展成为分工明确、独立实施的新型质量管理，标志着质量管理步入了一个成熟的发展阶段，即"质量检验管理阶段"。

质量检验的中心内容是通过事后把关保证不合格产品不流入下一道工序或不送到用户手中。这种做法至今在企业中也不可缺少。但它不能预防废品产生，而且在产量大幅增长或产品需要进行破坏性试验的情况下，根本无法全数检验。为了解决这些矛盾，1924 年，美国贝尔电话实验室研究员的统计学家休哈特博士提出了"预防缺陷"的概念，质量管理方法做出了相应的改进，自此质量管理进入统计质量控制阶段。

2．统计质量控制阶段

20 世纪 20 年代，美国贝尔实验室研究员休哈特是最早把数理统计方法引入质量管理的先驱。由于第二次世界大战对大量产品的需要，质量检验工作的弱点很快被凸显出来，检验部门成为生产环节中的薄弱环节，导致延误交货期，直接影响作战前线的军需供应。此时，休哈特的防患于未然的控制质量方法被重视起来。这一阶段主要利用数理统计原理，预防产生废品并检验产品的质量，在方式上由专职检验人员转岗为专业质量控制工程师和技术人员承担，这标志着事后检验的观念转变为事先预防的观念。

统计质量控制主要是保证生产过程中的产品质量，但它不能提高产品本身的质量。随着科技的发展，人们对质量提出了更高的要求，企业需要把改善产品的经济性和技术服务作为提高产品质量的重要内容。于是自 20 世纪 60 年代初起质量管理就进入了全面质量管理阶段。

3．全面质量管理阶段

1961 年出版的《全面质量管理》一书中，由美国通用电气公司的费根堡姆最早提出了全面质量管理概念。"全面质量管理是为了能够在最经济的水平上，同时考虑到充分满足顾客要求的条件下进行生产和提供服务，把企业各部门研制质量、维持质量和提高质量的活动构成为一体的有效体系"。促使全面质量管理出现的直接原因主要有以下三个方面。

（1）工业系统和产品日趋复杂。随着产品性能的高级化、结构的复杂化和品种规格的多样化，对产品质量，尤其是可靠性和安全性提出了越来越高的要求，单纯靠统计质量控制，已经无法满足要求。

（2）劳动者的行为对质量管理的影响越来越大。管理科学中的各种学派，如梅奥的行为科学和西蒙的决策理论，对现代企业管理影响很大。它们都强调企业管理中人的主观能动性，主张实现工业民主。受其影响，质量管理出现了依靠工人、自主控制的零缺陷运动和质量管理小组活动（QC小组活动）等，促使质量管理逐渐成为一项大家共同参与的管理活动。

（3）消费者地位受到重视。全球性"保护消费者利益"运动的不断深入，促使各国政府出台相应的法律要求企业对所提供的产品质量承担法律责任和经济责任。这表明制造商提供的产品不仅要求性能符合质量标准，而且还要保证产品售后运行效果良好，安全可靠。于是质量管理中提出了质量保证和质量责任问题，要求企业建立全过程的质量保证系统对企业的产品质量实行全面的管理。

全面质量管理由于符合生产发展和质量管理发展的客观要求，很快在世界各地得到推行和发展。经过多年实践，全面质量管理理论已经比较完善，在实践中取得了较大成功。

9.2　全面质量管理

质量管理的理论和实践不断地丰富和发展，目前，全面质量管理是现代质量管理发展的最新境界。全面质量管理是指在全社会的推动下，企业的所有组织、所有部门和全体人员都以产品质量为核心，把专业技术、管理技术和数理统计结合起来，建立起一套科学、严密、高效的质量保证体系，控制生产全过程影响质量的因素，以优质的工作、最经济的方法，提供满足顾客需要的产品/服务的全部活动。

9.2.1　全面质量管理的概念

全面质量管理主要强调三个方面，第一，"全面"是相对于统计质量控制中的统计而言的。也就是说，要生产出满足顾客要求的产品，提供顾客满意的服务，单靠统计方法控制生产过程是不够的，必须综合运用各种管理方法和手段，充分发挥组织中每一个成员的作用，从而更全面地去解决质量问题。第二，"全面"是相对于制造过程而言的，是全过程质量的管理。质量管理活动要贯穿于产品质量产生、形成和实现的全过程，它们相互制约、共同作用的结果决定了最终的质量水准。第三，质量应当是最经济的水平与充分满足顾客要求的完美统一，离开效益去谈质量是没有实际意义的。

如今，全面质量管理得到了进一步的扩展和深化，其含义远远超出了一般意义上的质量管理领域，而成为一种综合的、全面的经营管理方式和理念。按照 ISO8402 给出的定义，全面质量管理是"一个组织以质量为中心，以全员参与为基础，目的在于通过让顾客满意和本组织所有成员及社会收益而达到长期成功的管理途径"。[37]

9.2.2　全面质量管理的特点

管理的全面性是全面质量管理的特点，涉及全面性的质量管理、全过程的质量管理、全员参与的质量管理、全社会推动的质量管理。

1．全面性的质量管理

全面质量就是指既包括产品质量，又包括过程质量和工作质量。全面质量管理认为应从抓好产品质量的保证入手，用过程质量来保证产品质量，用优质的工作质量来保证过程质量，这样才能有效地改善影响产品质量的因素，达到事半功倍的效果。

2．全过程的质量管理

"产品是过程的结果"，任何产品或服务的质量，都有一个产生、形成和实现的过程。质量产生、形成和实现的整个过程是由多个相互关联或相互作用的活动所组成的，每个活动都会影响最终产品的质量状况。为了保证和提高产品质量，需要把影响质量的所有活动和因素控制起来，进行对输入的评审，对输出的检验。

3．全员参与的质量管理

全员参与的质量管理，即全面质量管理要求参加质量管理的人员是全面的。强调"质量管理，人人有责"。产品质量的优劣，取决于企业全体人员的工作质量水平，提高产品质量必须依靠企业全体人员的努力。企业中任何人的工作都会在一定范围和一定程度上影响产品的质量。显然，过去那种只依靠品管部门或品管专家进行质量管理是很不够的。只有人人都关心产品质量，人人都对质量高度负责，企业质量管理才能搞好，生产优质产品或提供优质服务才有坚定的基础和可靠的保证。

4．全社会推动的质量管理

全社会推动的质量管理指的是企业不能把质量管理工作局限于企业内部，而需要重视全社会的力量，政府需要做质量立法、认证、监督等工作，进行宏观上的控制和引导，即需要全社会的推动。之所以要求全社会推动，一方面是因为一个完整的产品，往往是由许多企业共同协作来完成的，仅靠企业内部的质量管理无法完全保证产品质量。另一方面，来自全社会宏观质量活动所创造的社会环境可以激发企业提高产品质量的积极性并认识到它的重要性。

9.2.3　全面质量管理的基本工作方法

PDCA 循环是全面质量管理工作的基本程序，最早是由美国质量管理专家戴明于 20 世纪 60 年代初创立的，因此也称为"戴明环"。它反映了质量管理工作的四个阶段，即 P（Plan）计划、D（Do）执行、C（Check）检查、A（Action）处理。戴明环的四个阶段是由八个步骤组成的，其关系如表 9-1 所示。

表 9-1　PDCA 循环工作步骤表

阶段	步骤	备注
计划阶段（Plan）	1. 分析现状，找出存在的质量问题 2. 找出造成问题的原因 3. 找出其中的主要原因 4. 针对主要原因，制定解决问题的措施计划	本阶段要明确 "5W1H" 1. 为何采用此计划？（Why） 2. 计划的目标是什么？（What） 3. 何处执行此计划？（Where） 4. 何时执行此计划？（When） 5. 何人执行此计划？（Who） 6. 如何执行此计划？（How）
执行阶段（Do）	5. 按制定的计划认真执行	
检查阶段（Check）	6. 检查措施执行的情况	排列图、直方图、控制图
处理阶段（Action）	7. 将计划执行的成功经验制定为标准，并巩固提高 8. 没解决的问题或新问题，转入下一轮循环，或做标准动态更新处理	制定或修改相关规章制度

　　PDCA 循环的四个阶段不是运行一次就结束，而是要周而复始地进行。一个循环完了，解决了一些问题，可能还有其他问题仍未解决，或者又出现了新的问题，需要进行下一个循环。PDCA 循环具有以下四个特点。[39]

　　（1）PDCA 循环的四个阶段任何一个都不能忽略，如图 9-2 所示。

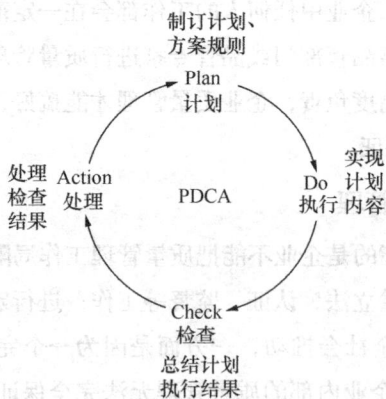

图 9-2　PDCA 循环特点之一：循环四阶段

　　（2）大环带小环。整个企业的工作看作是一个大的 PDCA 循环，那么各个部门、小组的工作就是小的 PDCA 循环，就像一个行星体系一样，大环带动小环，一级带一级，从而有机地构成一个运转的体系。如图 9-3 所示。

　　（3）阶梯式上升。PDCA 循环不是在同一水平上循环，而是每转一圈就有新的计划和目标，就像楼梯一样逐步上升，使质量水平不断提高。坚持 PDCA 循环会使质量管理持续取得更新的成果。如图 9-4 所示。

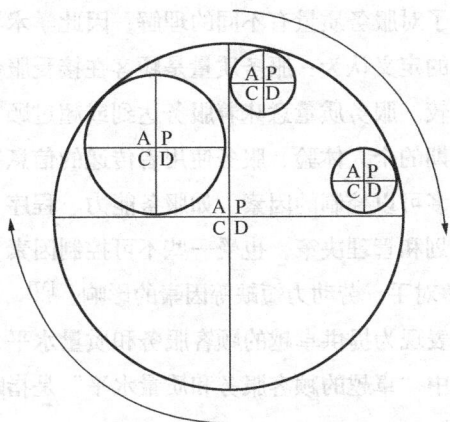

图 9-3　PDCA 循环特点之二：大环带小环　　　　图 9-4　PDCA 循环特点之三：阶梯式上升

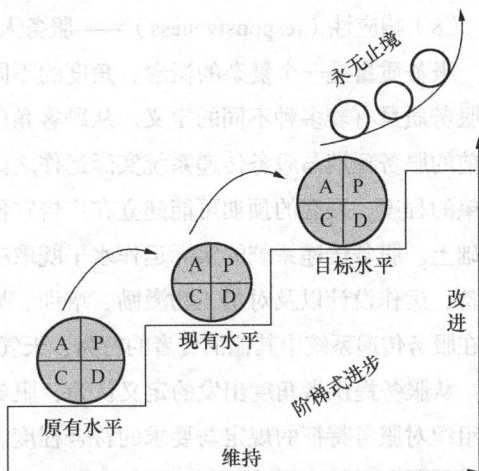

（4）科学管理方法的综合应用。PDCA 循环应以 QC 七种工具为主的统计处理方法以及工业工程中工作研究的方法，作为进行工作和发现、解决问题的工具。

9.3　服务质量差距模型

服务质量差距模型是 20 世纪 80 年代中期到 90 年代初期，由美国营销学家帕拉休拉曼（Parasuraman）、赞瑟姆（Zeithamal）和贝利（Berry）等人提出的，服务质量差距模型（5GAP 模型）专门用来分析质量问题的根源。

9.3.1　服务质量定义及特点

1．服务质量的定义

关于质量的定义，美国质量管理专家戴维·戈文将朱兰博士的"适用性"概念具体化为八个方面的含义。而依万斯和林德绥认为，戴维·戈文的八个方面的质量含义偏重于制造业和实体产品，对于服务业来说，服务更多的是与人接触，更重视时间，他们提出服务质量还应该包括下列内容。

（1）等待时间（waiting time）——顾客需要等待多久才能得到服务。

（2）守时（timelines）——服务是否按承诺的时间完成。

（3）完整性（completeness）——顾客所要求的服务项目是否都提供了。

（4）礼貌（courtesy）——服务人员是否对每位顾客都笑脸相迎，是否对顾客表示谦逊、尊重、信任、理解、体谅并与顾客进行有效沟通。

（5）一致性（consistency）——是否每次对每位顾客都提供同样热情的服务。

（6）便利性（convenience）——服务是否容易获得。

（7）精确性（accuracy）——是否从一开始就很到位。

（8）响应性（responsiveness）——服务人员对意外的问题能否快速反应。

服务质量是一个复杂的概念，角度的不同决定了对服务质量有不同的理解，因此学术界对服务质量有着多种不同的定义。从顾客角度出发的定义认为：服务质量是顾客在接受服务之前的服务预期与服务传递系统实际运作之间的比较。服务质量意味着服务达到或超过顾客期望的程度。顾客的预期可能建立在广告宣传、前期的个人体验、服务使用者传递的信息等基础上。服务传递系统的实际运作水平既取决于许多可以控制的因素，如服务能力、程序、设备、运作设计以及对员工的激励、培训、战略计划和管理决策，也受一些不可控制因素，如在服务传递系统中其他消费者的行为、天气、竞争对手、劳动力短缺等因素的影响。[37]

从服务提供者角度出发的定义认为，服务质量表现为提供卓越的顾客服务和质量水平，是组织对服务特征的规定与要求的符合程度。定义中"卓越的顾客服务和质量水平"是指既要满足顾客预期，又要符合服务传递系统的运行要求。

本教材采用蔺雷和吴贵生编著的《服务管理》一书中对服务质量的定义，对服务企业而言，质量是在服务传递过程中形成的，顾客将对服务的实际感知与对服务的期望比较，当感知与预期一致时，服务质量是令人满意的。这里的顾客既包括外部顾客（即通常所指的消费者），也包括内部顾客（即企业内部职员），如图 9-5 所示。内部顾客需要企业内部人员提供的相关服务才能有效地展开工作。优质的内部服务是向外部顾客提供优质服务的基础。[7]

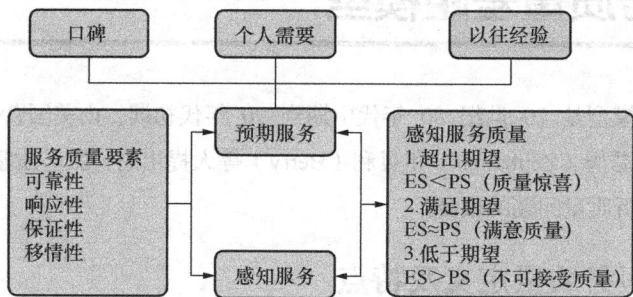

注：ES 指顾客预期的服务，PS 指顾客感知的服务。

图 9-5　感知服务质量示意图

服务的特殊性给服务管理提出了挑战，要求服务企业必须采取不同于传统制造业的管理方法。首先，服务是一个开放系统，顾客直接参与服务生产和传递过程，打破了制造业的封闭生产系统的假设，导致了不同的购买和消费行为模式。其次，由于服务生产和消费的同时性，顾客与服务人员之间的接触成为不可避免的现实。再次，由于服务的无形性，顾客对服务质量和服务价值的评价主要取决于顾客的主观感知，而服务接触对顾客管制的影响十分关键，打破了制造业的质量恒定假设。最后，由于服务产出与顾客感知之间密不可分的关系，顾客在服务质量和服务价值评价的基础上，对服务做出满意与否的判断，进而对服务生产率水平产生显著的影响。[11]

2．服务质量的独特性

与制造业的产品质量相比，服务质量具有独特性。主要表现在以下几个方面。

（1）不可精确测量。制造业的产品质量可以用产品符合行业标准和企业内部标准的程度加以评定，如空调的制冷能力、耗电量、噪音水平等精确数值来衡量。而服务的无形性导致服务不能用精确的数量定义和描述，服务质量往往取决于顾客评价而不是企业内部标准，顾客评价服务质量又常常基于感受。

（2）事后可维护性差。制造业产品的生产和使用发生在不同时间段和不同地点，生产系统与顾客隔离，因此产品质量可以在出厂前把关，一旦不合格品被顾客发现，也可以采用"三包"的方式挽回产品质量给顾客带来的损失。而服务的生产与消费几乎同时发生，因此服务质量问题不可能提前全部避免，这要求企业在服务过程中必须"第一次把事情做好"。

（3）评价的差别性。服务的异质性导致产品与服务质量的评价方法有很大不同。服务质量只有一部分可以由服务提供者评定，其余要通过顾客的体验和感受进行评价。对好的产品顾客会众口一词地称赞，但不同顾客对同一服务会有不同评价；顾客对服务质量的评价不完全取决于一次体验，往往需要与竞争对手提供的服务进行对比，所以需要较长的时间进行评价。

（4）评价的总体性。在制造业中，顾客只对出厂后的产品好坏进行评价。但在服务过程中，顾客不仅对得到的最终服务进行评价，还对服务的"生产"过程进行评价，甚至在排队过程中对观察到的企业对他人的服务进行评价。因此，服务质量评价是一种总体性评价。

3．服务质量的构成

顾客在接受服务时，不仅注重结果，更注重过程。因此，服务质量可分为"技术质量"和"功能质量"。技术质量是指顾客从服务中实际得到的东西（What）；功能质量是指服务是如何传递给顾客的方式（How）。这种对服务质量构成的解析是非常重要的。在此之前，虽然人们已经认识到服务质量与有形产品质量之间的区别，但并没有人对服务质量的内涵和构成进行更进一步的研究，而格罗鲁斯（1984）对服务质量构成的解析，使我们认识到服务的最本质特征——过程性。对服务企业来说，决定服务质量水平的要素不仅仅是服务结果如何，也不仅仅是企业是否拥有先进的设施，更重要的是如何提高服务过程质量，因为服务质量的基础就是服务过程质量。

通常，顾客能比较客观地评价服务结果的技术质量。但在有些情况下，服务没有特定的结果，或者顾客无法判断服务产出的好坏，如医疗服务/咨询服务等技术或专业性比较强的服务，顾客不清楚自己得到的最终服务结果质量如何，就只有根据服务过程来判断服务质量了。服务过程质量不仅与服务地点、时间、服务程序、服务行为方式以及服务态度、服务方法有关，而且与顾客的个性、行为、态度等因素有关。通常，顾客对功能质量的评估是一种比较主观的判断。高水平的服务质量表现在：（1）对顾客表示热情、尊重和关注；（2）帮助顾客解决问题；（3）对顾客需求迅速响应；（4）设身处地为顾客着想。

9.3.2　服务质量差距模型

1．服务质量差距分析模型

在图9-6所示的服务质量差距分析模型中，如果服务过程中的感受不及期望中的那么好，就会产生服务质量的差距。如果差距过大，服务质量低于可接受的水平，顾客就会不满。差距产生的原因是什么？什么是对顾客有价值的服务？服务提供者是否真正理解了顾客所期望的服务？如何消除这些差距？分析和解决这些问题，正是服务管理的主要任务所在。服务质量差距模型（Gaps Model）是 20 世纪 80 年代中期到 90 年代初期，由美国营销学家帕拉休拉曼、赞瑟姆和贝利等人提出的，5GAP 模型是专门用来分析质量问题的根源。差距模型对服务管理理论研究的影响是巨大的，是服务质量管理研究向纵深方向发展的一个里程碑，服务期望与服务感知之间的差距被定义为顾客差距（差距 5），受到其他四个差距的影响，是其他四个差距累积的结果。

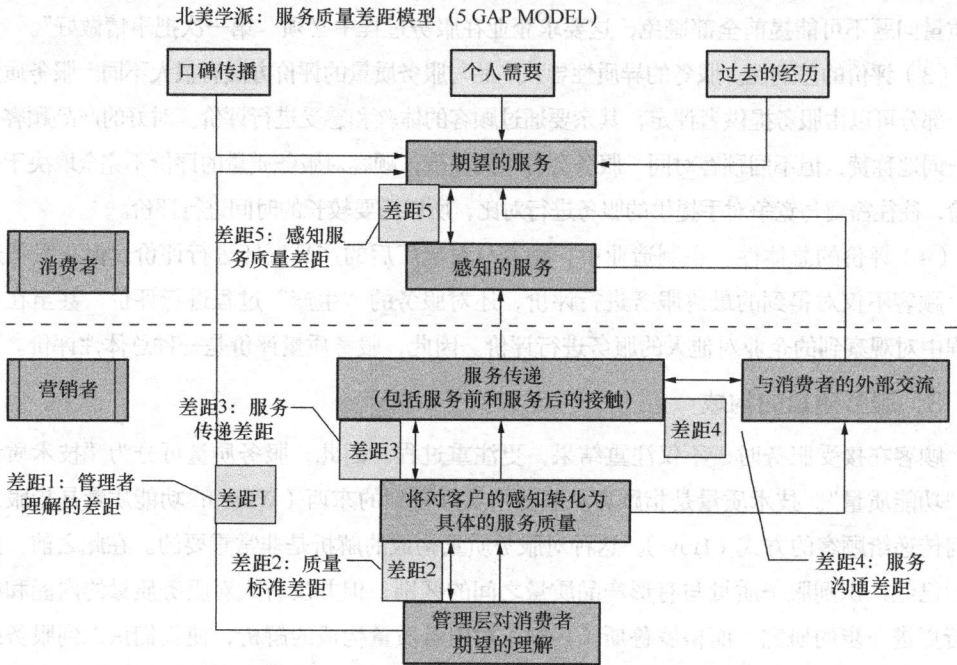

图 9-6　服务质量差距模型

顾客差距（差距 5）即顾客期望与顾客感知的服务之间的差距——这是差距模型的核心，如图 9-7 所示。要弥合这一差距，就要对以下四个差距进行弥合：差距 1——顾客期望与管理者感知之间的差距，企业员工很难了解顾客高质量的内涵及内心需要；差距 2——管理者感知与服务质量规范之间的差距，由于企业资源限制与顾客期望不一致；差距 3——服务质量规范与服务传递之间的差距，服务员工表现难以标准化，导致服务传递不一致；差距 4——服务传递与外部沟通之间的差距，外部沟通不仅影响顾客期望，还影响顾客对所传递服务的感知。

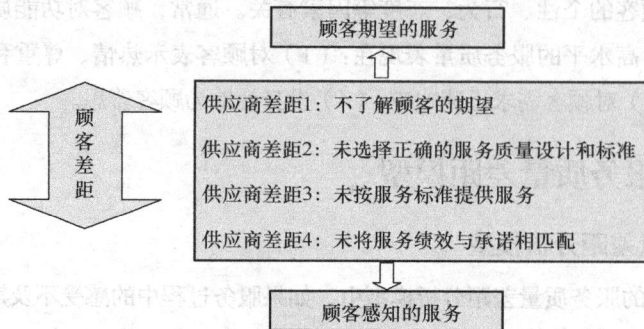

图 9-7　顾客差距

SERVQUAL 是"Service Quality"（服务质量）的缩写，是建立在服务质量概念性模型基础上的，给予五个缺口通过不同维度建立起的一套完整的评分系统，根据分值高低对评价对象的服务质量进行量化评判。Parasuraman, Zeithaml & Berry（1985）通过研究发现，服务质量的决定因素有十个方面，分别是可靠性、响应性、能力、可接近性、礼貌、沟通、可信度、安全性、了解顾客、有形性。他们于 1988 年合写的一篇题目为《SERVQUAL：一种多变量的顾客感知的服务质量度量方法》的文章中首次提出了 SERVQUAL 一词。随着服务质量模型的发展，PZB 又将影响服务质量的十大因素缩减为五个因素。SERVQUAL 模型衡量服务质量的五个尺度为：有形性、可靠性、响应性、保证性和移情性。

SERVQUAL 理论是依据全面质量管理理论在服务行业中提出的一种新的服务质量评价体系，其理论核心是"服务质量差距模型"，即：服务质量取决于用户所感知的服务水平与用户所期望的服务水平之间的差别程度（因此又称为"期望 – 感知"模型），用户的期望是开展优质服务的先决条件，提供优质服务的关键就是要超过用户的期望值。

近十年来，该模型已被管理者和学者广泛接受和采用。模型以差别理论为基础，即顾客对服务质量的期望，与顾客从服务组织实际得到的服务之间的差别。模型分别用五个尺度评价顾客所接受的不同服务的服务质量，如表 9-2 所示。研究表明，SERVQUAL 适合于测量信息系统服务质量，SERVQUAL 也是一个评价服务质量和用来决定提高服务质量行动的有效工具，如表 9-3 所示。

表 9-2　SERVQUAL 评价体系

维度	定义	题项
有形性 （Tangibles）	服务中的实体部分	1. 设施外表具吸引力 2. 具备完善的设施 3. 员工应穿着得体、整洁干净 4. 公司的设备与所提供的服务相协调
可靠性 （Reliability）	提供所允诺服务的能力	5. 能履行对顾客的承诺 6. 顾客有困难时，表现出协助的诚意 7. 公司是可信赖的 8. 准时提供所承诺的服务 9. 将与服务相关的记录正确地保存
响应性 （Responsiveness）	乐于帮助顾客与提供 及时的服务	10. 准确告知顾客各项服务的时间 11. 所提供的服务符合顾客的期待 12. 服务人员总是乐意帮助顾客 13. 服务人员不会因为忙碌而无法提供服务
保证性 （Assurance）	知识和态度使顾客 信任放心	14. 服务人员是可以信任的 15. 提供顾客安心的服务 16. 服务人员总是有礼貌的 17. 服务人员能够相互帮助，提供更好的服务

维度	定义	题项
移情性 （Empathy）	对顾客的关心与个别照顾	18. 对不同客户付出个人关怀 19. 服务人员关心顾客 20. 了解顾客特殊要求 21. 重视顾客的利益 22. 提供顾客方便的营业时间

表 9-3　顾客评价服务质量的 5 个维度

服务行业	有形性	可靠性	响应性	保证性	移情性
汽车修理业 （外部顾客）	维修设施、等候区、员工制服和设备	第一时间确定维修问题并按承诺时间完成	顾客可接近，不用等待，及时对顾客要求做出反应	具有丰富的知识和技能	能以名字识别顾客，记住顾客的问题及顾客偏好
航空运输业 （外部顾客）	飞机，订票柜台，行李区，员工制服	航班按时刻表起飞和抵达目的地	迅速快捷的售票系统	员工的真实姓名，安全记录良好，员工合格	理解乘客的特殊个人要求，能预测顾客需要
医疗服务业 （外部顾客）	挂号室，候诊室，检验室，住院环境，医疗器械和书面材料	诊断准确，用药得当	不用等待，医生愿意倾听	有良好的知识、技能、资质、证书与声誉	人性化对待病人，记得以前的问题
信息处理服务 （外部顾客）	内部报告，办公区域及员工着装	按要求提供所需服务	对要求能及时反应和处理问题	具有经验与知识丰富的员工，良好的培训与资质	将内部顾客视作不同个体，了解个人及部门要求

2．评价方法－SERVQUAL

（1）展开问卷调查，由顾客打分。

（2）计算 SERVQUAL 分数

$$SQ = \sum_{i=1}^{22}(P_i - E_i), i = 1, 2, \cdots, 22 \qquad (9\text{-}1)$$

公式表示的是单个顾客的总感知质量，将此时的分数 SQ 再除以 22（问题数目），就得到了单个顾客的 SERVQUAL 分数，然后将调查中所有顾客的 SERVQUAL 分数加总再除以顾客数目，就得到了企业想要的平均 SERVQUAL 分数。

然而，上述公式成立的一个前提条件就是认为服务质量的五大属性在决定 SERVQUAL 分数时是同等重要的，而在实际生活中，不同服务的五个属性的重要性是不同的。比如，旅客对飞机航班的可靠性要求是最重要的，但服装店服务的可靠性对顾客来说却不一定是最重要的，而是可感知性和移情性显得比较重要。于是，我们将服务质量的五个属性进行重要性评估，得出每个属性在某一服务质量中的权重，然后加权平均就得出了更为合理的 SERVQUAL 分数。

$$SQ = \sum_{j=1}^{5} W_j \sum_{i=1}^{22} (P_i - E_i), i = 1,2,\cdots,22 \tag{9-2}$$

3．服务质量差距管理

服务质量差距分析模型揭示出顾客与服务提供者之间产生的七种差距，服务质量管理必须首先根据差距产生的具体原因进行分析，并在此基础上制定缩小差距的有效策略，如图 9-8 所示。

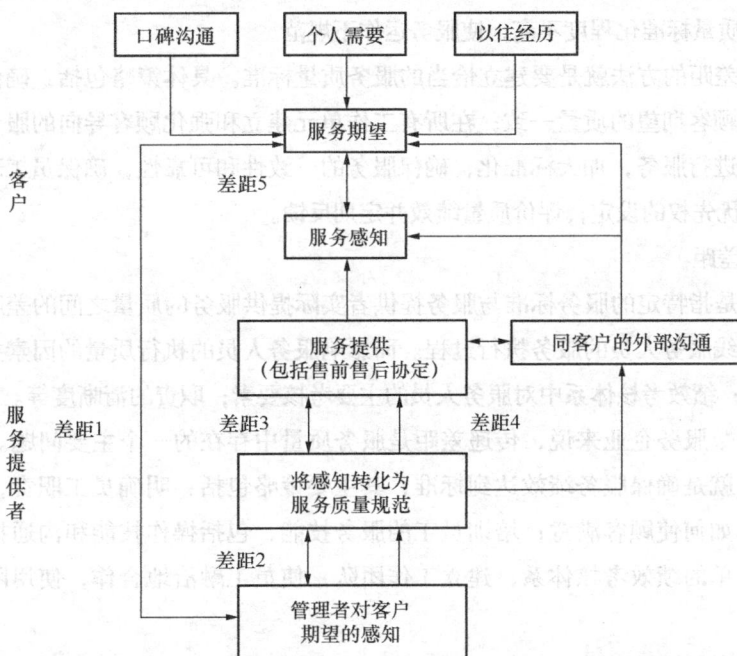

图9-8　服务质量差距分析模型

服务质量有 5 大差距，分别来自不同的原因，如表 9-4 所示。

表9-4　服务质量五大差距

GAP	差距描述	差距
GAP1	"客户预期服务质量"与"管理者认知的服务质量"差距	认知差距
GAP2	"管理者认知的服务质量"与"服务质量规格"差距	设计差距
GAP3	"服务质量规格"与"传递的服务质量"差距	传递差距
GAP4	"传递的服务质量"与"对客户宣传的服务质量"差距	沟通差距
GAP5	"事前期望服务质量"与"事后认知服务质量"差距	感知差距

（1）认知差距

认知差距是指服务提供者感知的顾客期望与顾客实际期望之间的差距。例如，理发店可能认为价格低廉和手艺精湛就会使顾客满意，而顾客也期望理发厅的环境舒适，还期望等待时间短。认知差距产生的原因有三方面，第一，市场信息研究不到位；第二，信息沟通失真；第三，管理层次复杂，这就导致信息的扭曲与传递速度变缓，使企业对消费者需求做出反应的时间延迟。

缩短认知差距的方法就是要充分准确地了解顾客期望，具体策略包括：通过市场调研、顾客抱怨分析等了解顾客期望；增加顾客与高层管理者的直接互动；提高从一线员工到管理层的沟通水平；将信息与创意转化为实际行动。

（2）设计差距

设计差距就是服务企业对顾客期望的认知与其建立的服务质量标准之间的差距。造成这一差距的原因主要是高层管理者对服务质量重视程度不够；企业资源的短缺会使企业设计标准降低；服务质量标准化程度不高，使服务运作不规范。

降低设计差距的方法就是要建立恰当的服务质量标准。具体策略包括：确保高层管理者重视的质量与顾客期望的质量一致；在所有工作单元建立和强化顾客导向的服务标准；使用机器代替人员进行服务，加大标准化，确保服务的一致性和可靠性；确保员工理解并接受服务质量目标和优先权的设定；评价质量绩效并定期反馈。

（3）传递差距

传递差距是指特定的服务标准与服务提供者实际提供服务的质量之间的差距。这一差距主要取决于一线服务人员的服务执行过程。而影响服务人员的执行质量的因素主要是员工与岗位的匹配度；绩效考核体系中对服务人员的主要考核要素；职责的清晰度等。

对于大多数服务企业来说，传递差距是服务质量中存在的一个主要问题。解决这一问题的主要办法就是确保服务绩效达到标准，其主要策略包括：明确员工职责，确保所有员工理解其工作如何使顾客满意；培训员工的服务技能，包括操作技能和沟通技能；建立公平、有效、简单的绩效考核体系；建立工作团队，使员工融洽地合作，使用团队奖励进行激励。

（4）沟通差距

沟通差距分为内部和外部两种差距。内部差距就是企业宣传及承诺的服务质量水平与企业实际提供水平之间的差距。形成这个差距的主因是企业内部的横向交流不畅。一方面是企业的广告策划部门与服务运营部门缺乏有效的交流，从而做出了不切实际的广告宣传；另一方面是一线服务人员对企业的外部宣传不够了解，也就不可能做到使服务效果与外部宣传一致。外部差距是指企业实际宣传的服务质量承诺与顾客通过宣传理解可以得到的服务质量之间的差距。这往往是由于市场的恶性竞争带来的。

弥合这一差距的方法就是要恪守承诺，具体策略包括设计真实反映员工工作的广告；开展企业内部的教育、培训和宣传活动，加强营销部门、运营部门和广告策划部门之间的联系；让顾客明白什么是可能的、什么是不可能的及其原因。

（5）感知差距

感知差距是指企业实际提供的服务与顾客期望得到的服务之间的差距，是由以上 4 种差距所导致的最终结果。弥合该差距的方法是在服务过程中让顾客知情，并征询顾客的意见，及时调整服务方式与方法。

9.3.3　顾客满意度

"顾客满意"产生于20世纪80年代初，在20世纪80年代中期，美国政府建立"马尔科姆·鲍德里奇全国质量奖"，以鼓励企业应用"顾客满意"。这一奖项的设立大大推动了"顾客满意"的发展。它不只是单纯考核企业顾客满意度的最终得分，还是测评企业通过以"顾客满意"为中心所引发的一系列全面质量管理的衡量体系。

顾客满意度指顾客在消费相应的产品或服务之后，所产生的满足状态等级。是一种心理状态，是一种自我体验。对这种心理状态也要进行界定，否则就无法对顾客满意度进行评价。顾客的心理状态来源于顾客对企业的某种产品服务消费所产生的感受与自己的期望所进行的对比。也就是说，"满意"并不是一个绝对概念，而是一个相对概念。企业不能闭门造车，留恋于自己对服务、服务态度、产品质量、价格等指标是否优化的主观判断上，还应该考察所提供的产品服务与顾客期望、要求等吻合的程度。

1．顾客满意度指数

顾客满意度指数（Customer Satisfaction Index，CSI）根据顾客对企业产品和服务质量的评价，通过建立模型计算而获得的一个指数，是一个测量顾客满意程度的经济指标。

瑞典最先于1989年建立起顾客满意度指数模型，此后德国、加拿大等20多个国家和地区也先后建立了全国或地区性的顾客满意指数模型。美国密歇根大学商学院质量研究中心的科罗斯·费耐尔（Claes Fornell）博士总结了理论研究的成果，提出把顾客期望、购买后的感知、购买的价格等方面因素组成一个计量经济学模型，即费耐尔逻辑模型。[62]这个模型把顾客满意度的数学运算方法和顾客购买商品或服务的心理感知结合起来。以此模型运用偏微分最小二次方求解得到的指数，就是顾客满意度指数。美国顾客满意度指数（ACSI）也依据此指数而来，它是根据顾客对在美国本土购买、由美国国内企业提供或在美国市场上占有相当份额的国外企业提供的产品和服务质量的评价，通过建立模型计算而获得的一个指数，是一个测量顾客满意程度的经济指标。

根据顾客满意度指数的含义，此指数模型具有多种指标。这些指标（变量）相互关联，成为一个整体逻辑结构，之后借助于计量经济学的有关方法，将这些逻辑结构转换为数学模型，再将测评的有关数据输入模型，以便计算出顾客满意度指数。

顾客满意度指数测评指标体系分为四个层次：

第一层次，总的测评目标"顾客满意度指数"为一级指标；第二层次，顾客满意度指数模型中的6大要素——顾客期望、顾客对质量的感知、顾客对价值的感知、顾客满意度、顾客抱怨、顾客忠诚为二级指标（顾客期望、顾客对质量的感知、顾客对价值的感知决定着顾客满意度，是系统的输入变量，顾客满意度、顾客抱怨和顾客忠诚是结果变量）；第三层次，由二级指标具体展开而得到的指标，符合不同行业、企业、产品或服务的特点，为三级指标；第四层次，三级指标具体展开为问卷上的问题，形成四级指标。[62]

2．瑞典顾客满意度指数模型——SCSB

在五个隐含变量中，顾客期望为外生隐变量，其余变量为内生隐变量。SCSB模型中的核心概念是顾客满意，它是指顾客对某一产品或者某一服务提供者迄今为止全部消费经历的整体评价，不同于代表顾客对于某一件产品或某一次服务经历评价的特定交易的顾客满意，这是一种累积的顾客满意，如图 9-9 所示。[62]

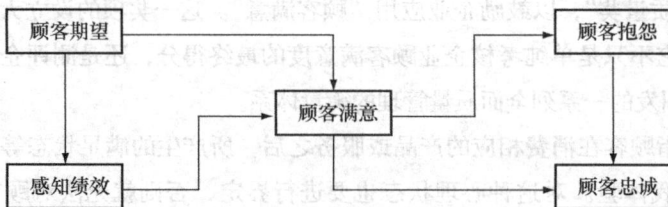

图 9-9　SCSB 模型

3．美国顾客满意度指数模型——ACSI

ACSI 模型主要创新之处在于增加了一个潜变量——感知质量。如果去掉感知质量及与其相关的路径，ACSI 模型几乎可以完全还原为 SCSB 模型。模型设计了质量的定制化、质量的可靠性以及质量的总体评价三个标识变量来度量感知质量。其中定制化是指企业提供的产品或服务满足异质化的顾客需要的程度；可靠性是指企业的产品或服务可靠、标准化及没有缺陷的程度。增加感知质量可以比较明确地分辨出顾客满意的源头，是质量致胜还是成本领先，如图 9-10 所示。[62]

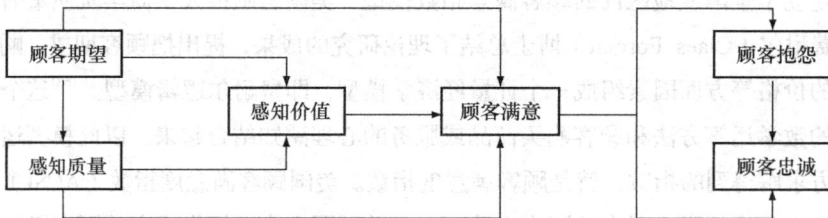

图 9-10　ACSI 模型

4．欧洲顾客满意度指数模型——ECSI

ECSI 模型继承 ACSI 模型的基本架构和一些核心概念，如顾客期望、感知质量、感知价值、顾客满意以及顾客忠诚。两者的不同主要表现在以下一些方面：第一，在模型的架构上，ECSI 模型首先去掉了 ACSI 模型中顾客抱怨这个潜在变量；第二，ECSI 模型增加了另一个潜在变量——企业形象；第三，在模型的度量上，改变了客户忠诚的标识变量，如图 9-11 所示。[62]

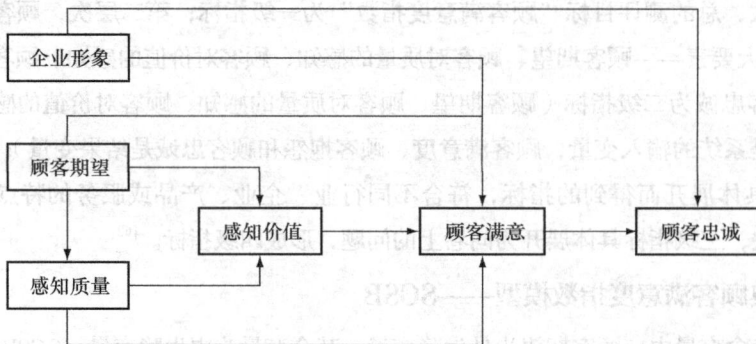

图 9-11　ECSI 模型

9.3.4　顾客满意度指数模型的优势

第一，模型设计简洁，具有很强的可操作性。建立一个全国性的客户满意度指数模型只是整个工作的开始，持续地进行大样本的调查，分析所得数据，建立起跨年度、跨行业的满意度指数数据库继而进行相关的综合分析，这才是工作的目的和意义所在。这就要求模型的设计要综合考虑理论性和实践性之间的权衡、人力、物力、财力等方面的条件约束。

第二，模型中客户满意的界定及其标识变量的设计都很合理。现有模型均采用了累积的客户满意这一概念，使得利用满意度指数作为企业绩效以及人们经济生活质量的测评指标具有理论支撑。

第三，模型所采用的统计方法很适合调查的需要。现有模型均属于一种结构方程模型（SEM）。是一种非常通用的、主要的线性统计建模技术，广泛应用于心理学、经济学、社会学、行为科学等领域的研究。

9.4　服务质量的控制与改进

服务的特征是生产与消费的同时性，服务过程包括将服务产生并交付给顾客的程序、任务、活动和日常工作，而顾客通常会把服务产生和交付的过程都感知为服务本身的一部分，服务企业的顾客所获得的利益或满足不仅来自于服务本身，同时也来自于服务的生产过程。所以服务的过程管理和控制极为重要。

9.4.1　服务质量的控制

1. 服务过程控制

服务过程控制包括服务质量的成本控制和服务质量的过程控制。由于服务具有生产和消费的同时性，因而顾客在接受服务之前很难评估服务的质量。如何才能有效提高服务质量，是一个具有挑战性的课题。美国公司在20世纪80年代末和90年代初发现，不近人情的服务、有缺陷的产品和不守信用都会付出代价。不合格的产品可以通过退换和维修加以解决，但是没有获得良好服务的顾客会如何反应呢？多半会选择离开。因而过程控制是保证服务质量的最重要工具。例如，美国运通公司会监视服务接线生接听电话的速度、能否迅速答复顾客咨询及能否解决顾客提出的问题，而不是把顾客推给别人去应付。NET公司及一些电子设备供应商，会留意维修人员回电答复顾客的询问要花多少时间及他们每天可以外出维修的次数。同样，每家银行都会留意柜台工作人员的作业速度与正确程度。而服务卓越的航空公司，针对行李搬运工从飞机上卸下行李、订位人员回答顾客的询问，以及维修人员在飞机落地后的清理等，都设定了时间的标准，从而通过细致的过程控制来提供稳定及高质量的服务。

案例

中途航空公司服务品质的过程控制

中途航空曾是一家成功的地区性航空公司，它以芝加哥中途机场为中心，提供到其他中西部和东北部城市的服务。由于中途航空公司无法与大公司竞争，最终申请破产。导致破产的原因并不是缺乏质量意识。它使用要求准时离岗以避免延误的中心辐射网，这实际上影响了在旅途中转时迅速转送旅客的效率。为了确认航班延误原因，进行进一步的研究是十分必要的。中途航空公司采用了一种叫鱼骨图的因果分析法。分析时将问题置于头部，顺着鱼骨向后写出主要原因类别。常见原因分为人员、程序、设备、材料和其他等几大类。根据个人经验，中途公司的雇员们提出航班延误的具体原因，这些原因被分析如下：

资料来源：运作管理，杰伊.海泽、巴里.伦德尔，2009年.

现在，可以通过讨论和交流，用鱼骨图来消除造成航班延误的原因，如图9-12所示。接下来是收集其他资料。表9-5是收集到的可能造成航班延误原因的数据。中途航空公司使用了被称为帕雷托分析（Pareto Analysis）的方法。这种方法按问题发生频率递减的顺序排列数据。帕雷托是19世纪意大利经济学家，他观察到，国家80%的财富掌握在20%的人手中。这就是广为人知的80／20原理，在许多场合都可观察到。将这个原理应用在中途航空公司，80%的离港延误归于20%的原因。如表9-5所示，总共约90%的航班延误是由4个原因造成的，即旅客延误、等待后推、等待加油、等待配重表。

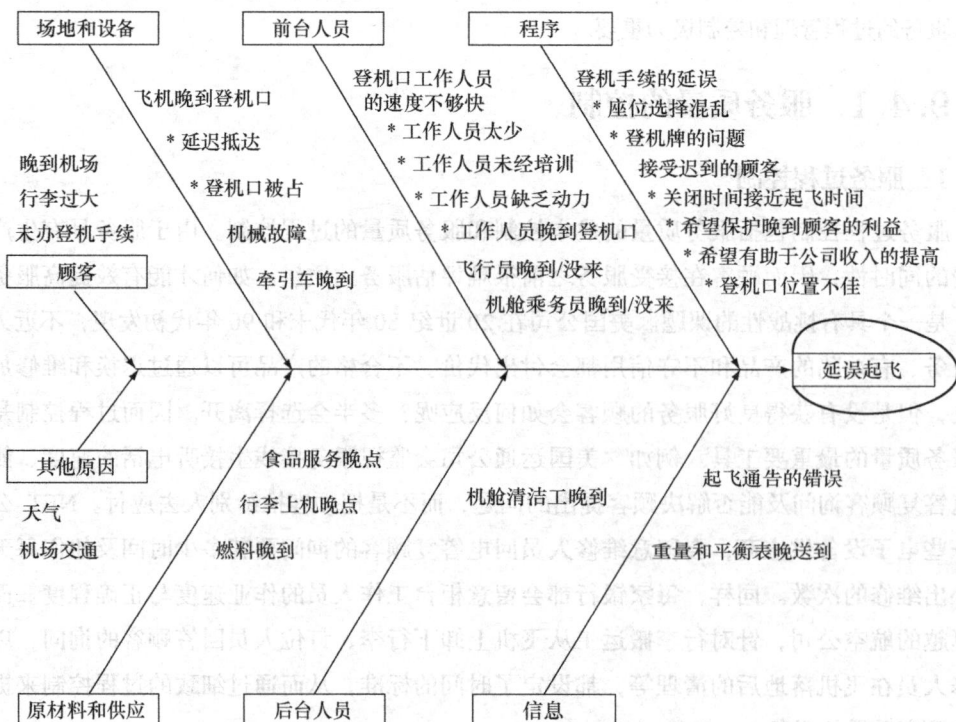

图9-12　航班延误鱼骨图

表 9-5 可能造成航班延误原因的数据

所有站（除去中心站）		纽瓦克		华盛顿	
百分比		百分比		百分比	
旅客延误	53.3	旅客延误	23.1	旅客延误	33.3
等待后推	15.0	等待加油	23.1	等待后推	33.3
等待加油	11.3	等待后推	23.1	等待配重表	19.0
等待配重表	8.7	客舱清洁	15.4	等待加油	9.5
合计	88.3		84.7		95.1

旅客迟到是头号延误原因，由于登机代理急于收取旅客延误费，这样延误了飞机离港并且给守时的旅客带来不便。中途航空建立了一个准时离港政策，不久误点次数下降。接下来是着手处理其他延误原因，如在纽瓦克后推延误和机舱清扫问题。

1983 年 1 月，在飞机正点离港率得到控制后，公司设定了 95%的正点离港率。控制下限是 90%。中途航空的经验说明了统计过程控制可以成功地改进服务质量。数据的收集、记录、分析都由员工完成。员工将这些工作视为自我提高和学习的机会。

服务质量的成本控制和过程控制主要包括如下内容。

（1）质量成本控制。质量成本又称为质量费用，将产品质量保存在规定的质量水平上所需的相关费用，它是企业生产总成本的一个组成部分。质量成本的概念来自制造业，它同样适用于服务业。服务质量包括四类成本：预防成本、检查成本、内部失败成本和外部失败成本。表 9-6 是银行质量成本的例子。

表 9-6 服务质量成本构成

成本项目	定义	以银行为例
预防成本	与避免失败发生或预防检查有关的活动和工作的费用	质量计划，招聘和训练服务员工，实施质量改进计划
检查成本	检查服务状况，确定是否符合质量标准所发生的费用	定期检查，过程控制检查，收集质量数据
内部失败成本	在交付前改正不符合标准的工作所发生的费用	废弃的表格或报告，返工，机器停机时间
外部失败成本	在交付后改正不符合标准的工作所发生的费用，或为满足顾客特殊需求而发生的费用	利息惩罚的赔付，调查时间，道德批判，反面口碑，未来业务损失

质量成本从成本控制的角度考察还可以分为可控成本和结果成本两类。预防成本、检验成本和厂外质量保证成本是可控成本，通过其增减变动对厂内缺陷成本、厂外缺陷成本和隐含成本三种结果成本产生影响。

质量成本控制的意义在于它的目的不是单纯为得到它的结果，而是为了进行分析，通过分析差异寻找质量改进的途径，从而降低成本；也是为了凭借最具经济性的手段来达到规定的质量目标。

（2）服务质量的过程控制。对服务质量的控制是一种反馈控制系统，即将输出结果与标准相比较，把与标准的偏差反馈给输入，随后进行调整以使输出保持在一个可接受的范围内。图 9-13 是用于服务质量过程控制的基本控制循环。[7]

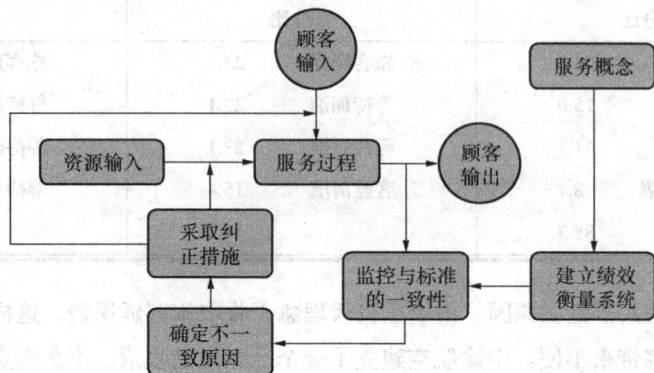

图 9-13　服务过程控制

2．服务过程控制的意义

（1）有利于增强服务企业的竞争力，在与顾客面对面的服务过程中，顾客不仅注重得到的服务结果，而且还会关心是如何接受服务的。在激烈的竞争中，"如何提供服务"可以帮助同质化的服务企业与竞争对手加以区别。

（2）有利于提高整体服务质量和顾客满意度，由于服务过程中顾客的参与性，给企业的质量控制带来很多的随机因素。在服务业有着"99-1=0"的效应，因而加强服务过程管理能有利于尽可能减少和防范服务出差错，向顾客提供更大的消费利益和价值。

（3）有利于树立服务企业的市场形象和品牌效应，服务质量与企业形象和品牌效应是相辅相成的。加强服务过程的管理提高了顾客感觉中的整体服务质量，有利于培养顾客的品牌忠诚度。

3．服务过程控制的原则

（1）质量控制关系到服务作业系统中的每一个人，无论是顾客看得到还是看不到的环节。

（2）各项质量控制的制度能及时发现质量问题，提前加以杜绝、防范和及时处理，协助服务的改善并建立良好的激励机制。

（3）以机器设备替代人员的操作，尤其是一些例行性的服务，会大大有助于质量控制。

（4）流程研究、作业线的利用、标准化、专业分工、加强训练等。

4．七种基本的质量控制工具

质量控制的目的是维持某一特定的质量水平，控制系统的偶发性缺陷。自从 1924 年休哈特提出控制图以来，人们提出了很多种统计管理方法。质量控制常用的七种工具包括检查表、排列图、因果图、分层法、直方图、控制图和散点图。这些工具是在开展质量管理活动中，用于收集和分析质量数据，以便确定质量问题，控制质量水平的常用方法。日本著名的质量管理专家石川馨曾说过，企业内 95%的质量管理问题可通过企业上上下下全体人员活用这七种工具得到解决。

（1）检查表，又称统计分析表、调查表，是用于记录数据的一种表格，并对数据进行整理和初步分析原因的一种工具，是七种工具中最简单也是使用最多的方法，其格式多种多样。记录工作，可使管理人员在使用数据时容易识别其模式。检查表能帮助分析员找到一些对随后的分析有帮助的事实或模式。表9-7是一张不合格品检查表。

表9-7　不合格品检查表

品名		时间　年　　月　　日
工序：最终检验		工厂：
不合格项目：缺陷、加工、形状等		班组：
检查总数：2 530		检查员：
备注：全数检查		批号：
		合同号：
不合格项目	检查	小计
表面缺陷	///// ///// ///// ///// ///// ///// //	32
砂眼	///// ///// ///// ///// ///	23
形状不良	////	4
其他	///// ///	8
总计		67

（2）排列图，又称为帕雷托图，是找出影响产品质量主要因素的一种有效方法。其主要步骤：收集数据，即在一定时期里收集有关产品质量问题的数据（如收集半年期不合格品数据）；进行分层，列成数据表，将收集到的数据资料，按不同的问题进行分层处理，每层为一个项目。之后统计各类问题反复出现的次数，按频数次序，列成数据表；进行计算，相应地计算出每类问题在总问题中的百分比；做排列图。排列图是直方图的一种具体形式，它是将所收集的数据进行分类、整理，然后按照各分类项出现频率从大到小依次排列，再加上一条累计百分比曲线，从而使人更容易看出分类项合计值的变化。排列图有助于我们确定行动的优先顺序，关注那些出现频率最高的变量。

（3）因果图，又称鱼骨图或石川图，是用来分析说明导致某一特殊结果或效果的原因。首先确定问题的主要原因，然后针对每一主要原因不断问"为什么"，直到最终找出根本原因。图9-14所示就是一个简单的因果分析图。

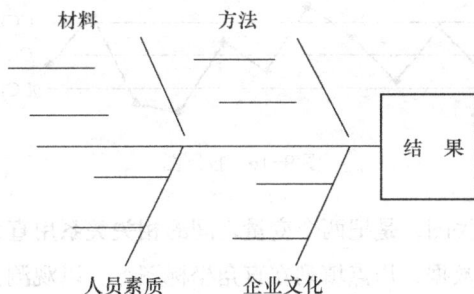

图9-14　因果关系图

因果分析需要注意的事项：影响产品质量的大原因，通常从五个大方面去分析，人、机器、原材料、加工方法和工作环境。每个大原因再具体化成若干个中原因，中原因再具体化为小原因，越细越好，直到可以采取措施为止。讨论时在技术问题上要充分发挥民主，集思广益，不打断，不争论，各种意见都要记录下来。

（4）分层法，又叫分类，是分析影响质量（或其他问题）原因的方法，把性质相同，在同一生产条件下收集的数据归在一起，以便进行比较分析。因为在实际生产中，影响质量的因素很多，如果不把这些因素区别开，将难以得出变化的规律。这样可以使数据反映的事实更明显、更突出、便于找出问题，对症下药。

（5）直方图，是表示数据变化情况的一种主要工具，它能使人对数据间的差异一目了然。用直方图可以比较直观地看出产品或服务质量特性的分布状态，可以判断工序是否处于受控状态，还可以对总体进行推断，判断其总体质量分布情况。直方图的形式如图 9-15 所示。

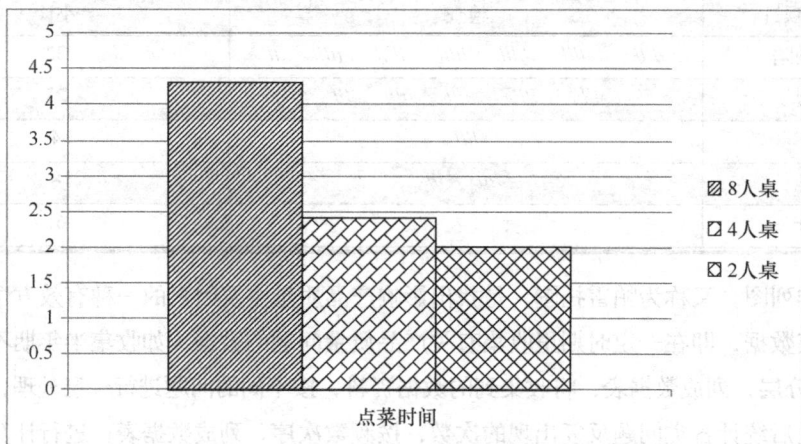

图 9-15　不同人数的餐桌的点菜时间

（6）控制图，是对随时间变化的数据所作的图形描述，并且标有控制上限和下限，用来区分引起质量波动的原因是偶然的还是系统的，可以提供系统原因存在的信息，从而判断生产过程是否处于受控状态。控制图可以对新数据与过去的数据进行比较，是监控生产运营的主要途径。当产品质量或服务质量参数偏离目标值时就要加以控制，减小偏差，当偏离值超出控制上限或下限，生产过程就要中止，需要找出原因并消除，如图 9-16 所示。

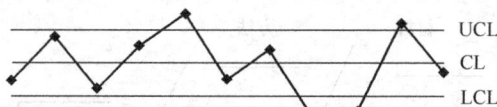

图 9-16　控制图

（7）散布图，又称相关图，是把两个变量之间的相关关系用直角坐标系表示的图。根据影响质量特性因素的各对数据，用点填列在直角坐标图上，以观测判断两个质量特性值之间的关系，从而对产品或工序进行有效控制。例如，一家餐馆的经理可能想知道顾客等候点菜时间的长短与顾客满意度之间的关系。如图 9-17 所示。从图中可以看出，等候时间太短或太长都会导致顾客不太满意。如果等候时间太短，顾客觉得他们还没有足够时间研究菜单决定吃什么，而等待时间太长，他们会因没有服务员回应而感到失望。

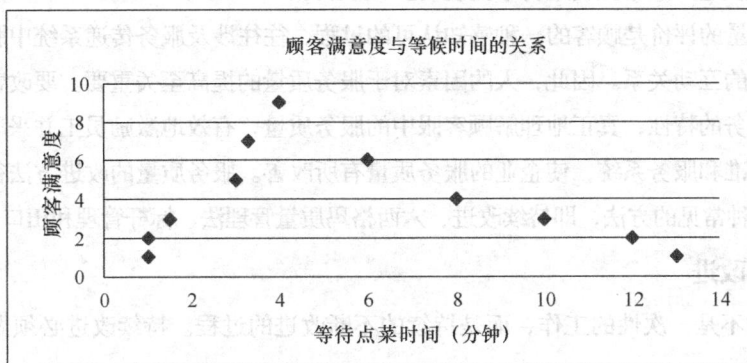

图 9-17　顾客满意度与等候时间的关系

9.4.2　服务质量的改进方法

1. 质量改进的特点

（1）质量改进不同于质量控制。质量控制的目的是维持某一特定的质量水平，控制系统的偶发性缺陷。而质量改进的目的是对某一特定的质量水平进行突破性变革，使其在更高的水平上处于相对平衡的状态，如图 9-18 所示。

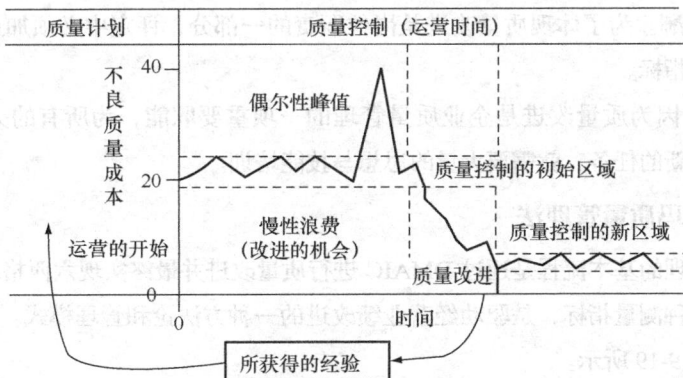

图 9-18　质量改进图

（2）质量改进是以项目的方式实施的。在确定质量改进项目时，通常先通过对组织中存在的问题进行分析，找出应该予以解决的慢性、系统性问题，并依据帕累托原理确定改进的优先顺序，纳入到质量改进项目计划中。

（3）质量改进是普遍适用的。质量改进不仅适用于制造业同样适用于服务业；不仅适用于生产过程同样适用于其他业务活动。质量改进不仅成功应用于企业的所有领域，而且被应用于包括政府、教育和医疗等领域在内的几乎所有行业中。

（4）质量改进是无止境的。首先，顾客的需求是无止境的。其次，人的创造性是没有极限的，人总是能找到更好的方法将事情做得更好。

（5）质量改进是有成本的。

（6）质量改进的成果主要来自于关键的少数项目。

对服务质量的评价是顾客的一种感知认可的过程，往往涉及服务传递系统中服务人员的表现及其与顾客的互动关系。因此，人的因素对于服务质量的提高至关重要。要改善服务质量，企业应根据服务的特性，真正地理解顾客眼中的服务质量，有效地激励员工并采取相应步骤制定服务质量标准和服务系统，使企业的服务质量有所改善。服务质量的改进方法很多，本章主要介绍以下几种常见的方法，即持续改进、六西格玛质量管理法、标杆管理和田口式模型。

2．持续改进

质量改进不是一次性的工作，而是持续的不断改进的过程。持续改进必须做好以下几方面的工作。[58]

（1）使质量改进制度化。要使公司的质量改进活动制度化，应做到：公司年度计划应包括质量改进目标，使质量改进成为员工岗位职责的一部分；实施上层管理者审核制度，使质量关联进度和效果成为审核内容之一；修改技术评定和工资、奖励制度，使其与质量改进的成效挂钩。

（2）检查。上层管理者按计划定期对质量改进的成果进行检查是持续质量改进的一个重要内容。

（3）表彰。通过表彰，使被表彰的员工了解自己的努力得到了承认和赞赏，促使员工提高参与质量改进的积极性，形成持续改进的良性循环。

（4）绩效报酬。为了体现质量改进是岗位职责的一部分，评定中必须加进一项新指标，即持续质量改进指标。

（5）培训。因为质量改进是企业质量管理的一项重要职能，为所有的人提出了新的任务，要承担这些新的任务，就需要大量的思想与技能培训。

3．六西格玛质量管理法

六西格玛管理的基本流程是通过 DMAIC 进行质量改进并最终实现六西格玛的质量水平。它是对缺陷的一种测量指标，是驱动经营业绩改进的一种方法论和管理模式。DMAIC 流程的基本内容[59]如图 9-19 所示。

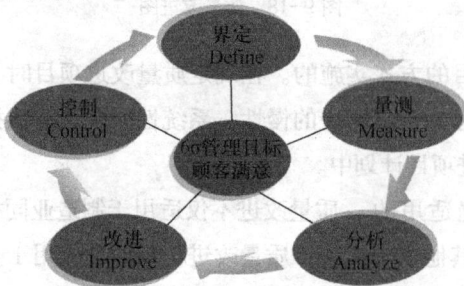

图 9-19　六西格玛方法的 DMAIC 步骤

（1）定义 D：定义项目目的与项目范围，从而了解过程或顾客的背景。

（2）测量 M：从改进的角度出发，收集当前过程或顾客的信息。通过对现有过程的测量，确定过程的基线以及期望达到的目标，并对测量系统的有效性做出评价。

（3）分析 A：识别真正的原因，并且用数据来说话。

（4）改进 I：开发尝试并贯彻针对真正原因的方案，使过程的缺陷或变异得到突破性的降低。

（5）控制 C：在评估方案的同时，通过设置控制标准，标准化、文件化其工作方法和过程，使已有的成果稳定下来，从而使将来能在这一基础上做进一步的改进。

六西格玛方法能同时增加顾客满意和企业经济增长的战略经营途径，是一种全新的管理方式。它通过高度专业化用于开发近乎于零缺陷的产品和服务的过程方法，使应用统计工具并通过项目工作，来实现利润和收益突破的管理战略。

4．标杆管理

标杆管理是指企业将自己的产品或服务和市场营销过程等同市场上的竞争对手尤其是最强的竞争对手的标准进行对比，在比较和检验的过程中逐步提高自身的水平。标杆管理最初主要应用于生产性企业，但它在服务业中也起着重要的作用。服务企业可以通过以下三个层面运用这一方法进行服务质量的改进。[6]

（1）战略层面。在战略层面上，企业应该将自身的市场战略同竞争者成功的战略进行比较，寻找它们的相互关系。比如，竞争者主要集中在哪些子市场，竞争者追求的是低成本战略还是价值附加战略，竞争者的投资水平如何及投资是如何分配在产品、设备和市场开发等方面的。通过这一系列的比较和研究，企业将会发现过去可能忽略的成功的战略因素，从而制定出新的符合市场条件和自身资源水平的战略。

（2）经营层面。在经营层面上，企业主要集中于从降低竞争成本和增强竞争差异化的角度了解竞争对手的做法，并制定自己的经营战略。

（3）业务管理层面。在业务管理层面上，企业应该根据竞争对手的做法，重新评估那些支持性职能部门对整个企业的作用，并做出相应的调整。在一些服务企业中，与顾客相脱离的后勤部门，缺乏应有的灵活性，从而影响到整个服务系统的质量。这样就需要学习竞争对手的经验，协调后勤部门与前台服务的一致性，从而提高服务质量。

5．田口模型

田口方法是一种低成本、高效益的质量工程方法，它强调产品质量的提高不是通过检验，而是通过设计。其基本思想是把产品的稳健性设计到产品和制造过程中，通过控制源头质量来抵御大量的下游生产或顾客使用中的噪声或不可控因素的干扰。

田口模型是以日本著名学者田口宏一（Genichi Taguchi）的名字命名的，他倡导产品要"超强设计"，将品质改善之重点由制造阶段向前提升到设计阶段，以保证在不利条件下产品具有适当的功能。其基本观点是：对一个顾客而言，产品质量最有力的证明就是当它被滥用时的表现。电话机的设计要比要求的更耐用，因为它会被不止一次地从桌上拉下来。

田口也将超强概念用于制造过程。如在奶糖制造过程中，重新设计奶糖配方，使之更柔软，并对烘烤的高温不敏感。酒店使用在线计算机，自动提醒服务员在房间没人的时候去清扫。让服务员标出哪一个房间可以打扫，使这一工作在全天任何时候都可以进去操作，从而避免了在顾客在房间的情况下突然闯进而引起的服务质量下降。[6]

9.5 服务补救

由于服务和服务质量的固有特性，对所有的服务企业而言，无论是企业对个人的服务还是企业对企业的服务，在服务人员提供服务和顾客接受服务的过程中，都不可避免地会出现服务失误或未能达到顾客要求而导致的顾客投诉现象。但是，顾客的投诉对于服务企业来说却是一笔难得的财富，因为投诉是帮助企业改进质量的免费信息。企业所要做的就是找出服务失误的原因并对服务失误进行补救。

9.5.1 服务失误与顾客投诉

服务提供过程中包括大量的步骤和太多的细节，客观上存在着许多失误的机会。除了员工、制度和管理问题之外，服务质量还受其他一些无法控制的因素的影响，包括天气、设备故障等。不管是哪种原因，一旦有失误出现，都会引起顾客的消极情绪和不满反应。

当服务失误时，顾客会产生各种反应，如图 9-20 所示。顾客投诉是顾客遇到服务失误后的一种正常反应，成功处理顾客投诉能够对顾客的再次消费起到积极的作用。反之，如果不能妥善处理顾客投诉，企业很可能失去挽救企业形象、维持顾客忠诚度的机会。[10]

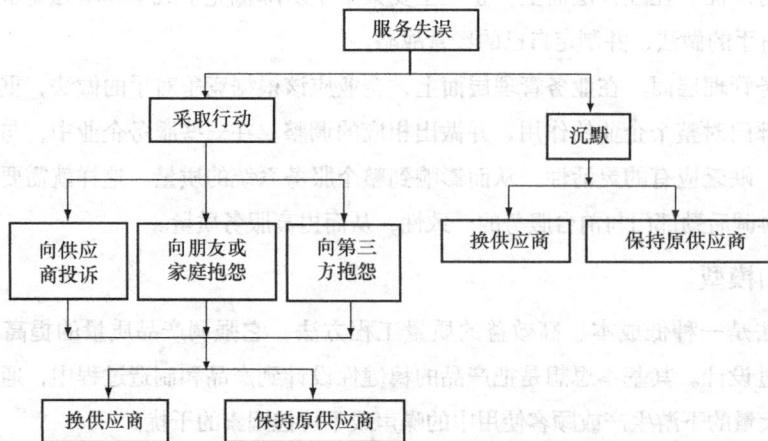

图 9-20 顾客对服务失误的反应

9.5.2 服务补救

服务补救，是指服务性企业在对顾客提供服务出现失败和错误的情况下，对顾客的不满和抱怨当即做出的补救性反应。其目的是通过这种反应，重新建立顾客满意和忠诚。服务补救是一种反应，是企业在出现服务失误时，对顾客的不满和抱怨所做的反应。

服务补救是服务企业针对服务失误采取的行动，目的是为了重新赢得顾客因服务失误而失去的好感。服务补救是一种管理过程，它首先要发现服务失误，分析失误原因，然后在定量分析的基础上，对服务失误进行评估，采取恰当的管理措施予以解决，并补偿顾客的损失。服务补救的管理过程包括以下四个阶段：[10]

（1）避免服务失误。服务补救的起点首先应该立足于避免服务失误。在第一时间就把事情做好，是服务质量管理的首要原则。首先，服务人员应具备接近顾客的能力，对顾客需求有较高的敏感性和正确地理解顾客需求是提供优质服务和留住顾客的前提与基础。其次，针对服务的有形性，服务企业可以设计服务的规范过程以及在此过程中对有形设施的质量保证与控制标准。

（2）鼓励顾客投诉。既然服务失误是不可避免的，即使是一个完美的服务组织也有失误的时候，因此在出现失误时，积极的服务补救策略的关键组成部分就是欢迎和鼓励顾客投诉。在接受顾客投诉时，与顾客进行有效的沟通是关键的第一步。接受顾客投诉的具体形式有多种，既可以是当面接受口头投诉、设置顾客意见簿、投诉电话等，也可以利用现代通信信息技术以尽量简化和缩短投诉过程。

（3）及时处理顾客投诉。处理投诉是否及时严重影响服务补救的效果，提高投诉处理的及时性可以从三方面入手。第一，本着简捷、快速和有效的原则重新设计投诉处理系统，制定鼓励快速处理投诉的政策和措施；第二，对员工进行培训，让其掌握必备的服务补救技巧，使员工充分认识服务补救的意义和所承担的职责，充分授权给员工，使员工具备及时发现服务失误并尽快实施补救的权力和能力，让问题在发生时就当场予以解决；第三，在条件具备的情况下，让顾客自己解决问题也是非常好的方式。

（4）公平对待顾客。顾客遇到服务失误后，通常会产生焦虑和挫折感，多数人在投诉时的心情十分糟糕，此时的正义与公平对他们显得特别重要。认识顾客对公平的期望，有利于服务企业采取有针对性的服务补救措施。企业需要建立清晰、快速反应的投诉程序；投诉处理人员和服务员工应礼貌、细心和诚恳地对待前来投诉的顾客；在解决好服务本身问题的同时，特别注意关注顾客精神和心理方面的需求，并尽可能地予以弥补。投诉处理的方式通常有货币赔偿、正式道歉、未来免费服务、折价和更换等。让顾客在赔偿方式中进行选择，通常可以收到较好的结果。

一次投诉会影响到326个客户：

$$1 次投诉 =（26×10）+（10×33\%×20）=326 个客户$$

1人投诉；有26人不满意并保持沉默但会告诉10位亲朋好友；这些亲朋好友中约33%的人会再告诉另外20人。

1．不合格服务的补救

不合格服务在服务企业仍是不可避免的。对不合格服务的识别和报告是服务企业内每个员工的义务和责任。服务质量体系中应规定对不合格服务的纠正措施的职责和权限，并鼓励员工在顾客未受到影响之前，尽早识别潜在的不合格服务。服务企业也应像制造业那样，实施"零缺陷服务"和统计过程控制（SPC），来不断提高服务质量的可靠性。

当有不合格服务发生时，顾客对服务企业的信任将会发生动摇，但并不会完全丧失，除非出现以下两种情况：过去的缺陷重复出现或不合格服务的补救并未使顾客感到满意，它加重了缺陷的程度，而不是纠正了缺陷。

第一种情况意味着服务可靠性可能发生了严重问题。由于可靠性是优质服务的基础和核心，当一个企业的不合格服务连续不断地出现时，再好的服务补救措施也不能有效地弥补持续的服务不可靠对顾客的影响。

第二种情况，即当出现不合格服务时，紧跟着一次毫无力度的服务补救，服务企业就是让顾客失望了两次，丧失了两次关键时刻，这将极大地降低顾客对服务企业的信任。

完善的服务质量体系要求有很高的服务可靠性，以及发生偶然的不合格服务时，有完备的超过顾客期望的纠正措施。

服务质量体系针对不合格服务的补救应有两个阶段：

（1）识别不合格服务。要识别不合格服务，成功地将服务问题揭示出来，就必须建立一个有效的系统来监测、记录和研究顾客的抱怨。

（2）处理不合格服务。在顾客看来，不能积极地处理不合格服务，往往是比出现基本的服务问题更为严重的缺陷。服务企业若不能解决已经暴露的不合格服务，则顾客往往更加不能容忍。企业要采取积极的措施以满足顾客的要求。一个经过训练的、灵活的员工可以采用服务补救技术将一个潜在的不满意顾客变为一名忠实顾客。

2. 服务补救框架

一项研究确定了七个顾客在经历了严重问题时会去寻求的"补救方法"，其中三个是修理产品或服务弥补、全部退款或退还部分，其他四个，包括公司道歉、公司的解释、保证问题会被解决和一个顾客可以发泄愤怒的渠道，并不会花费公司太多的成本，如图9-21所示。

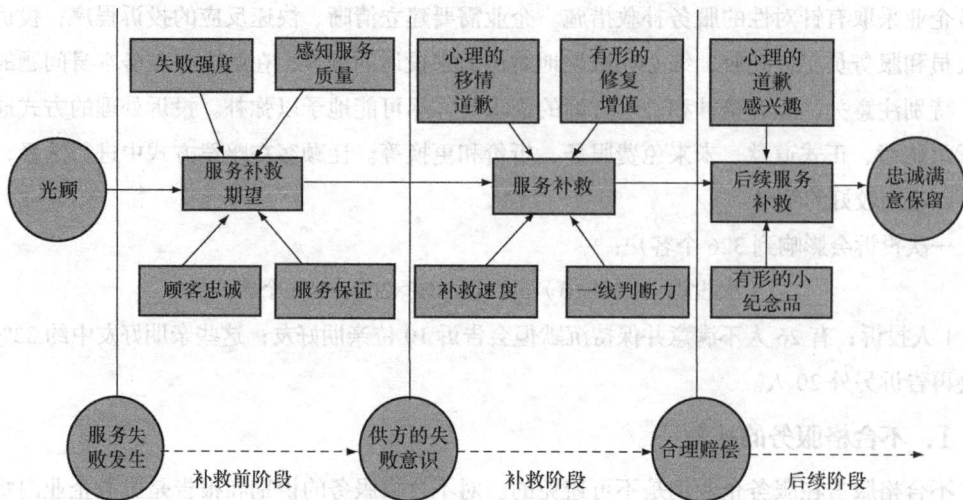

图9-21　服务补救框架

服务型企业应该尽量避免服务失误，争取在第一次就将事情做对，这就是全面质量管理中"零缺陷"的概念。企业可以通过多种方法来鼓励和跟踪抱怨，可以通过满意调查、重大事件研究、完全免费呼叫系统、电子邮件和流失顾客研究等。常用的服务补救方法有：逐件处理法、系统响应法、早期干预法和替代品服务补救法。企业必须对员工进行培训和授权，以便使问题在发生时就予以解决。首先，解释的内容必须是正当的。相关的事实和信息对于顾客了解发生的事是十分必要的。其次，传递解释的风格也可以减少顾客的不满，顾客感知到的诚实、真诚且非操作性的解释是最有效的，如图 9-22 所示。

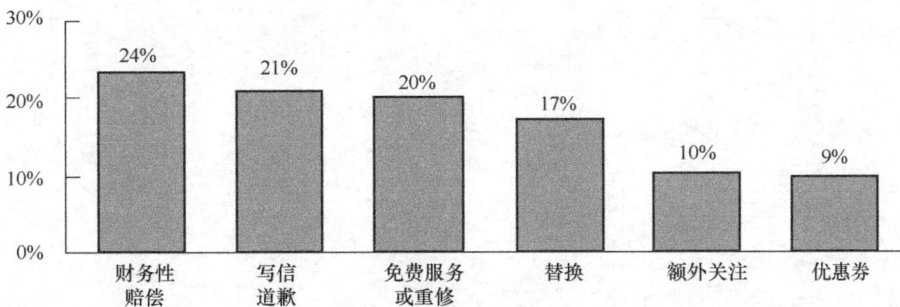

图9-22 服务补救方法

本章小结

"质量"这个术语对于不同的人来说有着不同的含义。质量在本章中被定义为"与满足明确或隐含需求能力有关的产品或服务的特征与特性的总和。"保证质量需要建立全面质量管理的环境，本章阐述了全面质量管理的概念，并分析了全面质量管理的特点：全面性、全过程、全员参与、全社会推动。针对服务业服务质量的独特性，分析了服务质量七种差距，并给出了相应的解决策略。本章介绍了七种基本的质量控制工具，即全面质量管理工具，包括流程图、检查表、直方图、帕累托图、散点图、控制图和因果图。阐述了四种服务质量改进的方法：持续改进、六西格玛质量管理法、标杆管理、田口模型。本章同时分析了服务质量的反馈模型，即服务失误与顾客反应的模型。并给出了服务补救管理过程的四个阶段措施：避免服务失误、鼓励顾客投诉、及时处理顾客投诉和公平对待顾客。

思考与练习

习题 1：一家保险公司审核了 10 个账单有错误的客户账目。生成账目的保险流程在某些方面可能会出现的问题：如输入的信息不准确、计算机输入过程出差错等。管理人员接通这些顾客的电话，请他们回答几个调查问题。

顾客满意度和账单中所出现错误数据的统计结果，是否在顾客满意度和账单数量之间呈现一定的关系？如果存在，试给出解释。根据这些数据关系，公司应吸取哪些教训？

习题 2：请观察下图并回答：（1）这是什么图？（2）此图的用途是什么？（3）工序处于什么状态？（4）判断的依据是什么？

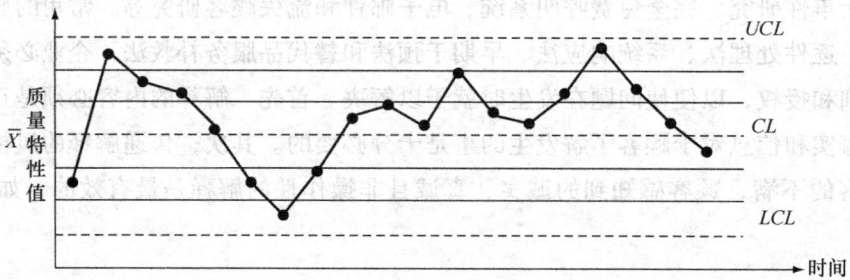

参考文献

[1] 服务管理：服务企业的战略与领导[M]. （美）理查德·诺曼著. 范秀成，卢丽译. 北京：中国人民大学出版社，2006年6月第1版（原书第3版）.

[2] 服务管理：利用技术创造价值[M]. （美）Mark M. Davis, Janelle Heineke 著. 王成慧，郑红译. 北京：人民邮电出版社，2006年07月第1版（原书第1版）.

[3] 服务管理：运作、战略与信息技术[M]. （美）詹姆斯 A. 菲茨西蒙斯（James A. Fitzsimmons），莫娜·J. 菲茨西蒙斯（Mona J. Fitzsimmons）著. 张金成，范秀成，杨坤译. 北京：机械工业出版社，2013年3月（原书第7版）.

[4] 服务管理运作、战略与信息技术[M]. （美）James A. Fitzsimmons, Mona J. Fitzsimmons 著，张金成，范秀成译. 北京：机械工业出版社，2007年01月（原书第5版）.

[5] 服务管理——利用技术创造价值[M]. [美]马克.戴维斯，贾内尔.海内克著. 王成慧，郑红译. 北京：人民邮电出版社，2006年7月第1版（原书第1版）.

[6] 服务管理[M]. 丁宁主编. 北京：北京交通大学出版社，2012年2月第2版.

[7] 服务管理[M]. 蔺雷，吴贵生编著. 北京：清华大学出版社，2008年7月第1版.

[8] 服务管理[M]. 王丽华著. 北京：中国旅游出版社，2012年1月第2版.

[9] 服务管理[M]. 张淑君著. 北京：中国市场出版社，2010年3月第1版.

[10] 服务管理：基于质量与能力的竞争研究[M]. 张宁俊著. 北京：经济管理出版社，2006年3月第1版.

[11] 服务管理学[M]. 范秀成著. 天津：南开大学出版社，2006年12月第1版.

[12] 服务经管管理学[M]. （美）森吉兹. 哈克塞弗，巴里. 伦德尔等著. 顾宝炎，时启亮等译. 北京：中国人民大学出版社，2005年2月第1版（原书第2版）.

[13] 服务型企业制胜法则[M]. 易钟著. 北京：金盾出版社，2010年9月第1版.

[14] 服务业组织标准化工作指南[M]. 全国服务标准化技术委员会著. 北京：中国标准出版社，2010年2月.

[15] 服务营销[M]. （美）瓦拉瑞尔 A. 泽丝曼尔（Valarie A.Zeithaml），玛丽·乔·比特纳（Mary Jo Bitner）等著. 张金成，白长虹等译. 北京：机械工业出版社，2012年1月（原书第5版）.